OBRA MEDIÚNICA

Memórias do PADRE GERMANO

organizada por AMÁLIA DOMINGO SÓLER

Solicite nosso catálogo completo, com mais de 400 títulos, onde você encontra as melhores opções do bom livro espírita: literatura infantojuvenil, contos, obras biográficas e de autoajuda, mensagens espirituais, romances, estudos doutrinários, obras básicas de Allan Kardec, e mais os esclarecedores cursos e estudos para aplicação no centro espírita – iniciação, mediunidade, reuniões mediúnicas, oratória, desobsessão, fluidos e passes.

E caso não encontre os nossos livros na livraria de sua preferência, solicite o endereço de nosso distribuidor mais próximo de você.

Edição e distribuição

EDITORA EME
Caixa Postal 1820 – CEP 13360-000 – Capivari-SP
Telefones: (19) 3491-7000 | 3491-5449
Vivo (19) 9 9983-2575 ☉ | Claro (19) 9 9317-2800
vendas@editoraeme.com.br – www.editoraeme.com.br

OBRA MEDIÚNICA

Memórias DO PADRE GERMANO

organizada por AMÁLIA DOMINGO SÓLER

Comunicações obtidas pelo médium psicofônico do
Centro Espírita La Buena Nueva, da ex-vila de Grácia

Livro traduzido por
Márcia Andrade

Capivari-SP
– 2020 –

© 1900 Amália Domingo Sóler

Os direitos autorais desta obra foram cedidos pela tradutora para a Editora EME, o que propicia a venda dos livros com preços mais acessíveis e a manutenção de campanhas com preços especiais a Clubes do Livro de todo o Brasil.

A Editora EME mantém o Centro Espírita "Mensagem de Esperança" e patrocina, junto com outras empresas, instituições de atendimento social de Capivari-SP.

1ª edição – abril/2020 – 3.000 exemplares

CAPA | André Stenico
DIAGRAMAÇÃO E PROJETO GRÁFICO | Marco Melo
REVISÃO | EME
TRADUÇÃO | Márcia Andrade

Ficha catalográfica

Germano, padre (espírito)
Memórias do padre Germano – Organização Amália Domingo Sóler – 1ª ed. abr. 2020 – Capivari-SP: Editora EME.
368 p.

ISBN 978-65-5543-003-5

1. Espiritismo. 2. Memórias. 3. Diário do padre Germano.
4. Lições de vida.
I. TÍTULO.

CDD 133.9

SUMÁRIO

Prólogo..7
O remorso...11
As três confissões...17
O encapuzado..25
Julgar pelas aparências..37
A fonte da Saúde...49
O melhor voto..59
O patrimônio do homem.....................................69
Os rastros do criminoso.......................................85
O primeiro passo..99
A gargalhada..107
Para Deus nunca é tarde....................................115
A oração das crianças..125
O amor na Terra!..135
O bem é a semente de Deus...............................147
A mulher é sempre mãe.....................................159
O melhor templo..167
Uma vítima a menos..173
O verdadeiro sacerdócio....................................185
Clotilde!..197
Recordações!..213

A água do corpo e a água da alma 227
Na culpa está a punição 235
A última canção 247
Um dia de primavera 259
Uma procissão 273
Os presos 289
Os votos religiosos 307
O inverossímil 321
À beira-mar 329
Uma noite de sol 337
Quarenta e cinco anos 341
Os mantos de espuma 349
Vinde a mim aqueles que choram 353
Um adeus! 363

PRÓLOGO

EM 29 DE ABRIL de 1880, comecei a publicar no jornal espírita *A Luz do Porvir*, as memórias de padre Germano, longa série de comunicações, que, por sua forma, às vezes, (aparentemente romancista), instruíam deleitando. O espírito padre Germano manifestava-se referindo-se a alguns episódios de sua última existência, na qual se consagrou a consolar os humildes e os oprimidos, desmascarando, ao mesmo tempo, os hipócritas e falsos religiosos da Igreja Romana; estes últimos lhe trouxeram, (como era natural), inúmeros dissabores, perseguições sem trégua, insultos impiedosos e ameaças de morte, que mais de uma vez estiveram muito próximas de se tornar amaríssima realidade. Ele foi vítima de seus superiores hierárquicos, e viveu banido em uma aldeia que, e sem dúvida, por seu talento, por sua bondade e suas condições especiais, teria guiado a barca de São Pedro a um porto seguro, sem deixá-la soçobrar.

Mas nem por ter vivido em um distante recanto deste mundo viveu ele obscurecido; assim como as violetas ocultas entre as ervas exalam seu aroma delicado, a religiosidade de seu espírito também desprendeu o suave perfume de seu sentimento religioso, e foi tanta sua fragrância, que sua essência inebriante foi levada a longas distâncias, e muitos foram os potentados que, aterrados pela lembrança de seus grandes crimes, avançaram, pressurosos, e inclinaram-se, humildemente diante do pobre sacerdote, pedindo-lhe para servir como intermediário entre eles e Deus.

Padre Germano recolheu muitas ovelhas perdidas, guiando-as com solicitude ao longo do estreito caminho da verdadeira religião, que não é outra senão fazer o bem pelo próprio bem, amando os bons, pois por suas virtudes excepcionais merecem ser ternamente amados, e amando os delinquentes, porque são doentes da alma, em um estado muito grave, que somente com amor podem se curar.

A missão de padre Germano em sua última existência foi a mais bela missão que o homem pode ter sobre a Terra; e como quando o espírito deixa seu invólucro carnal, continua sentindo no espaço o que sentia na Terra, ele sentiu, ao ser libertado de seus inimigos, a mesma necessidade de amar e instruir seus semelhantes, e procurou de todas as formas realizar seus nobilíssimos propósitos.

Esperando uma ocasião propícia, chegara o momento de encontrar um médium psicofônico puramente mecânico, a quem ele devotava carinhoso afeto havia muitos séculos, mas ele carecia de mais recursos. Precisava que aquele médium tivesse um copista que sentisse, entendesse e apreciasse o que o médium transmitisse, e este copista, ele o encontrou em minha boa vontade, em meu veementíssimo desejo de difundir o espiritismo, e nós três trabalhamos juntos, na redação de suas **Memórias**, até o dia 10 de janeiro de 1884.

Suas memórias não guardam perfeita ordem em relação à sequência dos acontecimentos de sua vida; assim ele relata episódios de sua juventude (verdadeiramente dramáticos), como lamenta seu abandono em sua idade provecta, mas em tudo que diz há tanto sentimento, tanta religiosidade, tanto amor a Deus, tão profunda admiração por Suas leis eternas, tão imensa devoção pela natureza, que lendo os fragmentos de suas memórias, a alma mais conturbada se conforta, o espírito mais cético reflexiona, o homem mais criminoso é tocado, e todos, cada um a seu modo, procuram a Deus, convencidos de que Deus existe na imensidão dos céus.

Um dos fundadores de *La Luz del Porvenir*, o impressor espírita Juan Torrents, teve a feliz ideia de reunir em um livro, *Memórias de padre Germano*, e eu acrescentei a elas algumas comunicações do mesmo espírito, por encontrar em suas páginas imensos tesouros de amor e esperança, esperança e amor, que são os frutos amadurecidos da verdadeira religiosidade que o padre Germano possui desde há muitos séculos, porque para sentir como ele sente, amar como ele ama, e conhecer tão profundamente as misérias da humanidade, há que se ter combatido contra a impetuosidade das paixões, as artimanhas dos vícios, e as lisonjas irresistíveis das mundanas vaidades. As grandes, as arraigadas virtudes e os múltiplos conhecimentos científicos não são improvisados: eles são o paciente trabalho dos séculos.

Sirvam estas linhas de humilde prólogo às *Memórias do padre Germano*, e sejam elas as folhas que escondem um buquê de violetas, cujo suavíssimo perfume será inalado com prazer por aqueles que são sedentos de justiça e ávidos pelo amor e pela verdade.

Amália Domingo Sóler
Grácia, 25 de fevereiro de 1900.

1

O REMORSO

COM QUANTO SACRIFÍCIO, COM que santo contentamento celebrei o sacrifício da missa pela primeira vez! Eu nasci para a vida religiosa, doce e contemplativa.

Como era gratificante para mim ensinar a doutrina aos pequeninos! Como gostava de ouvir suas vozes infantis, algumas delas desafinadas, outras estridentes, fracas mais outras, mas todas agradáveis, porque eram puras como suas almas inocentes.

Oh, as tardes! As tardes de minha aldeia estão sempre vivas em minha memória! Quanta ternura, quanta poesia havia para mim naqueles momentos, em que deixava meu amado breviário, e acompanhado por meu fiel Sultão, caminhava até o cemitério para orar, diante da cruz de pedra, pelas almas dos fiéis que dormiam em torno a mim!

As crianças me seguiam à distância, e esperavam por mim à porta da casa dos mortos. Quando terminava minhas orações, deixava a mansão da verdade, e lembrando-me das palavras divinas de Jesus, eu dizia: "Venham a mim os pequeninos!", e um grande grupo de crianças me cercava carinhosamente e me pedia para contar-lhes histórias. Eu me sentava à sombra de uma respeitável oliveira. Sultão se jogava sobre meus pés e as crianças se divertiam, primeiro, em puxar as orelhas do meu velho companheiro, que sofria resignado aquelas provas de afeição infantil e travessuras alegres. Eu deixava que o fizessem;

me sentia feliz em ver-me cercado por aquelas criaturas inocentes, que me olhavam com admiração ingênua, dizendo umas para as outras: "Vamos brincar de fazer o Sultão de morto, que o padre não nos repreenderá"; e meu pobre cachorro se deixava arrastar pela grama, merecendo no final, em recompensa por sua condescendência, que todos os garotos lhe dessem algo de seu lanche; então, uma vez restabelecida a ordem, todos se sentavam ao meu redor e escutavam atentamente o acontecimento milagroso que eu lhes contava.

Sultão era o primeiro a dar o sinal para sair; se levantava, incomodava os pequenos com saltos e corridas, e voltávamos todos para nossas casas acolhedoras; e assim passei muitos dias, muitos meses de paz e amor, ignorando que houvesse criminosos no mundo. Mas, ai de mim! A morte levou padre Juan, e então me tornei responsável por aquela paróquia, e novas tarefas vieram perturbar o sono das minhas noites e a tranquilidade dos meus dias.

Sem perceber por que, sempre recusei a confissão dos pecados alheios. Considerava um fardo muito pesado o guardar segredos dos outros. Minha alma, franca e ingênua, se sobrecarregava com o peso de mil culpas, e tinha medo de aumentar o fardo com os pecados dos outros. Mas a morte do padre Juan obrigou-me a sentar na corte da penitência, ou melhor, da consciência humana, e então... Oh! Então a vida me deixou horrorizado.

Quantas histórias tristes...! Quantos erros...! Quantos crimes...! Quanta iniquidade...!

****

UMA NOITE, OH! EU nunca vou esquecer aquela noite. Eu estava me preparando para descansar, quando Sultão se levantou inquieto, me olhou atentamente, inclinou suas patas dianteiras no braço da minha poltrona, e parecia dizer-me com seus olhos perspicazes: "Não vá dormir, alguém está chegando." Cinco minutos depois, senti o galope de um cavalo e, depois de alguns momentos, chegou ali o velho Miguel para me dizer que um senhor queria falar comigo.

Saí para encontrá-lo e Sultão cheirou-o sem demonstrar o menor contentamento, deitando-se em meus pés, na defensiva. Parece que ainda vejo meu visitante. Ele era um homem de meia idade, tinha um rosto triste e um olhar sombrio. Ele olhou para mim e disse:

– Padre, estamos sozinhos?

– Sim, o que você quer?

– Eu quero que você me ouça em confissão.

– E por que você vem me procurar quando tem Deus?

– Deus está longe de nós, e eu preciso ouvir uma voz mais próxima.

– E sua consciência não lhe diz nada?

– Bem, porque ouço sua voz, venho procurar por você. Eles não me enganaram, quando disseram que você era um inimigo da confissão.

– É verdade: o horror da vida me subjuga; não gosto de ouvir mais do que as confissões de crianças, porque seus pecados fazem os anjos sorrirem.

– Padre, me escute, porque é uma obra de caridade dar conselhos àqueles que os pedem.

– Fale e que Deus nos inspire.

– Dê-me toda a sua atenção. Alguns meses atrás, ao lado das paredes do cemitério da cidade D... foi encontrado o corpo de um homem com um crânio levantado. Investigações foram feitas para encontrar o assassino, mas tudo foi inútil. Recentemente, um homem apareceu no Tribunal de Justiça e declarou-se o assassino do homem que foi encontrado morto próximo ao cemitério. Eu sou o juiz dessa causa; a lei o condena à morte, sua afirmação é respondida e eu não posso condená-lo.

– Por quê?

– Porque eu sei que ele é inocente.

– Como, se ele se confessa culpado?

– Pois eu lhe juro que ele não é o assassino.

– E como você pode jurar?

– Porque o assassino daquele homem sou eu.

– Você...?

– Sim, padre, eu fui o assassino; é uma história muito longa e muito triste; só lhe direi que me vinguei com minhas próprias mãos, e que a honra de meus filhos depende do meu segredo, mas minha consciência não pode tolerar a assinatura da sentença de morte de um homem que eu sei que não é culpado.

– Esse infeliz sofre de algum distúrbio mental?

– Não, não; sua cabeça está perfeitamente organizada. Tentei me valer do recurso de catalogá-lo como louco, mas a ciência médica me negou.

– Então não tenha remorso em condená-lo, que o remorso de outro crime o terá feito dar esse passo. Ninguém dá sua vida à justiça sem ser o que é chamado de assassino; volte tranquilo, cumpra a justiça humana, que os remorsos deste desventurado o encarregaram de que se cumpra a divina. Prometo-lhe falar com este infeliz e, para sua paz, direi o que você me confia e, quanto a você, não esqueça o quinto mandamento da lei de Deus que diz: "Não matarás".

Minha intuição não me enganou; quando alguns dias depois falei com o acusado, em seus últimos momentos eu lhe disse:

– Fala, que Deus te ouve!

Então, imerso em lágrimas, ele me disse:

– Meu padre, como é triste a vida de um criminoso! Há dez anos atrás eu matei uma pobre jovem, e sua sombra tem sempre me perseguido; ainda a vejo; está aqui entre nós! Me casei para ver se vivendo junto a alguém perdia aquele horror que me estava matando lentamente, mas quando queria aproximar-me de minha esposa, ela se interpunha, e seu rosto lívido escondia o rosto de minha companheira. Quando ela teve o primeiro filho, não era minha mulher que tinha diante de meus olhos com a criança; era ela quem me o apresentava. Me atirei a todos os vícios; às vezes me arrependia e passava dias e dias nas igrejas, mas se eu estava no jogo, ela ficava ali, junto a mim. Eu às vezes viajava; se eu ia ao templo, ela se postava diante de todas as imagens; sempre ela... Eu não sei porque eu não tive a coragem de me matar, e quando não encontraram o assassino daquele pobre homem, eu agradeci a Deus, porque dessa forma eu poderia morrer me acusando do crime de sua morte.

– E como você não declarou seu crime anterior?

– Porque não há provas convincentes, porque eu soube tão habilmente esconder o meu assassinato que não foi deixado o menor vestígio, mas o que os homens não viram eu vi. Aqui está ela, aqui, e ela parece olhar para mim com menos raiva. O senhor não a vê, padre? Não a vê? Ai! Ai! Que vontade tenho de morrer para parar de vê-la!

No momento de subir ao cadafalso, o réu me disse:

– No lugar do verdugo está ela. Padre, por favor, peço ao senhor que rogue a Deus para que eu não a veja depois de morrer, se é que se veem mortos na eternidade.

Para descanso do juiz assassino, eu disse a este tudo que o outro Caim havia me contado e, no final da minha história, ele me disse tristemente:

– Oh, padre! De que serve a justiça humana em comparação com a justiça divina? A morte deste homem é vingada diante da sociedade, o acusado talvez descanse na eternidade, mas eu, padre!, onde vou descansar?

Um ano depois, o juiz entrou em um manicômio para não sair mais. E eu, depositário de tantos segredos, testemunha moral de tantos crimes, confidente de tantas iniquidades, vivo oprimido sob o peso das culpas humanas!

****

OH, TRANQUILAS TARDES DE minha aldeia! Onde estão? Minhas orações já não ressoam ao pé da cruz de pedra. Onde estão aquelas crianças que brincavam com Sultão? Este último está morto; os primeiros cresceram... Já são homens... e talvez alguns deles sejam criminosos.

Eles dizem que sou bom; muitos pecadores vêm para contar-me seus problemas, e vejo que o remorso é o único inferno do homem.

Senhor, inspire-me! Guia-me pelo caminho do bem, e como eu sigo triste, devido as culpas de outras pessoas, que eu não perca a razão lembrando-me das minhas! Por que que homem haverá neste mundo que não tenha remorsos?

2

AS TRÊS CONFISSÕES

MANUSCRITO QUERIDO, FIEL REPOSITÓRIO dos últimos segredos de minha alma! Depois de Deus, você é meu confessor, você é meu retrato fiel. O mundo não me conhece, mas você sim. Me apresento a você tal como sou, com minhas fraquezas e meus remorsos. Diante de você, eu sou um homem. Para a sociedade, eu sou o sacerdote.

Muitos acreditam que sou perfeito. Meu Deus! Por que pedem o impossível? Por que exigem ao ungido do Senhor a força do gigante, se este é um pigmeu como os outros homens da Terra?!

Ah, as leis! As leis sociais, como são absurdas! Eu não as conhecia antes, passei muitos anos feliz com minha sorte. Celebrar a missa, ensinar a doutrina às crianças, passear com meu velho companheiro, o fiel Sultão, dedicado a leituras piedosas, era todo o meu deleite. Apenas uma nuvem de pesar tomava minha mente quando precisava cumprir um ato de meu ministério sagrado. Só uma coisa me devastava e me enlouquecia: receber a confissão dos pecadores. Oh! Quando me acomodava no confessionário, quando meu olhar aflito se fixava no rosto dos penitentes, e eles me confidenciavam suas agruras e, às vezes, terríveis segredos, eu sofria mil mortes por segundo. Deixava o confessionário fugindo de mim mesmo, corria como um louco, e ia para o campo; e ali me prostrava na terra, e pedia a Deus que me retirasse a memória. Às vezes Deus ouvia minha rogativa; um sono tranquilo dominava meus sentidos, e meu fiel Sultão, puxando gentilmente meu hábito, me acordava, e, então, me sentia fraco como se tivesse tido uma febre forte. Lembrava-me ligeiramente de mil acontecimentos estranhos e retornava para minha casa, onde o velho Miguel me aguardava inquieto. Eu nunca quis a agitação das grandes metrópoles, sempre preferi minha aldeia, mas, como se fosse minha sina, embora tenha recusado viver na grande cidade de N..., seus principais habitantes vinham buscar o padre da aldeia, e as mulheres de nobre nascimento, e os homens de ilustríssimas posições sociais vinham até minha humilde igreja, para que eu lhes desse a bênção nupcial. Eu olhava para aqueles jovens casais, sorrindo de felicidade, e sem perceber o porquê, sentia uma dor aguda na testa e no coração, e quando todos se haviam ido, quando eu me encontrava só no templo, parecia-me este uma sepultura, e eu, o cadáver enterrado nele.

Mantive muito cuidado em não informar a ninguém sobre minhas impressões, porque as pessoas comuns e os meus companheiros invejosos, poderiam dizer que o diabo me tentasse, e eu sabia perfeitamente que satanás nunca nascera.

Educado no mais rigoroso monacato, sem haver conhecido minha mãe, que morreu quando nasci, filho do ministério, cresci em uma comunidade religiosa, como uma flor sem orvalho, como um pássaro sem asas, obrigado a obedecer sempre, sem qualquer direito de perguntar. Um dia eles me disseram:

– Tu serás um ministro de Deus, e fugirás da mulher, porque satanás a usa para perder o homem – e assim fugi com um terror supersticioso, porque queria ser agradável aos olhos do Senhor.

Entreguei-me ao hábito da leitura, li muito, e percebi (tardiamente), que o sacrifício do sacerdote católico era contrário às leis naturais, e tudo o que viola as leis de Deus é absurdo, mas... emudeci, eu invejava a coragem dos reformadores, e não ousei segui-los. Eu quis cumprir bem minha delicada missão, e me sacrifiquei pela instituição a que pertencia.

****

No dia em que completei trinta e cinco anos, as crianças da minha aldeia foram para o meu horto, e todas me deram buquês de flores, frutas e leite, mel e manteiga, e quando eu estava mais feliz entre meus filhos adotivos, suspirando interiormente pela família que eu não pude criar, recebi uma nota da cidade de N..., em que a diretora de uma escola para meninas nobres me anunciava que na manhã seguinte viria com quinze de suas educandas para receber meu conselho espiritual, e se aproximar da mesa do Senhor, para participar da festa eucarística. Sem saber por que, meu coração batia rápido, algo quente escorria pelo meu rosto e, embora eu tentasse dominar-me, passei todo o dia triste.

Na manhã seguinte, uma longa linha de carros cercou o humilde templo de minha aldeia, e formosas meninas de doze a quatorze anos, como uma revoada de pombos, desceram de seu voo e entraram no risonho ninho da Igreja Cristã, cujos altares simples estavam ornamentados com flores perfumadas, que justo era que se confundissem as rosas dos prados com os lírios brancos do jardim da vida. Meninas adoráveis! Sorrisos do mundo! Esperanças do homem! Por que entraram em minha pequena e simples aldeia?

Eu olhei para elas, mas vi apenas uma; ela era uma menina pálida com longos cachos negros; enquanto andava, ela se curvava como lírio ressequido. Quando se prostrou diante do confessionário, o odor do jasmim branco que coroava sua testa impregnou o ar e me perturbou. A pequena olhou-me fixamente e disse-me com uma voz triste:

– Padre, quando alguém se confessa, precisa dizer o que pensa de seu confessor?

– Se for algo negativo sim; se for bom, não.

– Amar é pecado?

Para esta pergunta, não sabia a princípio o que responder; olhei para a menina e não sei o que li nos olhos dela, porque levei as mãos ao coração para conter o batimento cardíaco e respondi com um tom grave:

– Amar é bom, mas nem sempre é bom; deve-se adorar a Deus, deve-se amar aos pais e amar ao próximo, mas existem outras paixões no mundo que você não entende ainda, em que querer é um crime.

20 | Amália Domingo Sóler

– Eu amo a Deus, amo meus pais, meus irmãos e... um homem.

– É ainda criança demais para amar qualquer homem.

– Eu li que para o coração não há idades, e já há um ano que eu o amo.

Em vez de perguntar, permaneci em silêncio; o nome daquele homem não queria saber, mas a menina continuou:

– Há um ano atrás minha irmã Adela se casou, ela queria que um santo a abençoasse, e ela recebeu a bênção de você.

– De mim...!

– Sim, de você. Você tem a reputação de ser justo. Eu vim com a minha irmã e desde esse dia...

– O quê?

– Desde então penso em você, e para vê-lo novamente, para poder falar-lhe, fui a que mais me esforcei para vir, a fim de lhe perguntar se é pecado pensar em você.

O que aconteceu comigo então? Não sei; fechei os olhos, mas foi inútil; aquela menina feiticeira, aquela moça encantadora, cheia de ingenuidade e paixão, revelava-me um mundo de felicidade negado a mim. Aquela voz acariciava minha alma, mas tive coragem suficiente para dominar meu sentimento e disse à menina:

– Você não pode amar um padre, minha filha, porque ele é um homem que não pertence ao mundo; ore fervorosamente para que Deus tire de você essa alucinação fatal, e peça a Deus para perdoá-la como eu a perdoo.

E cego, oprimido por emoções diversas e contraditórias, deixei o confessionário e pedi a Deus para não ver, para não sofrer. Mas ai! Apenas via ela! A menina pálida com os cachos negros estava gravada em minha mente, e por muito tempo perturbou meu sonho e minhas preces o perfume do jasmim que coroava sua testa.

Oito anos depois, um cavalheiro bonito veio à minha aldeia, pediu para me ver e disse:

– Venha senhor; minha esposa morre e não quer outro confessor senão o senhor.

Segui-o e, sem saber porque, pensei na moça dos cachos negros.

Chegamos a um palácio, e o jovem me acompanhou a um quarto

régio, no qual havia um leito envolvido em longas cortinas de púrpura e, dentro dele, uma mulher lamentava fracamente. Eles me deixaram sozinho com a enferma, e então ela me disse:

– Olhe para mim! Não me reconhece?

Meu coração já a havia reconhecido, embora, para dizer a verdade, eu não a tivesse esquecido; mas eu tive forças para dizer-lhe:

– Quem há de reconhecê-la é Deus em seu reino, que os homens da Terra são insignificantes.

– Eu não me esqueci de você. Há oito anos atrás, eu lhe disse que o amava; dizem que vou morrer, e quero dizer-lhe que, acima de todos os seres da Terra, eu amei você.

Olhei-a por um momento, contemplei aqueles olhos onde exalava paixão, a abençoei com meu pensamento, fiz uma cruz com a mão direita, querendo colocar algo entre ela e eu, e deixei a estância mortuária fugindo de mim mesmo, voltei à aldeia e devorei, em silêncio, aquele amor que não tinha o direito de desfrutar.

Dois anos depois, a peste devastou a cidade vizinha e muitas famílias vieram à minha aldeia em busca de seu ambiente saudável. Mas, ai! Os convidados trouxeram o contágio, e o sino lançou sua voz melancólica ao vento para dizer aos camponeses: "A morte está entre vocês."

Mas isso não foi um obstáculo para a chegada de novos emigrantes; entre eles, veio uma noite o duque de V... acompanhado por sua esposa e numerosos criados. No dia seguinte, em poucas horas, o duque morreu e, quando cheguei para lhe prestar os últimos auxílios religiosos, já era tarde demais. Uma mulher veio ao meu encontro chorando em silêncio, recuei estarrecido; era ela, a jovem pálida com os cachos negros que eu pensava estar morta há dois anos.

Ela me entendeu, dizendo com uma voz triste:

– Deus é muito bom para mim, acredito que agora vou morrer completamente; que agora vou seguir meu marido. Você recebeu minha primeira confissão e talvez receba a última. Apenas um segredo tive em minha vida, apenas um pecado cometi, se amar é um crime.

Os sinais da febre contagiosa já estavam marcados em seu rosto pálido, e corri como um louco para pedir à ciência, a vida da mulher que tanto me amara e que eu tanto havia amado; mas a ciência (graças a Deus) não escutou minhas imprudentes súplicas e, dois dias depois, a jovem duquesa faleceu, dizendo-me:

– Eu quero ser enterrada no cemitério desta aldeia, eu quero estar a seu lado morta, já que eu não pude estar em vida.

Que mistérios guarda o coração humano!

Quando joguei um punhado de terra em seu túmulo, quase me senti feliz; quão egoísta é o homem!

Quando a menina pálida coroada de jasmins brancos, cheia de inocência e amor, me brindou com o cálice da vida, recusei o néctar da felicidade e invejei o homem que a levasse ao altar.

Quando a nobre dama, cercada por uma família opulenta, me disse que morreria me amando, invejei sua família que poderia receber seu último suspiro e poderia prestar a seu corpo todo o luxo das pompas humanas.

Quando aquela jovem, sozinha, cercada de seres estranhos que fugiam, temendo ser infectados, pediu-me um lugar no cemitério de minha aldeia; quando vi que ninguém poderia tirar suas cinzas de mim, porque de seu próprio punho e letra ela escrevera pedindo que seu corpo não fosse extraído da sepultura humilde que desejava, então, recebi suas últimas palavras com arrebatamento mágico. Sua primeira confissão foi para me dizer que me amava, e sua última confissão foi para repetir que minha memória havia sido o culto de sua vida.

Nem por um momento me separei de seus restos. As pessoas pobres de minha aldeia, dizimadas pela febre, assustadas pela peste, uma vez que o coveiro havia morrido, não queriam tocar os mortos, e então Miguel e eu, depositamos em uma vala os despojos da mulher pálida. Sultão se jogou aos meus pés.

Miguel se foi, e eu entreguei meu coração à felicidade de amar. Amar a uma mulher morta não violava as injunções sagradas; eu chorei minha juventude perdida, eu lamentei a minha fraqueza de não ter protestado meus votos e ter-me afiliado à igreja luterana, unindo-me com o laço de casamento àquela menina pálida de cachos negros, e teria criado uma feliz família aos olhos do Senhor. Eu entendi em poucas horas o que não havia compreendido em vinte anos, e suspirei por uma felicidade que raramente se vive na Terra.

Eu que conheci tantos segredos! Que vi tantas mulheres sem máscara, confiando-me suas infidelidades e andanças!... Eu que vi tanta inconstância, apreciava em todo o seu valor o imenso amor daquela mulher que me viu quatro vezes em sua vida, e desde que soube sentir, sentia por mim!

Com que prazer cobri seus despojos com flores!

Com que santo júbilo lhes cuidava!

O coração do homem é sempre uma criança!

Nem um dia, nem um único dia, deixei de ir ao cemitério! Ali estava depositado o encanto de minha vida!

Muitos invernos se passaram, a neve cobriu seu túmulo, e deixou flocos brancos em minha cabeça, mas meu coração sempre foi jovem.

Sempre o calor do mais puro sentimento guardava o fogo sagrado do mais imenso amor. Mãe, irmã, esposa e filhos, tudo encerrei nela, que é justo pagar com louvor as dívidas sagradas do amor!

Se alguma coisa progredi neste mundo, tudo se deveu a ela! À menina pálida com os cachos negros!

Ao lado de seu túmulo eu entendi o valor da reforma luterana, e regando os salgueiros que lhe davam sombra, eu dissipei as sombras que cercavam minha imaginação. Eu sabia quão pequena era a Igreja dos homens e quão grande era o Templo Universal de Deus.

****

AMOR! SENTIMENTO PODEROSO! FORÇA criadora! Você é a alma da vida porque vem de Deus!

Sacerdotes sem família são como árvores secas! E Deus não quer a esterilidade do sacrifício; Deus não quer mais que o progresso e o amor universais!

3

O ENCAPUZADO

SENHOR! SENHOR! QUÃO CULPADO eu devo ter sido em minha existência anterior! Pois tenho a certeza que ontem vivi, e viverei amanhã, senão não posso explicar a contínua contrariedade de minha vida. E Deus é justo, e Deus é bom, e Deus não quer que a última de Suas ovelhas se desvie, e o espírito se canse, como o meu se cansa de tanto sofrer.

O que eu fiz no mundo? Sofrer; eu vim para a Terra, e minha pobre mãe morreu ao dar-me a luz, ou eles a fizeram morrer, ou a forçaram a se calar, quem sabe! O mais profundo mistério velou meu nascimento. Quem me deu o primeiro alimento? Eu o ignoro. Não me lembro de nenhuma mulher embalando meu berço. Meus primeiros sorrisos não fizeram ninguém sorrir; via um homem com hábitos negros ao meu redor ao despertar. Nem um carinho, nem uma palavra de ternura ressoava em meus ouvidos; toda a condescendência que tinham comigo era deixar-me sozinho em um horto espaçoso, e os pais de meu fiel Sultão (belos cães Terranova) eram meus únicos companheiros.

Nas tardes de verão, na hora da *siesta*, meu maior prazer era dormir com a cabeça apoiada no corpo da paciente Zoa, e aquele pobre animal se mantinha imóvel o tempo todo que eu queria repousar.

Estas foram todas as alegrias da minha infância. Ninguém nunca me puniu, mas ninguém nunca me disse: estou feliz por você. Apenas a pobre Zoa lambia minhas mãos, e somente León me puxava pelas mangas do hábito e se punha a correr, como que dizendo: "Venha e corra comigo", e eu corria com eles, e então... eu sentia o calor da vida.

Quando saí do meu confinamento, ninguém derramou uma lágrima; eles somente me disseram: "cumpra com seu dever"; e como lembrança da minha infância e juventude, me entregaram Sultão, então um cachorrinho brincalhão, e comecei uma era menos triste que a anterior, mas sempre triste.

Amante da justiça, meus companheiros apontaram os dedos para mim; eles me conceituaram como um elemento perturbador, e me confinaram em uma aldeia onde passei mais da metade da minha vida; e quando a calma me dominava, quando a mais doce melancolia me deixava imerso em meditação mística, quando minha alma desfrutava de algumas horas de sono pacífico, fui chamado da cidade vizinha para abençoar um casamento, para receber a última confissão de um moribundo, para atender a agonia de um preso em uma capela; e sempre contrariado, nunca consegui, ao conceber um plano, levá-lo a cabo, por mais simples que fosse.

E eu fui um ser inofensivo, amei crianças, consolei os infelizes, cumpri fielmente com os votos que pronunciei. Por que essa luta surda? Por que essa contrariedade contínua? Se meu espírito não tem o direito de individualizar-se mais do que nesta existência, por que Deus, amor imenso (que n'Ele tudo é amor), me fez viver nesta solidão terrível? Ah! Não, não, meu próprio tormento me diz que eu vivi ontem. Se eu não reconhecesse meu passado, negaria a meu Deus! E eu não posso negar a vida. Mas ah! Quanto eu sofri! Apenas uma vez consegui fazer a minha vontade, somente uma vez eu empreguei a energia de meu espírito e quão feliz eu fui então!

Senhor, Senhor, as forças da minha alma não podem ser inúteis no curto prazo de uma existência! Eu vou viver amanhã, retornarei à Terra e serei um homem senhor da minha vontade! E eu vou te proclamar. Senhor, não entre homens sujeitos a formalidades vãs. Eu proclamarei a tua glória nas Academias, nos Ateneus, nas Universidades, em todos os templos do saber, em todos os laboratórios da ciência! Eu serei um dos teus sacerdotes! Eu serei um dos teus apóstolos, mas não farei mais votos do que seguir a lei de teu Evangelho! Eu amarei, porque Tu nos ensina a amar. Eu criarei uma família, porque Tu nos dizes "crescei e multiplicai-vos".

Vestirei os órfãos, como Tu vestes os lírios dos vales. Hospedarei ao peregrino, como Tu hospedas, nos enramados as aves. Eu difundirei a luz de tua verdade, como Tu difundes o calor, e esparges a vida com teus múltiplos sóis em teus infinitos universos. Oh, sim, eu viverei, porque se não vivesse amanhã, negaria tua justiça, Senhor!

Eu não posso ser um simples instrumento da vontade alheia. Porque, se não, para que me dotaste de entendimento e livre-arbítrio? Se tudo executa seu trabalho na criação, minha iniciativa deve cumprir o seu, então; e eu nunca estive contente com as leis da Terra! Quando, quando poderei viver?

Quantas vezes, Senhor, quantas vezes vim ouvir os acusados de morte, e se pudesse, teria levado esses desafortunados à minha aldeia e teria partido meu escasso pão com eles! Quantos monomaníacos! Quantos espíritos doentes me confiaram seus pensamentos mais secretos, e tenho visto, muitas vezes, mais ignorância do que criminalidade! Infelizes!

****

CERTA NOITE, EU ESTAVA descansando em minha cama, e Sultão, como de hábito, estava deitado frente a meu leito. Eu, nem acordado nem adormecido, pensava nela, na minha amada falecida, na menina pálida com os cachos negros; de repente, Sultão levantou-se, gemeu baixinho e descansou as pernas da frente no meu travesseiro, dizendo-me com seu olhar inteligente: "Escute". Eu escutei atentamente e não ouvi nada; eu puxei-lhe de uma orelha, dizendo-lhe: "Tu sonhas, amigo"; mas ele continuou olhando para mim, e logo ouvi um som distante que se aproximava; e de repente o galope de muitos cavalos sacudiu as casas da aldeia. Um forte estrondo soou na Reitoria.

Miguel levantou-se apressadamente, olhou quem era e veio me dizer, todo aturdido:

– Senhor, eles vêm nos prender; Um capitão de gendarmes que vem com muitas pessoas quer vê-lo.

– Bem, que venha – respondi.

Daí a pouco veio o capitão, um homem com um rosto áspero, mas franco, e me disse:

– Peço desculpas, padre. Venho em uma hora tão inoportuna, a perturbar seu descanso, mas há alguns dias fugiu da prisão um detento que dentro em breve iria cumprir sua sentença em Toulon; ele foi procurado, mas inutilmente, e viemos ver se por acaso o encontramos nas voltas e reviravoltas destas montanhas. Dizem que o senhor tem um cachorro a cujo apurado olfato nada escapa, e venho até o senhor pedir para que deixe comigo seu cão, para ver se ele fareja o rastro; foi-me dito que lhe tem muita estima, não é? E eu lhe digo que nada vai acontecer com esse corajoso animal.

Olhei fixamente para Sultão e disse ao capitão:

– Bem, vamos esperar até a madrugada enquanto o senhor descansa por duas horas em meu leito, e muito antes do sol nascer eu o chamarei.

– Eu tenho ordens para não perder um minuto, e não perderei.

Eu, que não queria que encontrassem aquele infeliz, olhava para Sultão, e este pareceu entender meu pensamento. Ele balançou a cabeça em sinal de concordância, e ele mesmo pegou o colarinho de couro forte, cercado por pontos de aço que o serviram nas longas caminhadas, o vestiu, e o capitão olhou para ele complacentemente, dizendo:

– Que belo animal!

E momentos depois se foi, e eu fiquei, implorando ao Ser Supremo que naquela ocasião meu fiel Sultão não descobrisse rastro algum.

No dia seguinte, à tarde, o capitão voltou de mau humor, dizendo:

– Trago-lhe duas más notícias: Eu não encontrei o bandido e perdi o seu cão. Em uma hora que tivemos descanso, ele desapareceu, o que eu sinto fortemente porque é um animal inestimável. Quão inteligente é! Há duas horas atrás poderíamos estar aqui, mas voltamos procurando o cachorro.

Fiz com que o capitão jantasse comigo e fui imediatamente dar conta de sua designação; e eu, sem saber por que, não me preocupei com

MEMÓRIAS DO PADRE GERMANO | 29

a ausência de Sultão; deixei entreaberta a porta do horto e fui para o meu quarto, onde li um pouco, e às nove Sultão chegou; lhe retirei o colar, me fez mil carícias, e depois descansou sua cabeça em meus joelhos, começou a rosnar e a me puxar o hábito; ele ia para a porta, voltava, olhava para mim, se deitava no chão, fechava os olhos e se fingia de morto, levantava-se e tornava a olhar para mim como se dissesse: "Venha comigo." Pensei no criminoso fugitivo, e disse a mim mesmo: "Seja o que for, vou levar algumas provisões." Tomei de um pão, uma cabaça com vinho velho, outra com água aromatizada, uma lanterna, que escondi debaixo do meu casaco, e sem fazer o menor ruído, eu saí pela porta da horta, que eu deixara encostada. Miguel, enquanto isso, dormia profundamente.

Quando me vi no campo, senti uma emoção especial em todo o meu ser, e parei por alguns momentos para agradecer a Deus por aqueles minutos que me concedia em completa liberdade. Eu me sentia ágil, meus olhos viam mais longe. Era uma belíssima noite de primavera, e as múltiplas estrelas pareciam um exército de sóis celebrando a festa de luz nos céus; tão brilhantes eram os eflúvios luminosos que eles enviavam para a Terra. Parecia que a natureza se associava comigo para fazer uma boa ação. Tudo sorria e minha alma sorria também! Mas Sultão estava impaciente, e perturbou minha meditação, puxando com força minha capa; eu o segui e logo desapareci em profundas ravinas, muito perto do cemitério. Sultão me guiava, pegando o final do meu cajado, porque a luz da lanterna parecia diminuir naquelas tocas escuras.

Seguimos em uma longa caverna e no fundo dela havia uma pirâmide de galhos secos; e atrás daquele parapeito coberto de folhagem seca, havia um homem, aparentemente morto, tão completa era sua insensibilidade. Sua aparência era assustadora, quase nu, rígido! Gelado! A primeira coisa que fiz foi deixar a lanterna no chão com o pão, o vinho e a água, e com grande esforço consegui tirá-lo de trás da pirâmide e o arrastei para o meio da caverna. Quando o coloquei deitado, pondo sua cabeça em uma pilha de galhos, Sultão começou a lamber o peito daquele miserável; e eu, embebendo meu lenço na água aromatizada, o apliquei na sua testa e têmporas, molhei-lhe o rosto, e apoiando minha mão direita sobre seu coração, senti, depois de alguns momentos, o batimento cardíaco fraco e lento.

Sultão, entrementes, não poupava meios para trazê-lo de volta à vida: lambia seus ombros, cheirava todo seu corpo, esfregava sua cabeça com a cabeça daquele infeliz, e, finalmente, o moribundo abriu os olhos e fechou-os novamente, suspirando angustiosamente. Então, sentei-me no chão; coloquei suavemente a cabeça daquele desafortunado sobre meus joelhos, e pedi a Deus pela ressurreição daquele pecador. Deus me ouviu. O paciente abriu os olhos e, sentindo-se acariciado, me olhou com profundo assombro; olhou para Sultão, que aqueceu seus joelhos com a respiração, e eu levei a cabaça de vinho aos seus lábios, dizendo: "Beba." Ele não se fez de rogado; bebeu avidamente e fechou os olhos novamente, como se quisesse coordenar suas ideias; tentou sentar-se, e eu o ajudei, coloquei meu braço em volta da sua cintura, descansei sua cabeça em meu ombro e parti um pedaço de pão e apresentei-o, dizendo:

– Faça um esforço e coma.

O homem doente devorou o pão com febril desânimo e bebeu novamente, dizendo:

– Quem é você?

– Um ser que o ama muito.

– Que me ama? Como? Sim, ninguém nunca me amou.

– Pois eu o amo e pedi a Deus que seus perseguidores não o encontrassem, porque eu acredito que era quem deveria ir à prisão de Toulon.

O paciente experimentou um choque violento, me encarou e me disse com uma voz rouca e desconfiada:

– Não me engane, porque lhe custará caro que eu seja um homem de ferro.

E fez menção de se levantar, mas eu o retive, dizendo:

– Não tenha medo, eu quero salvá-lo, confie em mim, e um dia dará graças à Providência: agora me diga por que está aqui.

– Porque essas montanhas são bem conhecidas por mim, e eu disse, quando fugi da prisão: "Vou me esconder em uma de suas cavernas e depois vou tentar viver"; mas eu não esperava que estivesse com fome e não sei que outra doença; porque parecia que eles estavam me martelando o cérebro, e eu só podia me deitar onde você me encontrou, e me cobrir com os galhos que encontrei à mão; mais tarde... não me lembro de mais nada e se não fosse pelo senhor eu teria morrido.

– Tem forças para andar?

– Agora sim; não sei o que aconteceu; se sempre fui de ferro.

E se levantou agilmente.

– Pois bem, apoie-se em mim e saiamos daqui. Como se chama?

– Juan.

– Pois veja bem, Juan, esteja certo que esta noite você nasceu de novo para ser agradável aos olhos do Senhor.

E guiados por Sultão, deixamos a caverna, que fez muitas voltas; passamos pelas ravinas e, quando me vi em terreno plano, apertei o braço do meu parceiro e disse:

– Veja, Juan, olhe para este espaço e abençoe a grandeza de Deus.

– Mas aonde estamos indo? – ele me perguntou desconfiado.

– À minha casa. E eu vou escondê-lo no meu oratório, onde ninguém nunca entra; lá descansará e depois vamos conversar.

Juan deixou-se guiar; chegamos ao jardim da Reitoria muito antes do amanhecer; levei meu companheiro ao meu oratório, improvisei um leito, ele deitou, e ali passei três dias cuidando dele devotadamente: ele olhava para mim e não percebia o que lhe estava acontecendo. Na terceira noite, quando os habitantes da aldeia se recolheram, Juan e eu, acompanhados de meu inseparável Sultão, fomos a um eremitério abandonado pela morte de seu ermitão, o que ocorrera há muitos anos, e ante o altar desmoronado, nos sentamos Juan e eu em uma pedra, e Sultão lançou-se aos nossos pés. Juan era um homem repulso, de aspecto feroz; eu estava como que aturdido, ele me olhava com o canto dos olhos e, ao mesmo tempo, parecia feliz com minhas ações, porque havia momentos em que seus olhos se fixavam em mim com tímida gratidão. Eu tentei dominá-lo com a minha vontade; e falei:

– Ouça, Juan. Eu me sinto contente de tê-lo salvado de uma morte certa, se bem que poderia morrer de fome, e se fosse entregue por mim à justiça, então sofreria em Toulon mil mortes por dia. Diga-me agora qual foi o começo de sua vida e principalmente, me conte toda a verdade.

– Minha vida tem pouco a contar. Minha mãe era prostituta e meu pai, um ladrão; na companhia que meu pai capitaneava havia um italiano muito inteligente que desde muito cedo me ensinou a ler e escrever, porque acreditava que eu seria muito bom para falsificar todos os tipos de assinaturas e documentos; e, de fato, tenho sido um bom calígrafo, e também falsificador por várias vezes. Há dez anos atrás eu amei uma mulher, e a mesma confissão que lhe faço eu fiz a ela, mas ela, que pertencia a uma família honrada, me rejeitou com indignação; eu lhe implorei, prometi levá-la para a América e fazer-me próspero lá, mas tudo foi em vão. Ela me disse que me odiava e que me entregaria aos tribunais se continuasse a incomodá-la, e então jurei que a mataria e, algum tempo depois, cumpri minha promessa. Suspeitas veementes recaíram sobre mim, e por esse crime, e muitos outros abusos, me condenaram ao trabalho forçado por toda a vida.

– E nunca pensou em Deus?

– Sim; quando amei Margarita, até pedi a Deus que abrandasse o coração de pedra daquela mulher, mas de minha paixão louca não pôde advir mais que um assassinato; então, quando vi outros homens, filhos de boa família, casados, cercados de seus filhos, respeitados por todos, e eu desprezado, perseguido pela justiça; quando vi que minha mãe morreu na prisão e meu pai se matou quando escapou da prisão, odiei o mundo e a Deus, que me fez nascer em uma esfera social tão baixa.

– E agora, o que pretende fazer?

– Não sei.

– Quer ficar algum tempo neste eremitério? Eu lhe trarei comida diariamente, trarei roupas, livros, cama, o mais que seja necessário, e espalharei a notícia de que um nobre, arrependido de sua vida licenciosa, quer se entregar por um tempo à penitência. Sob o manto da religião, poderá viver tranquilo. Ninguém vai perturbar seu descanso e para que ninguém o reconheça, quando sair para uma caminhada nessas montanhas, usará um hábito com o capuz aberto, cobrindo seu rosto com ele, apenas seus olhos serão vistos pelas pequenas aberturas que eu abrirei em sua máscara; e à noite, quando todos repousarem em calma, poderá sair livremente, e então poderá elevar sua oração a Deus no topo da montanha e elevar seu espírito nas asas da fé.

"Se recusar esta porta de salvação, não encontrará mais do que uma vida miserável e uma morte violenta; mas se ouvir meu conselho, sua alma se regenerará, seu espírito se engrandecerá, porque será fortalecido pelo arrependimento; e quando for um homem, quando apenas lhe restar de seu passado a dor e a vergonha de ter cometido crimes, vou proporcionar-lhe outros meios de subsistência para que possa ser útil para a sociedade, porque aqui somente pode permanecer enquanto seja útil apenas para você, mas quando amar a Deus, é necessário que ame seu próximo e trabalhe para ele. Agora deixo-o aqui, amanhã retornarei, e me dirá sua resolução."

Juan não me respondeu, mas queria se atirar aos meus pés, e eu o recebi em meus braços, segurei aquele pobre homem contra o meu coração e ficamos abraçados por muito tempo; lágrimas abençoadas fluíram pela primeira vez daqueles olhos secos e ameaçadores, e eu disse a ele:

– Juan, você já foi batizado hoje à noite com suas lágrimas, você perde o nome de criminoso, e em sua nova vida se chamará "o Encapuzado".

A vitória mais gratificante coroou meus desejos e, dois meses após Juan ter-se transferido para seu retiro, parecia um outro homem. Se apoderou de certo misticismo que eu incentivei o quanto pude, porque para certos espíritos é necessário formalismo, que onde falha a inspiração, a rotina faz maravilhas. Onde não há fé espontânea, a superstição a cria; a questão é se acostumar a alma a uma vida temerosa a Deus; aquele que não pode amar o Eterno, é indispensável que o tema, que reconheça seu poder, sorrindo ou chorando; a ideia de reconhecer a Deus precisa ser despertada na humanidade e, os meios devem ser usados de acordo com o avanço do espírito.

Para Juan, a solidão, a mansidão, o repouso, e o respeito, agem maravilhosamente sobre aquele espírito doente, indignado com o desprezo social: o desprezo de uma mulher o fez assassino, e o respeito por seu infortúnio e sua obsessão o levou a render culto a Deus, e tremer humilhado diante de Sua grandeza.

À tarde, depois de minha visita ao cemitério, eu ia vê-lo, e como minha alma gostava de contemplá-lo em sua solidão pacífica! Em minha mente eu via os pobres prisioneiros ofegantes, rendidos pela fadiga, maldizendo sua existência, sem se lembrar de Deus, e os comparava com o criminoso arrependido, que a cada instante abençoava a misericórdia do Onipotente.

Quando soube que esse espírito poderia mais uma vez entrar em contato com o mundo, dei-lhe minhas poucas economias para que ele pudesse pagar sua passagem em um navio que se dirigia para o Novo Mundo, levando trinta missionários; recomendei-lhe eficazmente ao chefe da santa expedição, e disse a Juan quando lhe dei o abraço de despedida:

– Meu filho! Trabalhe! Crie uma família, e cumpra bem a lei de Deus.

Jamais esquecerei o olhar que Juan me dirigiu; este olhar recompensou todas as amarguras de minha vida.

Quatro anos depois recebi uma carta dele, na qual, depois de me contar mil episódios interessantes, me disse:

– Padre! Meu padre! Eu não vivo mais sozinho; uma mulher uniu seus caminhos aos meus, e eu tenho minha casa, tenho minha esposa e logo terei um filho, que levará seu nome. Padre Germano, se tivesse me entregado à justiça, eu teria morrido maldizendo tudo que existia, mas tendo-me dado tempo para me arrepender, reconheci a onipotência de Deus, e lhe pedi misericórdia para os infelizes autores de meus dias. Bendito seja, pois não tirou de mim a herança dada a seus filhos pelo Criador! É tão importante que o homem tenha tempo...! Mas um tempo de paz, não de horas amaldiçoadas, em que o condenado se curva e trabalha açoitado pelo látego do feroz capataz.

"Vive em minha memória a ermita do Encapuzado, e eu não quis perder o nome com que me chamava. Quando meu filho chegar, eu o ensinarei a abençoar seu nome, e depois o de Deus; o adoraremos minha esposa, meu filho e eu, seu humilde servo – O Encapuzado".

Esta carta será enterrada comigo, recordação preciosa da única vez que trabalhei com total liberdade em minha vida.

****

BENDITO SEJAS, SENHOR...! BENDITO sejas! Que me concedeu por alg-
guns momentos o poder de ser o seu vigário neste mundo, porque tão
somente amando e amparando os necessitados, perdoando os agres-
sores e instruindo os ignorantes é a forma como o padre cumpre sua
missão sagrada na Terra.

Quão feliz sou, Senhor! Quão feliz eu sou! Vós me permitistes dar
vista aos cegos, dando agilidade para um aleijado, dando voz a um
mudo, e viu este correr até vós e vos dizer: "Perdoe-me, Senhor!" e vós
o perdoastes, porque amais muito as crianças e os arrependidos.

Que abençoado sou eu, Senhor! Nas florestas do Novo Mundo minha mente contempla uma família humilde, e quando a tarde chega,
todos se ajoelham e fazem uma oração pelo pobre padre da aldeia.
Obrigado, Senhor! Embora longe de mim, consegui criar uma família.

4

JULGAR PELAS APARÊNCIAS

SENHOR! SENHOR! QUANDO CHEGARÁ o dia em que eu possa deixar este vale de amargura? Tenho medo de ficar na Terra; a miragem das experiências sociais me esconde as profundezas do crime, e eu temo cair.

Quando uma pessoa desconhecida se prostra diante de mim e me conta sua história, sinto frio em minha alma e exclamo com angústia: Outro segredo! Outra nova responsabilidade além das inúmeras que me oprimem! Acaso sou perfeito? Tenho mais luz do que os outros para que eles assim me obriguem a servir de guia para alguns, cegos de entendimento? Por que esta distinção? Se eu me sinto como eles, se tive minhas paixões, mais ou menos reprimidas, se me vi obrigado a fugir do contato do mundo, para que meu coração deixasse de acelerar-se; por que tanto empenho em querer que o barro frágil seja forte como as rochas de granito?

Povos ignorantes que vivem entregues à vontade de alguns míseros pecadores! Não sei quem é mais digno de compaixão, se vocês, que se enganam, acreditando-se grandes, ou nós, que nos vemos pequenos!

Senhor! Senhor! Por que nasci na casta sacerdotal? Por que me forçaste a orientar pobres ovelhas se eu não posso me guiar a mim mesmo...? Senhor! Tu deves possuir outras moradas, porque na Terra a alma pensante é sufocada vendo tanta miséria, tanta hipocrisia! Eu quero seguir pelo bom caminho e em todas as sendas encontro precipícios. Oh, o sacerdote! O padre deve ser sábio, prudente, observador, reto em seus critérios, misericordioso em sua justiça, severo e clemente, juiz e julgado ao mesmo tempo; e o que somos realmente? Homens falíveis, pequenos e fracos; meus colegas me abandonam porque não quero proclamar-me impecável, como eles. Dizem que eu defraudo os interesses da Igreja. E acaso a Igreja precisa dos bens da Terra? A Igreja de Deus precisará dos miseráveis dons dos filhos do pecado? No templo do Eterno, as oferendas de metais corruptíveis não são necessárias; com o incenso das boas obras das grandes almas, perfumam-se as imensas áreas da Basílica da Criação.

Senhor, me inspire! Se eu for pelo caminho errado, tenha piedade de mim, porque meu único desejo é adorar-Te na Terra, amar e proteger meus semelhantes e continuar a amá-Lo em outros mundos, onde as almas estejam, por suas virtudes, mais próximas de Ti.

Estou atordoado, a reprovação geral se levanta contra mim; apenas dois seres me abençoam nesta ocasião. Perdoa-me, Senhor, se fui culpado! Mas... por que duvidar? Se Tu estás comigo! Tu não queres templos de pedra, porque tens o teu templo na consciência do homem! Por mim, eles não te erigiriam uma soberba Abadia, onde algumas mulheres orassem por costume, e algumas delas te acusassem de injusto, porque em teu nome elas foram sacrificadas na fase mais bela de sua juventude.

Conventos! Conventos! Antessalas dos sepulcros! Nos teus claustros se vive sem viver... e Deus criou a Terra para todos os Seus filhos!

Eu me lembro de minha infância; vejo em minha mente os monges silenciosos, cadáveres galvanizados, múmias inseminadas; e sinto frio em minha alma, muito frio...! Nos conventos, se a ordem monástica é cumprida, vive-se ao contrário da lei natural; se os votos são quebrados, por que enganar o mundo e estar em falta com o juramento contraído? Nunca prometa o homem mais do que pode racionalmente cumprir.

Sinto arder minha cabeça; as ideias, em ebulição violenta, parecem querer quebrar a delicada estrutura de meu cérebro. Preciso ver-me, preciso ver meus pensamentos delineados no papel, e você, meu querido diário, será meu confidente. Eu te direi porque sofro; te confidenciarei como no retiro de minha aldeia, sou perseguido pelas lutas da vida.

****

HÁ VINTE ANOS ATRÁS, eles vieram me buscar para confessar a um jovem nobre, o opulento barão de G., que estava prestes a morrer. Quando entrei nos aposentos do moribundo, uma dama ricamente vestida estava ajoelhada ao pé do leito. O homem doente, quando me viu, disse com uma voz imperiosa:

– Saia, senhora.

E quando estávamos sozinhos, ele aliviou sua consciência, dizendo-me por fim:

– Não posso jurar, mas estou quase certo de que morro envenenado, e acredito que minha esposa é a autora do crime. Deixo uma filha, de quem não sei se sou mesmo o pai, mas... o que está feito está feito; não quero escândalos depois de minha morte, porque, de qualquer maneira, Deus me vingará; tampouco quero deserdar uma criatura que não sei se algum vínculo a liga a mim e que, de uma forma ou de outra, é inocente. Deus tenha misericórdia da vítima e dos assassinos!

E faleceu em meus braços o desventurado senhor, que morreu duvidando, não ousando condenar.

Sua jovem viúva demonstrou extrema dor e gastou grandes somas em luxuosos e repetidos funerais.

Algum tempo depois, contraiu novas núpcias, sem por isso deixar de celebrar exéquias todos os anos em memória de seu primeiro marido.

Muitas vezes, vinha ouvir a missa que eu celebrava, quando os pássaros dizem "Glorificado seja o Senhor" e ela permanecia sozinha, orando com fervorosa devoção.

Em particular, no verão, não faltava a um único dia na missa do amanhecer, posto que ela vivia perto de minha aldeia, em uma magnífica quinta. Sua filha mais velha recebeu o pão da vida de minhas mãos pela primeira vez; e sempre que eu via aquela menina, eu me lembrava da confissão de seu pai.

40 | AMÁLIA DOMINGO SÓLER

A inocente Rachel me inspirava pena, porque em suas confissões infantis ela se queixava de sua mãe, que não lhe mostrava nenhum afeto, e ela, ofendida, por sua vez, também não podia amá-la.

Eu, que sempre fui avesso a receber a confissão de alguém, da mãe de Rachel, da baronesa G.... queria ouvir a história: meu coração pressentia algo terrível naquela mulher.

Para o mundo ela era um modelo de virtudes e, pouco a pouco, se tornou tão devota, que passava horas e horas na igreja de minha aldeia. Rachel estava crescendo, e a pobre jovem vivia completamente sozinha. A desventurada reclamava que sua mãe não a amava e que havia ocasiões em que, ao repreendê-la, ela dizia que a odiava, e seus irmãos, seguindo seu exemplo, também a tratavam mal; somente o marido de sua mãe, era o único que se mostrava carinhoso para com ela; mas era um homem de caráter fraco, completamente dominado por sua esposa, e Rachel era, em resumo, a vítima de todos eles; mas como para todos os seres há um dia de sol, Rachel veio um dia para me dizer que amava e era amada. Um jovem escultor lhe pedira para se unir a ela pelo vínculo matrimonial, mas temia que a mãe descobrisse, porque, como havia entendido, estava destinada a ser a esposa de Deus, e ela preferia a morte a entrar no claustro; ela me pediu proteção para que não fosse sacrificada, e que sua fortuna fosse dada à mãe, desde que ela fosse unida ao escolhido de seu coração.

É obrigação dos mais fortes proteger os mais fracos, e prometi a Deus salvá-la da armadilha que lhe estavam preparando, segundo ela.

Suas suspeitas não eram infundadas; logo se espalhou a notícia de que a exemplar baronesa de G... iria reconstruir uma antiquíssima abadia, e uma das noviças da nova comunidade seria a primogênita da devotadíssima fundadora.

Quando ouvi essa novidade, escrevi para a baronesa, pedindo-lhe uma entrevista na Reitoria, e ela prontamente me atendeu.

Talvez pela primeira vez eu tenha olhado fixamente para uma mulher, mas olhei para ela para ler nos seus olhos o que estava acontecendo em seu coração; eu não acreditava que sua extrema devoção fosse o resultado de um grande fervor religioso e, infelizmente, eu não estava equivocado.

MEMÓRIAS DO PADRE GERMANO | 41

Quando ela chegou na igreja, eu a fiz ir ao meu escritório, convidei-
-a para sentar-se, sentei-me à frente dela e disse:

– Eu sempre tento me esquivar de receber confissões dos fiéis, mas
a força das circunstâncias obriga-me hoje a pedir-lhe, em nome da religião que professo, em nome do Crucificado, que faça uma confissão comigo.

– Eu não vim preparada para tal ato – respondeu a baronesa com
alguma perturbação –, já que não fiz um exame de consciência.

– Não é necessário, senhora. São apenas fórmulas. Para um pecador dizer o que sente, não é preciso mais que boa vontade. Cada um
tem memória suficiente para lembrar-se de todos os desatinos que cometeu em sua vida.

A baronesa empalideceu, abafou um suspiro e não me respondeu,
e eu continuei dizendo:

– Eu sei que pretende reconstruir a abadia arruinada de Santa Isabel.

– É verdade – respondeu ela– eu quero que os jovens tenham um
novo abrigo para escapar das tentações do mundo.

– E dizem que sua filha Rachel será uma das noviças da
nova comunidade.

– Sim, porque em nenhum lugar estará melhor que lá.

– E já consultou a vontade dela?

– Crianças bem educadas têm a obrigação de querer o que seus
pais querem.

– Desde que suas inclinações particulares não sejam opostas, e que
seu organismo e temperamento possam se adaptar ao tipo de vida que
se deseja impor a elas; e Rachel, menina fraca e doente, se estiver tran-
cada em um convento, logo entregará sua alma ao Criador.

– O senhor pensa assim? Não acho que seja tão delicada, e acho que
lhe falta a sujeição de um convento.

– Eu acho que Rachel é uma pessoa sensível, e por essa razão eu
queria falar com a senhora, porque tenho o dever sagrado de cuidar
dela, pois, se a senhora é a mãe de seu corpo, eu sou o guia de sua
alma; coloquei nos seus lábios o pão da vida espiritual, falei-lhe de
Deus, e tenho confidência de seus angelicais segredos, e sei que a alma
dessa moça não serve para a clausura.

– Pois eu – respondeu a baronesa com um tom descontente – desde que nasceu, jurei que ela não era para o mundo, e o voto que é feito deve ser cumprido.

– Mas este voto não é válido, madame; a senhora prometeu a Deus um ser que não lhe pertencia, porque não sabia o que sua filha pensaria amanhã, e Deus não quer o sacrifício de Seus filhos. Deus só quer sua felicidade.

– E há mais felicidade do que servi-Lo e amá-Lo?

– E não pode ser servido e amado em todas as partes da Terra, sem escravizar uma jovem pobre que precisa de flores, sol e ar para viver?

– O senhor não parece ser um sacerdote – ela respondeu com alguma raiva.

– Por que eu não pareço ser um padre? Por que eu não tento explorar sua devoção, sou contra seu propósito de levantar a abadia, e principalmente, me oponho a que Rachel faça parte da comunidade? Porque sei muito bem que a alma daquela moça não nasceu para a aridez de um claustro; ela é doce, carinhosa, expansiva, é um ser que Deus destinou a ser modelo entre as mães de família.

– Pois vou consagrá-la a Deus, e somente a Deus servirá.

Naquele momento, não sei o que aconteceu comigo; me senti crescer, me senti revestido de certo poder espiritual; me senti naqueles instantes, um enviado de Deus, não sei que anjo me inspirou, mas uma força estranha, um poder desconhecido transfigurou meu ser. Naqueles momentos deixei de ser o paciente e sofrido pastor que sempre sorria quando via as travessuras de suas ovelhas; senti minhas têmporas pulsando com violência incomum; parecia que uma mão de fogo repousava em minha testa; nos meus ouvidos havia milhares de palavras confusas e incoerentes. Estendi a mão direita, levantei-me possuidor de um inexplicável terror e assombro; pensei ter visto sombras de noviças fugindo em debandada. Eu me aproximei da baronesa, coloquei minha mão em seu ombro e com uma voz oca que parecia o eco de uma tumba, lhe disse:

– Ouça um ministro de Deus, e ai de você se se atrever a mentir!

Ela olhou para mim e não sei o que ela leu nos meus olhos que a fez abaixar os seus olhos, dizendo em uma voz conturbada:

– O que quer? Você me assusta!... – e a pobre pecadora começou a tremer.

– Não tenha medo – eu disse – não quero mais do que o seu bem, ou melhor, não sei quem quer; porque alguém sussurra no meu ouvido o que vou lhe dizer. Sua devoção, seu misticismo e fervor religioso têm base. Você sabe qual?

– Qual? – disse ela com a voz embargada.

– O remorso!

– O que diz? - gaguejou ela, tremendo.

– Repito – respondi com uma voz profundamente intencionada – a causa de seu fanatismo religioso é o remorso. Há vinte anos atrás eu recebi a última confissão de seu marido, e ele, morrendo – ouça bem, senhora, não perca sequer um acento de minhas palavras – me confiou o nome de um assassino. Você me entende? Ele sabia de tudo...! Tudo! Até o mais ínfimo detalhe!

Ela olhou para mim, leu em meus olhos o seu nome, e perdeu os sentidos, mas minha mão direita tocou sua testa e minha voz profética (naquele instante) disse-lhe com entonação vigorosa: "Desperta-te!" E aquela mulher desditosa abriu os olhos com medo, e quis prostrar-se a meus pés, mas eu a impedi, dizendo:

– Escute. Conheço a sua história, e acompanhei passo a passo a espinhosa senda de sua vida. A senhora se casou mais tarde com o cúmplice de seu crime. Rachel, como fruto da primeira falta, a tem constantemente relembrado de uma parte de seus desacertos. Seus filhos nascidos do legítimo matrimônio não lhe causam remorso, mas esta pobre menina que leva um nome que não é seu, a atormenta, com certeza; talvez veja a sombra do morto que lhe persegue por toda parte, e pensa em aplacar sua ira mandando celebrar missas em sua memória, e agora quer levantar um convento com o dote usurpado de Rachel, e manter distante de si esta criança inocente, para não ver constantemente o fruto da primeira falta.

"E acha que com esses atos de falsa devoção, irá Deus perdoá-la? Não; a senhora pode enganar os homens da Terra, que os iludidos a têm como uma santa, mas para Deus de nada servem as comédias religiosas. Não cometa um novo sacrilégio. Não sacrifique Rachel. Ela ama e é amada, deixe-a ser a esposa de um homem que Deus já tem como esposa a Criação.

"Não tente confidenciar-se, tudo é inútil, porque eu leio sua vida passada no livro dos seus olhos. Basta vê-la para sentir uma profunda compaixão, e apesar de parecer feliz, uma velhice prematura desfigura seu corpo, e sempre que a vi de joelhos no templo, eu senti pena, porque por um momento de descaminho, levará uma vida de martírio. A cada dia quer ser mais devota, sem dúvida porque a cada dia se reconhece mais culpada. Faça o que Deus lhe ordena: consinta no casamento de Rachel, e use a fortuna dela para criar um hospital e ajudar centenas de famílias pobres; ela o entregará de bom grado, e assim a senhora fará duas boas obras: usará na caridade o que não lhe pertence e não sacrificará um ser inocente que não cometeu delito algum, além de lembrá-la de sua queda."

Ela olhou para mim e não sabia o que responder; se levantou e caiu de volta em seu assento, querendo afogar seus soluços, mas eu disse a ela:

– Chore, pobre mulher, chore, pois com lágrimas rezam os que como a senhora, olvidaram o quinto mandamento!

Então aquela mulher chorou copiosamente, e eu a deixei fazê-lo, dizendo-lhe, ao fim:

– Jure que fará o que eu pedi para fazer.

– Jure que rogará por mim – respondeu ela, com tristeza.

– Suas boas obras serão sua melhor oração, senhora, mas fale, não tema; a senhora ficou em silêncio por vinte anos e seu silêncio é seu carrasco. Não é verdade que sofre? Não é verdade que suas orações não conseguem acalmar seu coração?

– Não, padre, não; tudo que o senhor disse acontece comigo. Ele vive comigo. Rachel me mata; ela, quando nasceu, inspirou-me o que eu não quero lembrar. Quando ele a acariciava, e de repente ele a empurrava para longe de si, eu não sei o que eu sofria então, e quando ele a olhava com íntima ternura, então, eu sofria ainda mais; e como é verdade que a mulher caída só se levanta para cair novamente, eu caí... no abismo do crime... Mais tarde, quando a bênção do padre me uniu a meu novo marido, pensei que descansaria, mas foram baldadas minhas expectativas, e para ser realmente sincera, não creio em nada, porque a religião não me consola, porém tenho medo, e me perco no caos da dúvida.

– A senhora é tida como a mulher mais devota desta região. O que é julgar pelas aparências! Repito: não consuma sua obra perversa sacrificando um ser inocente.

– Pense, padre, que Rachel é filha do pecado.

– Se formos a isso, todos os seus filhos são, senhora. Pensa que seu casamento é válido diante de Deus? Se recebeu por fórmula pura a bênção do homem, as uniões sacrílegas nunca são abençoadas por Deus.

– Os livros sagrados dizem que as falhas dos pais recairão sobre os filhos até a quarta e quinta geração.

– E a razão natural também entende que o ser inocente está livre da herança do pecado. Deixe que seus pobres filhos escrevam cada um sua história e não aumente sua culpa sacrificando Rachel.

Ela me prometeu cumprir o meu desejo e o fez, com a condição de que Rachel desistisse de sua fortuna em benefício dos pobres, caso não quisesse professar. Rachel, aconselhada por mim, concordou, felicíssima, e sorrindo de alegria, apresentou-me o amado de sua alma, me dizendo docemente:

– Abençoe-nos, senhor!

Eu os abençoei com toda a minha fé, com todo o meu amor, e estreitei contra o meu coração o jovem casal que, por um milagre, consegui salvar de um seguro infortúnio.

A baronesa distribuiu o dote de sua filha entre criar um pequeno hospital e ajudar cem famílias; esse gesto a santificava aos olhos do mundo. Todos dizem que é uma santa, que passa mais tempo na igreja do que em sua casa, e como as palavras voam pelo ar, dizem que eu a fiz abandonar o plano de construir a abadia, e que apadrinhei a união de Rachel com o amado de seu coração; e que, portanto, eu tirei da Igreja uma casa de salvação, e se ontem alguns de meus companheiros me odiavam, hoje... se pudessem fazê-lo com impunidade, me fariam viajar para a eternidade. E as recriminações caem sobre mim, e dizem que sou um mau sacerdote, que penso mais nas coisas da Terra do que nos interesses do céu; que sou um pastor descuidado, que deixo as minhas ovelhas se extraviarem; e eu, Senhor, há momentos em que duvido de mim mesmo, mas então eu reflito e digo: o que teria sido melhor, levantar o convento e fazer nele professar uma desafortunada menina que viveu morrendo, e no momento de sorrir, no momento abençoado de ser feliz, arrebatá-la violentamente de sua felicidade, e enterrá-la em um claustro onde ela acabaria de morrer? E ainda amaldiçoando uma religião que a havia condenado ao martírio, e que lhe havia dito: "morra porque esta é a minha vontade"? O que será melhor, repito, destruir as crenças de uma alma jovem e confiante, ou cooperar em sua felicidade, unindo-a ao homem que a adora, criando uma família feliz?

Casas de reclusão existem mais que o suficiente! Muitas, inumeráveis são as vítimas das tiranias religiosas! Feliz me sinto, se pude arrebatar uma mártir de seu local de sacrifício!

Eu não me importo se me apontam com o dedo e dizem que meus conselhos desencaminham os servos do Senhor. Se em Deus tudo é verdade, não lhe devemos oferecer falsas adorações.

Que se consagre à penitência a alma dilacerada, que realmente precisa do isolamento para pensar em Deus; mas a jovem, que ama e é amada, forme o altar sagrado da família, e ensine seus ternos filhos a abençoar a Deus.

****

SENHOR! SENHOR, ELES DIZEM que eu tirei uma casa da tua Igreja, mas acredito que aumentei tua propriedade, porque tua graça entrou nas cabanas dos desafortunados, que receberam uma grandiosa esmola em teu nome; e os enfermos, os cansados caminhantes e as pobres crianças exaustas pelo cansaço, ao chegarem a esta aldeia, encontram piedosa hospitalidade no beneficente asilo dos necessitados. Não é esta a tua verdadeira casa, Senhor? Tua casa é onde a fome e a sede são saciados.

Onde o desnudo encontra abrigo. Onde os aflitos encontram consolo. Onde o espírito errante recebe conselhos úteis; esta é a verdadeira casa do Senhor. Onde o bem é feito pelo bem em si. Não é necessário construir casas para orar rotineiramente, uma vez que para rezar com a alma todos os lugares são bons, desde que o homem eleve seu pensamento a Deus.

– Perdoe-me, Senhor! Tu lês em minha mente. Todos me acusam! No tribunal da Terra sou julgado como um mau sacerdote, mas Tu és a própria verdade, e quero que os homens O adorem em espírito e em verdade.

5

A FONTE DA SAÚDE

O PASSADO SEMPRE É melhor! Como regra geral, o ontem perdido faz nossos corações sorrirem misteriosamente, mesmo quando a miséria nos tenha oprimido e torturado. Há uma alegria secreta em lembrar-se das horas confundidas nas sombras do que já se foi.

Por que será isso, Senhor? Ah, é fácil adivinhar; porque quanto menos idade temos, menos responsabilidades. Por essa razão, o pretérito parece melhor, porque a cada hora que transcorre, cometemos uma falta, ou testemunhamos um crime, ou nos arrependemos de um ultraje ou deploramos uma mentira punível; e estava certo aquele que disse: "Longa vida, longa conta."

Ah! Senhor! Minha jornada tem sido muito longa e eu tenho visto tanto!... Eu tenho sondado profundamente o coração humano! Tenho observado atentamente o voo das inteligências, que se este tivesse dado uma centena de voltas ao redor do mundo, eu não poderia ter visto uma tal variedade de ideias e tanta confusão em todos os sentidos, como eu vi nos muitos anos que passei no recanto de minha amada aldeia!

Que ânsia têm os homens de parecer bons! Logo não pecam por ignorância!

Então eles sabem que é desvantajoso ser mau. E, como Adão se escondeu do Senhor depois de ter pecado, envergonhado de sua nudez, da mesma forma, outros homens encobrem a nudez de seus vícios com o manto de virtudes hipócritas; e nada se adapta melhor a essa prestidigitação de almas que as tradições religiosas.

A religião não admite mais que a verdade; mas as religiões, oh!, as religiões são o manto que cobre as misérias humanas; e eu aceitei o cumprimento de meu sacerdócio com firme vontade de ser um mártir, se necessário, mas não um pecador. Isto é, pecar todos pecamos, mas há erros premeditados, e há falhas que obedecem a nossa fraqueza moral e física; e é obrigação do homem pecar o mínimo possível, pois a perfeição absoluta, somente Deus a possui.

Grande força é necessária no mundo para ser intolerante com os hipócritas, porque nos tornamos o alvo de todos os ódios; e é o caso que eles reconhecem a minha justiça, que eles sabem que eu não condeno, porque eu me lembro do que Jesus fez com a mulher pecadora. Sabem que eu transijo com o pecador, mas nunca com a iniquidade. Eu acolherei em meus braços aqueles que ingenuamente me digam: "Padre! Eu sou um miserável, eu sou um criminoso...!" Mas vou rejeitar, abominar, e afastar de minha presença aquele que vem a mim ponderando seu amor por Deus, e seu desapego das coisas terrenas, quando o vejo preso a vaidades humanas como a ostra à sua casca.

Por que, então, eles me perseguem para colocar-me na posição de remover sua máscara e dizer-lhes cara a cara o que ofende mais o homem, que é listar-lhes os defeitos? Senhor! Senhor! Tende piedade de mim; lembra-te de que sou fraco, que senti, que amei, que lutei comigo mesmo durante toda a minha vida. Por que, então, exigem de mim virtudes que não possuo? Por que eu tenho de me ver envolvido nas histórias de outras pessoas, quando estou sobrecarregado pelo peso de minha própria história?

Oh, Senhor, cada dia que passa, estou mais convencido de que terei vivido ontem e devo viver amanhã para realizar o sonho de minha mente. Eu sei que minhas forças estão gastas e preciso descansar em uma nova existência, em que eu viva esquecido de todos, exceto da companheira de minha alma, porque sem que se amem duas pessoas, convertendo-se em uma, não compreendo a vida.

Senhor! Como desejo terminar minha jornada!... Tão cheia de contrariedades, tendo que lutar abertamente, trazendo-me poderosas inimizades... Sim, eu quero viver em um recanto da Terra, eu quero ter minha cabana rodeada por palmeiras, eu quero amar uma mulher pálida com cachos negros; quero estreitar contra meu coração lindos filhos que me chamem de pai! Eu quero abençoar a Deus quando os pássaros lhe saudarem! Quero extasiar-me em meditação quando a esposa do sol acariciar a Terra! Eu quero, finalmente, recuperar as forças! Adquirir vida! Quero que meu espírito sorria! Que por algum tempo, não me alcancem as lamentações dos homens! Eu quero ignorar as histórias da humanidade! Não me chame de egoísta, Senhor! Porque eu tenho lutado por muitos anos. A carreira do sacerdote é das mais dolorosas, se este quiser realmente cumprir seu dever. O padre é tão requisitado...!

Sem dúvida, por expiação eu aceitei o sacerdócio, porque vendo tantas infâmias, tantos crimes ocultos, todo o meu ser estremece, e eu me considero pequeno, pequeno demais para reprimir tantos abusos; e quando tento eliminar um deles, meus superiores me ameaçam, e me dizem que o fim justifica os meios, e então... Quanto sofro, Senhor! Porque não admito bons fins sem justos meios; e digo a essas eminências:

– Senhores, ou vocês acreditam em Deus ou não acreditam! Se reconhecemos uma inteligência suprema, se consideramos que um olhar infinito está constantemente fixo na Criação, devemos entender que, para aqueles olhos eternos, não há como esconder o que sentimos; sendo assim, a falsa devoção é inútil; o que importa que os homens a aceitem, se não tem valor para Deus? As religiões são acordos especiais para criar privilégios no mundo? Não; as religiões devem servir para aproximar o homem de Deus, porque as religiões são um freio que retém o galope das paixões; e se não podemos nos aperfeiçoar intimamente, então, é tão ateu aquele que diz não acreditar em nada, como alguém que ergue uma capela para encobrir um crime.

Senhor! Senhor! Confesso-te que me faltam forças para lutar com os homens e... ou tira-me esse amor à verdade, para que eu possa tolerar a hipocrisia, ou reveste-me de mais energias para que nos momentos supremos da luta, meu pobre corpo mantenha a força necessária e não seja derrotado, tendo tanta força quanto o meu espírito. Neste momento estou rendido, tive alguns dias cruéis, porque quando estou em contato com o mundo, fico profundamente infeliz. Oh! A humanidade! A humanidade envenena tudo!

Quem diria que uma fonte tranquila (que os aldeões chamam de Saúde) me causaria sérios desgostos, amargos dissabores e ao mesmo tempo a oportunidade de fazer uma boa ação: salvei uma rosa cercada de agudos espinhos! Caro manuscrito, quando amanhã eu deixar a Terra, Deus sabe qual será seu destino; mas, seja qual for o seu dono, quero que você aprenda nas confissões de minha alma e reflexões sobre as confusões a que nossas paixões desordenadas nos levam, e veja que a hipocrisia e o fingimento quase sempre foram os motivos das fundações religiosas.

****

NO SOPÉ DE UMA montanha, entre dois penhascos, um fluxo de água cristalina acalmava a sede das crianças da minha aldeia; e naquelas tardes felizes que passava rodeado de pequeninos, quando ainda não conhecia as misérias do mundo, gostava de me sentar ao lado da nascente rústica, e ali contemplava minha família infantil, correndo alegremente e terminando seu frugal lanche, bebendo contente aquele néctar da natureza, tão necessário para viver; e vendo aqueles rostos rosados, aqueles olhos brilhantes, aquelas bocas sorridentes que tomavam água com entusiasmo ansioso, eu lhes dizia:

– Bebam, bebam, meus filhos, esta é a água da saúde. E desde então todos os habitantes da aldeia chamaram a humilde fonte de "a fonte da Saúde".

Água salutífera era, na verdade, para os meninos inocentes que me seguiam ansiosamente, para deixá-los brincar com Sultão e contar histórias de aparições. Para almas puras, todas as águas são boas! Além disso, quando cheguei à aldeia, notei muito descuido na higiene dos pequeninos e, lentamente, impus a limpeza a eles como um dever de um bom cristão e, para que melhor obedecessem, disse às crianças:

– Se todos os dias vocês lavarem os olhos duas vezes com a água da Saúde, eles sempre estarão saudáveis.

E aqueles inocentes (que me amavam muito) cumpriam religiosamente o mandato do sacerdote, acreditando que a água tinha uma virtude miraculosa, e a virtude consistia na limpeza que eles e suas mães gradualmente adquiriam. Esta foi a origem da fonte da Saúde. Que princípios simples quase sempre têm todas as coisas; mas como não havia especulação, lhes deixava acreditar que a água daquela fonte tivesse a virtude de conservar a visão, desde que meus fiéis tivessem o bom hábito do asseio higiênico.

Um dia, um dos meus superiores veio e me disse que seria desejável ver se eu conseguia levantar uma capela ao lado da fonte da Saúde, porque, quando as mulheres fossem à fonte, poderiam orar. Era necessário que o pecador encontrasse em todos os lugares, pequenos templos onde eles orassem para se arrepender de seus pecados, e, ao mesmo tempo, a água poderia ser de propriedade da capela, e oferecendo-a a um preço razoável, seria um rendimento seguro para a nova capela.

Eu olhei para o meu superior de alto a baixo, e disse-lhe friamente:

– Eu compreendo muito bem sua boa intenção, mas... me dispense, não estou de acordo com isso. Templos não são necessários, há templos em demasia. E, quanto a colocar um preço sobre a água, isso não pode ser feito, porque esta água não tem virtude alguma, que quimicamente fora reconhecida, e não tem nenhuma substância que se lhe recomende em especial.

– Bem, eles a chamam de "a fonte da Saúde".

– Esse nome fui eu quem coloquei para dar mais incentivo ao hábito de limpeza, que eu queria estabelecer em favor dos meus paroquianos. Limpeza é saúde, e eu queria que esses seres pobres, despossuídos mesmo do mais necessário, tivessem uma riqueza positiva em uma saúde inalterável, e nós sabemos que a limpeza fortalece o corpo, e que enquanto revigora, embeleza. Erga o senhor, onde quiser, a capela que o senhor quer (o que eu acho desnecessário), mas deixe a fonte da Saúde livre, que eu não quero especulações à sombra da religião.

– O senhor é um mau padre – disse meu interlocutor – não sabe como despertar a fé religiosa.

– Do jeito que o senhor quer, eu nunca vou despertá-la. Se Deus é a verdade, somente a verdade deve ser oferecida a Ele.

– Pois terá que deixar acontecer, porque uma abastada família virá aqui em breve, atraída pela fama da fonte da Saúde. A primogênita desta nobre casa está enferma; sua mãe (uma senhora muito dedicada) espera que sua filha se cure aqui, e ela fez a promessa de que se ela recuperar sua saúde aqui, ela vai levantar uma capela ao lado da fonte abençoada; e lhe repito, não tente impedir que uma nova casa de oração seja construída.

Eu ia responder, mas parece que alguém disse no meu ouvido:

– Cale-se e espere.

E nada respondi. Meu superior acreditava que havia me convencido com suas razões, e se despediu de mim com mais afeto do que o habitual.

Poucos dias depois, veio até minha aldeia a família que ele havia anunciado, ou antes, parte dela, pois não vinha mais que a mãe e a filha mais velha, com vários servos que, depois de deixar instalados os seus senhores, voltaram à cidade, não deixando mais do que um escudeiro velho e a enfermeira da menina doente... Fui imediatamente oferecer-lhes meus respeitos, porque eu recebi uma ordem estrita para fazê-lo, e mesmo se assim não fosse, eu teria ido, porque pressentia que aquela família traria mistério; e apesar de eu fugir das pessoas, quando pressinto que se vai cometer um crime, eu supero minha personalidade e faço o que puder para evitá-lo, porque eu acho que esta é a minha única obrigação: evitar o mal e fazer o bem.

De fato, assim que os vi, entendi que não havia me enganado. A mãe era uma mulher de boa formação, ela realmente temia a Deus; mas muito vaidosa com sua nobre linhagem, teria morrido cem vezes antes de admitir em sua família um plebeu, e sua filha era tão orgulhosa quanto sua mãe, supersticiosa e absolutamente dominada pelo fanatismo religioso e pelo orgulho de seu nobilíssimo nascimento. Sabia-se que estava doente devido a sua extrema palidez; e a expressão em seu rosto denotava um fastio tão profundo, que se sabia que tudo a aborrecia, começando por ela mesma.

Pela primeira vez na vida fui diplomático, e deixei-as falar, encontrando-as muito dispostas a construir uma capela ao lado da fonte da Saúde, desde que a jovem Clarice fosse curada com aquela água, a qual eles tinham certeza que a curaria. Olhei para elas e pedi força de vontade para silenciar-me, porque compreendi que Clarice estava doente, mas que sua doença tinha um remédio. Eu tentei estudar o caráter daquela mulher, e vi que ela tinha um coração de mármore, uma inteligência viciada por orgulho excessivo, e havia formado uma ideia de Deus, tão absurda e inaceitável, que não se podia ouvir com calma os seus argumentos desdenhosos.

Todos os dias ela ia até a fonte da Saúde para beber água, mas sua palidez aumentava, sua impaciência crescia, e seu humor se tornava mais amargo. Tentei dominar aquela alma rebelde por meio da doçura, mas entendi que desse espírito somente pelo terror religioso alguma obediência seria obtida; então para ela eu fui o padre severo, citando continuamente o inferno (no qual eu nunca fui capaz de acreditar). Em contraste, sua mãe tinha melhores condições; ela era uma personagem mais doce, e se tornou muito mais próxima de mim, a ponto de, depois de algum tempo, me dizer em confissão o seguinte:

– Oh, padre! Eu tenho um peso em minha consciência que me domina, e não quis comunicá-lo a meu marido; eu o disse a meu confessor e, embora ele tenha aprovado meu plano, desde que ouvi o senhor falar, não sei o que acontece comigo; fico confusa, atordoada, me perco entre milhares de ideias diferentes, e há circunstâncias tão agravantes que é preciso uma vontade poderosa para sair delas.

– Há tempo que sei que a senhora sofre.

– Ah!, padre! E muito; minha filha Clarice, infelizmente, será mãe da maneira mais fatal que o senhor pode imaginar. Basta saber que o que tem em seu ventre é fruto de um amor incestuoso. Ela e seu irmão (um filho clandestino de meu marido), um desventurado bastardo, foram vítimas da tentação satânica. A honra da família em primeiro lugar. Eu descobri essa loucura horrível, mas já não havia mais tempo para remediar o dano; e recorremos a meios violentos, para ver se poderia ser desfeito o ser em má hora concebido, mas tudo foi em vão. Quando chegamos aqui, buscamos novos remédios, mas inutilmente. Padre, pode me ajudar neste momento fatal?

– E como posso ajudá-la, senhora? Fale, estou disposto a atendê-la.

– Obrigada, meu padre; eu não esperava menos do senhor, e esteja certo de que o recompensarei por seus serviços. Quando o filho do delito, quando o fruto do incesto vier ao mundo, é necessário sufocar o choro, e para desagravo do Eterno, nós levantaremos um lugar que lhe sirva como uma sepultura desconhecida, um eremitério que tomará o nome do manancial próximo, e se chamará a Capela da Saúde. Minha filha, liberta do peso do pecado, se tornará boa e acreditarão que foi curada com a água da fonte abençoada. O santuário adquirirá renome, e com a fundação desta obra a igreja de Deus será engrandecida, que se os meios não são tão louváveis quanto eu gostaria, o fim não pode ser melhor: preservar impecável a honra de uma família nobre, e levantar um templo que com o tempo será portentoso, ao qual todos os fiéis virão implorar a misericórdia de Deus.

– Desta necessita a senhora, madame; da misericórdia do Eterno, para que lhe perdoe um infanticídio.

– Um infanticídio, padre?...

– Não há outro nome para o assassinato de uma criança. Quer construir um templo sobre uma sepultura! Quer que o sangue de um ser inocente seja usado como argamassa para unir as pedras de uma nova igreja construída para encobrir um crime! E a senhora acredita, pobre pecadora, que esta casa de oração será agradável ao Divino Jeová? Não blasfeme mais, senhora. Porque ai! dos blasfemadores. Acha que os incestuosos serão menos culpados se depois de cometer um assassinato eles colocarem as primeiras pedras de uma catedral? Ah, senhora! Deus não quer templos de pedra, porque Ele os formou múltiplos na consciência de cada homem.

– Então, como vamos desarmar sua justa cólera?

– E a senhora pensa que Deus se enfurece como um débil mortal? Crê que as pobres histórias da Terra podem alcançar seu excelso trono? Quando poderia a lama negra manchar o arco-íris?... Quando poderia o réptil que se arrasta pela lama balançar nas ondulações do éter?

– E como proceder então, para fazer algo efetivo? Porque lhe confesso, padre, estou com medo.

– O que vai fazer? Ouça-me, e ai da senhora se não me obedecer! O que tem que fazer é procurar secretamente por quem se responsabilize por este pequeno que virá ao mundo, que quando chegar, algo terá que

MEMÓRIAS DO PADRE GERMANO | 57

fazer aqui; se quiser, eu cuido de tudo; e a quantia que gastaria na construção de uma capela, use-a para criar um patrimônio para esse pobre órfão, que ficará infeliz se nascer sem receber um beijo de sua mãe; e como o orgulho da família e da fatalidade arrebatam o pão da alma, não lhe negue o pão do corpo que seu sangue corre em suas veias.

– Ah, padre, o que propõe para mim é muito comprometedor, e um homem morto não fala.

– O que ele não fala? O que está dizendo? Se uma pessoa morta fala mais que uma geração inteira! Sabe o que é ser perseguido pela sombra de uma vítima? Eu sei; não da minha própria experiência (graças a Deus), mas muitos criminosos me contaram seus problemas e sei que o remorso é o banco do tormento onde o homem é triturado. E eu, em nome de Deus, e por amor ao próximo, os proíbo estritamente de realizar seu plano cínico. Deixe-me cuidar disso. Eu procurarei uma família em uma cidade próxima que cuide do filho da loucura, e a senhora cumpra com a lei de Deus, se não quiser que o padre se torne um juiz implacável.

Não sei que metamorfose se opera em mim quando evito um desacerto, mas me sinto crescer. Não sou o tímido pastor das almas, que foge do perigo, eu sou o severo juiz que tomaria uma declaração naqueles momentos aos primeiros potentados da Terra; não ficaria deslumbrado com o brilho das coroas; me sinto tão forte, e eu me vejo investido de poder especial, que se não cumprirem meu mandato não respeitaria a ordem social, diria a verdade à face do mundo e antes de concordar com um crime, acho que atentaria contra minha vida. E nesses momentos, eu exerço uma subjugação tão poderosa sobre aqueles que me rodeiam, que me obedecem, se não de bom grado, pela força; e quando a vida de uma pessoa inocente está em perigo, eu tomo todas as providências para salvá-la.

Durante um mês eu não sosseguei, até que encontrei uma família que se incumbisse de cuidar do "órfão", e garanti-lhe uma grande soma, para que tivesse um bom futuro, e até o momento que, Clarice, moribunda, deu à luz a criança, eu fui a sua sombra, constantemente pregando o amor ao próximo. Ela me ouvia com profundo espanto, e seu sentimento parecia humanizar-se, mas eu não me senti tranquilo até ver a criança nos braços de uma enfermeira dormindo docemente! Pobre ser, condenado à morte antes de nascer! Eu o salvei de uma morte certa. Qual será a sua missão na Terra? Deus unicamente o sabe!

Quando Clarice partiu para a Corte, ela apertou minha mão com efusão, dizendo:

– Obrigada, padre. Vim a seu encontro desesperada e, graças ao senhor, parto tranquila: cuide dele. Meu padre, quando ele puder orar, ensine-o a orar por sua mãe.

Ao ouvir estas palavras, vendo que tinha conseguido quebrar o gelo daquele coração, senti uma tão imensa satisfação, que esse momento de pura alegria me recompensou de minhas grandes amarguras, e apenas de lembrar-me, adquiro forças para resistir ao ataque que me espera, porque meus superiores me chamarão, e me pedirão um relato detalhado sobre o porquê de não ter permitido levantar a Capela da Saúde, e não ter usado a fonte da qual levava seu nome.

Muito vou sofrer, graves repreensões cairão sobre mim; mas... minha consciência está limpa. Senhor, salvei um ser inocente de morte certa e assegurei seu futuro; eu não tomei parte na fraude impiedosa de transformar uma água natural em água milagrosa, e evitei que um grande erro fosse cometido e dois insensatos fossem infanticidas. Não é melhor assim? Não é mais justo do que deixar um templo assentar no túmulo de um inocente? Quem sabe o que essa criança será!

****

SENHOR! ACREDITO QUE CUMPRI rigorosamente meu dever e estou tranquilo; mas ao mesmo tempo, as recriminações injustas me fatigam, e elas viciam o ar de minha vida, a tal ponto que não consigo encontrar um lugar para respirar livremente.

Muitos me chamam de herege e falso ministro de Deus. Senhor! Dá-me a força de vontade para emudecer, porque os segredos de confissão não posso revelar, mas eu te amo, Senhor. Acredito que devemos adorá-Lo com o culto de nossas boas obras; e não é uma boa obra cometer fraudes em teu nome. Se em Ti tudo é verdade, não devemos te adorar com hipocrisia.

6

O MELHOR VOTO

A QUE VEM O homem à Terra, Senhor? Vendo as leis que governam a natureza, compreende-se que a raça humana, senhora de toda a criação, vem para dominar tudo o que existe.

Ela vem para tomar posse de seus vastos domínios.

Vem para colonizar os extensos continentes.

Vem para povoar os mares de casas flutuantes, ou seja veleiros e navios.

Ela vem estudar na grande biblioteca da Criação e vem, por fim, para trabalhar incessantemente, porque a lei do trabalho é a lei da vida. Contudo, se a ocupação contínua é a síntese da existência, cumprem as comunidades religiosas com a lei imposta? Não; porque o trabalho deve ser produtivo, deve proporcionar benefícios, deve servir para o engrandecimento do homem moral e intelectualmente considerado, e o trabalho para o qual os religiosos são mais dedicados é completamente improdutivo, porque a oração sujeita a horas fixas é uma tarefa penosa, é o rotinismo em ação, é uma oração que se assemelha a um pássaro sem asas, que em vez de subir pelo ar, cai ao chão.

As orações elevadas ao som do chamado de um sino não perfuram as barras do coro; são como um manancial perdido entre penhascos; deslizam entre as pedras sem deixar o menor traço de sua passagem.

O que é a oração? É o gemido da alma e é o sorriso do espírito!

É a queixa do aflito e o suspiro daquele que espera! É o idioma universal falado por todas as humanidades, para se dirigir a Deus! E o homem, ser impressionável por excelência, sujeito a muitas sensações diferentes, em uma determinada hora, tem que fixar seu pensamento em Deus? Impossível, completamente impossível: o homem que reza quando se lhe mandam é um cadáver galvanizado, mas não é a alma que sente. O êxtase do espírito não ocorre quando você quer; livre como as águias, nada o pode deter, não há voto que impeça seu voo; é por isso que acredito que as comunidades religiosas realizam trabalho estéril; são fazendeiros que aram uma montanha de granito e, nos sulcos que fazem, nenhuma formiga pode se esconder.

Nos tempos de terror, quando o mundo era um acampamento, quando o direito de conquista era o que fixava as fronteiras das cidades, era bom então que as tímidas almas se refugiassem em um asilo retirado; mas quando os códigos fundamentados deram aos homens direitos e deveres, os conventos tornaram-se uma contradição, uma paralisia da vida, um lugar de contrassenso; são uma paralisação da vida, um local de estacionamento para os espíritos, e finalmente, um inferno para as mulheres pobres. Eu não pensava assim antes, mas quando ouvi a confissão de muitas freiras, quando aquelas desditosas abriram seus corações para mim, quantos rios de lágrimas! Quantos tormentos! Quantas horas de agonia inexplicável vi passando em minha frente!

Muitas mulheres, fanáticas, pronunciaram o voto quando ainda não sabiam o que era viver, mas depois, quando despertaram do sono, imposições horríveis as forçaram a conhecer os acidentes da vida, quando às vezes precisaram esmagar pequenos seres que teriam amado de todo o coração, e sem fé e sem esperança, sem crença alguma, tiveram que sucumbir à mais odiosa das servidões. Ah! Quantas histórias guardam os claustros! E se em alguns conventos se vive verdadeiramente entregues à oração, repito que esta oração é nula. A verdadeira oração é aquela pronunciada pelo homem quando ele sofre muito, ou quando a felicidade lhe sorri. Oração não é a palavra, é o sentimento. Um olhar da alma, fixo no céu, vale mais que mil rosários orados por rotina.

Talvez porque eu não tive família, sempre apreciei e sigo apreciando tanto os laços que aproximam os homens, e quando vi as mulheres desatando-se de todos os seus afetos, ignorando os soluços de seus pais, desdenhando as carícias de seus irmãos, fugindo do único verdadeiro prazer da vida para serem trancadas em uma cela, dentro do mais frio egoísmo, onde tudo é negado, onde as leis naturais são truncadas, onde o homem renuncia aos direitos de sua legítima soberania, porque perde sua vontade, ah! quanto sofri quando vi a consumação de tais sacrifícios. Mas tenho o consolo de que algumas vítimas pude salvar. Isso me fez alvo de grandes ódios, mas o bem deve ser feito, e a verdade deve ser difundida, sem considerar ou medir os abismos onde se pode cair. Faça-se o bem e, mais cedo ou mais tarde, colheremos frutos saudáveis.

Não têm os cegos um guia? Pois se os sacerdotes são os ungidos do Senhor, eles devem conduzir os inúmeros cegos que tropeçam nas paixões e caem nos vícios, ao bom caminho. Oh! Sim, sim! Esta é a missão daqueles que se chamam ministros de Deus. Inspira-me, Senhor, para que eu possa cumprir o mandato divino de tua lei sagrada!

E Deus me ouve, sim. Deus me atende, porque apesar de estar aqui escondido, muitos me procuram para pedir-me conselhos nas provações de suas vidas; e muitas famílias chegam ao porto de repouso obedecendo minhas instruções.

Inspira-me sempre, Senhor!

****

HÁ ALGUNS MESES PUDE acalmar um pobre ancião que havia atingido o último grau de desespero, apesar de ser de natureza pacífica. Pai de uma grande família, ele ficou viúvo há algum tempo, e não apenas perdeu a fiel companheira de sua vida, mas a maior parte de sua fortuna, e quase toda a luz de seus olhos. Sete crianças pediam-lhe pão, e sua filha mais velha, jovem de grande inteligência em música e pintura, usando seu conhecimento com sucesso brilhante, lhe ajudava com o produto de seus bons quadros para sustentar a família. Madalena era o consolo e alegria de seu pai, que ficava em êxtase quando a ouvia cantar.

Às vezes eu gostava de ir para a cidade vizinha, para ver o meu amigo que é um livre-pensador, e admirava seu pensamento claro, a paciência evangélica, sua resignação cristã, e invejava sua desdita, porque o via amado, rodeado por seus filhos que sempre lhe acariciavam.

Um dia eu o vi entrar em minha casa apoiando-se em um de seus filhos, corri para encontrá-lo e ele se jogou em meus braços chorando como uma criança.

– Que tem? – perguntei assustado.

– Eles roubaram a filha da minha alma...!

– O que me diz? Eu não entendo, explique-se.

– Não lhe digo que roubaram minha Madalena?

– Quem...?

– Quem? Aqueles que se chamam ministros de Deus.

– O que diz? Está certamente doente.

– Não deliro, não. Não se lembra da voz da minha filha? Quando ela canta parece que um serafim do paraíso chegou à Terra. Bem, aquela voz, eles querem para si mesmos, e eles a levaram embora.

– Mas como eles fizeram isso?

– Como? Fazendo-a entrar num convento, porque dizem que do meu lado ela não aprende nada de bom porque sou dos reformistas; e uma família muito poderosa tomou medidas sobre o assunto, e minha filha, atordoada e espantada com os conselhos de um missionário, diz que quer pensar sobre a salvação de sua alma, porque entre todos ela enlouquecia; e nossa casa, que já foi um paraíso, é agora o inferno. O senhor me conhece, padre Germano; sabe que minha filha é minha vida, que sonhei em vê-la casada com um homem digno dela; que não é que eu a ame por egoísmo, que eu não me importo que, se necessário fosse, eu passaria o dia na porta de uma igreja pedindo esmolas, contanto que à noite eu pudesse ouvir sua voz como um anjo; mas perdê-la para sempre, saber que não vive para mim. Ai! Padre Germano, isso me deixa louco.

E aquele pai desditoso chorou com o horrível grito do desespero.

– Acalme-se – eu disse – acalme-se; ainda nem tudo está perdido. Eu falarei com Madalena, que me respeita muito.

– É a única esperança que me resta! Se não puder fazê-la desistir de seu plano, eu sei o que tenho que fazer.

– E o que fará?

– Que farei? Sabe o que eu vou fazer? Morrer!

Sem perder tempo, fui com meu amigo pedindo a Deus que me inspirasse para salvar duas vítimas de uma só vez, pai e filha; porque a última era inteligente demais para viver feliz em um convento.

Quando chegamos à casa de meu amigo, dois dos meus superiores estavam fazendo companhia a Madalena, que ensinava solfejo a duas de suas irmãs e, ao mesmo tempo, ensaiava o Canto Chão. Madalena, quando me viu, ficou pálida, porque sem dúvida entendeu o que eu estava fazendo. Meus companheiros olharam para mim e começaram a sair, um deles me dizendo antes:

– Cuidado com o que você faz, que estão seguindo seus passos bem de perto.

– Podem segui-lo tanto quanto quiserem – respondi –, mas esteja ciente de que a perseguição não me assusta, porque sei que Deus está comigo, e que aquele que com Deus navega ao porto chega.

Naqueles momentos senti-me possuído dessa força portentosa que me captura em transes extremos. Parece que há duas naturezas em mim. No fundo de minha aldeia eu sou um pobre homem de caráter simples, que se contenta em ver passar os dias monótonos e rítmicos, fazendo hoje o que fez ontem, sorrindo com as crianças, perguntando aos agricultores por suas colheitas, cobrando às mulheres que limpem seus filhos, olhando para o céu quando o pintor do infinito testa suas cores na paleta do horizonte; e ninguém, ao ver-me com meu hábito esfarrapado, meu semblante triste e resignado, poderá crer que me transformo como que por magia, e meus olhos apagados adquirem um brilho impressionante. Mesmo que eu nunca tenha me visto, eu entendo isso perfeitamente, uma vez que ninguém pode resistir ao meu olhar ardente; e assim aconteceu com Madalena, que, estando a sós comigo, cobriu o rosto com as mãos e caiu em soluços na poltrona. Eu sentei a seu lado, tomei uma de suas mãos e disse:

– Olhe para mim.

– Não posso.

– Por quê?

– Não sei; o senhor me assusta.

– Medo! Medo tem de sentir de si mesma, não de mim.

– Eu creio que o senhor tem razão.

– Eu penso que tenho mesmo. Olhe bem para mim, Madalena. Você pensa que cumpro meu dever como ministro de Deus?

– Eu acredito nisso; mas eles o acusam, como o fazem com meu pai, de seguir secretamente a reforma de Lutero; e me dizem que me perco, e que me salve entrando num convento, que é necessário para salvar-me a alma, e eu vejo o sofrimento de meu pai, e suas lágrimas queimam meu coração, mas entre Deus e meu pai, eu acredito que Deus vem primeiro.

– Sem dúvida. Mas pensa que está indo em busca de Deus, matando seu pai? Porque no dia em que ele perder toda a esperança, no dia em que fizer seus votos, naquele dia seu pai se matará. Você me ouve bem, Madalena? Seu pai cometerá suicídio e... que boa maneira de ir a Deus, regando a estrada com o sangue de um ser inocente, a quem deve a sua vida!

– Mas não lhe restam minhas irmãs? Deixe-me continuar no caminho certo.

– Mas você não está no caminho certo, Madalena. A clausura é contrária à lei natural. A mulher não veio à Terra para se trancar em um convento. Se tivesse vindo para isso, Deus não teria formado o paraíso que descrevem as santas escrituras, teria antes erguido uma fortaleza e nela teria trancado a mulher; mas, muito pelo contrário, como os primeiros casais de diferentes raças humanas vieram à Terra, e tomaram posse das florestas, vales e montanhas, nas margens de rios e praias, mares, e os acordes da vida ressoaram em todos os confins do mundo; e o homem e a mulher se uniram para criar novas gerações que glorificaram o Senhor. O bom caminho, Madalena, não é abandonar o autor de seus dias nos últimos anos de sua vida, quando perdeu sua esposa, sua fortuna e a bela luz de seus olhos. Você sabe qual é o bom caminho? Que lhe sirva de báculo em sua velhice, que alegre sua triste noite com seu amor filial, que aceite o amor de um homem de bem, que se case e proporcione a seu pai um novo suporte. Essa é sua obrigação, Madalena: consagrar-se a sua família; e este é o melhor voto que pode pronunciar.

"Onde está a sua inteligência? Onde está sua compreensão? Como pode crer boa uma religião que ordena que se olvidem os primeiros afetos da vida? Dizem que seu pai é reformista, e que a seu lado perderá a sua alma, e isso, e aquilo... quem melhor do que você o sabe? Que conselho seu pai lhe dá? Que seja boa, honrada e trabalhadora, que respeite a memória de sua mãe, que ame a seus irmãos, que, se amar, ame um homem digno, que possa fazer de você sua esposa; ame os pobres, seja muito indulgente com os pecadores, que ao cair da noite possa examinar sua consciência e confessar-se a Deus. Isso é o que seu pai lhe diz, e acaso isso pode trazer sua perdição, Madalena? Responda-me em sã consciência."

– Em tudo o senhor tem razão, padre; sim, acredite que eu lhe respeito, porque quando eles vêm, me deixam louca; e como a duquesa de C. é minha protetora, ela é a mais comprometida em minha confissão, e me diz que não abandonará meu pai, e ainda mais, que fará minhas irmãs felizes se eu consentir em entrar no convento, porque vê que entre meu pai e o senhor, e meu caráter um tanto independente, me perderei no mundo, e não haverá salvação para mim.

– Ninguém se perde, Madalena, quando não quer se perder e além disto, que nem seu pai nem eu lhe aconselhamos mal, e se quiser salvar a vida de seu pai, é imprescindível que desista de entrar no convento. Reflita bem, e note que no dia seguinte de proferir seus votos se sentirá arrependida, e a sombra de seu pai irá segui-la em todos os lugares, e quando se prostrar para orar, tropeçará em seu corpo, e quando quiser render-se ao sono, seu espírito lhe pedirá contas de seu suicídio e, acredite em mim, Madalena, não desate os laços que Deus formou. Perder-se no mundo, quando sua posição é tão digna de respeito e consideração! Que juramento mais santo pode pronunciar do que prometer a Deus que servirá como mãe para seu pai doente e a seus irmãozinhos! Que ocupação mais nobre pode ter, do que sustentar os passos do homem que lhe ensinou a orar e abençoar a Deus! Seja razoável, minha filha; cumpra a verdadeira lei de Deus e faça com que seu pai, em sua triste noite, sorria grato por sentir-se acariciado pelos raios da luz de seu amor.

– Já é tarde, padre Germano, porque lhes dei minha palavra.

– E pelo cumprimento da sua palavra vai sacrificar seu pai? Ora, Madalena, eu quero a vida de seu pai, e você não pode negar isso a mim.

Naquele momento meu amigo entrou. Ele veio sozinho, e seu passo era inseguro, como o de uma criança que começa a andar. Madalena correu para encontrá-lo, os dois se juntaram num abraço apertado, suas lágrimas ficaram confusas por alguns instantes, e eu olhei para eles em êxtase, dizendo para mim mesmo:

"Aqui está a verdadeira religião! O amor da família! A proteção mútua! O retorno dos ternos cuidados! O pai ensina o filho a andar e o filho, em seguida, sustém os passos hesitantes de seu pai, e apresenta-lhe meigos pequeninos, que iluminam os últimos dias de sua ancianidade!"

"Oh! a família! Idílio eterno do mundo! Tabernáculo dos séculos onde é mantida a história consagrada pelo divino sopro de Deus! A religião que não lhe respeita e não lhe considera acima de todas as instituições da Terra terá um poder que será mais frágil do que o castelo de espuma que as ondas do mar levam."

Madalena rompeu o silêncio, dizendo:

– Perdoe-me, meu pai. Entendo minha loucura e ao padre Germano devo a razão; não me separarei do senhor, e faço diante de Deus um voto solene de ser seu guia e seu refúgio, e acredito que Deus nos protegerá.

– Sim, minha filha, – assenti – Deus cuidará de você. Acredite em mim, Madalena, consagrando-se ao cuidado da família, tu pronunciaste O MELHOR VOTO.

O melhor voto sim; porque a paz e a alegria voltaram a reinar na casa do meu amigo. As crianças recuperaram a jovem mãe, o velho cego, sua companheira, e todos sorriem, e todos vivem, e nada mais sorridente e mais bonito do que quando todos se reúnem para me visitar num dia de festa.

Minha velha casa se alegra. Ao cair da tarde, Madalena e seus irmãos cantam no jardim a oração do Ângelus e os alegres pássaros repetem! Glória! Seu pai a escuta comovido e me diz em voz baixa:

– Ai! Padre Germano! Quanto lhe devo...! O que teria sido de mim sem ela...!

****

OBRIGADO, SENHOR! ELES ME perseguem muito de perto, e me acusam de tirar suas ovelhas, mas enquanto eu aumentar o rebanho de bons cristãos, creio eu, Senhor, que cumpro o meu dever.

7

O PATRIMÔNIO DO HOMEM

SENHOR, TODO DIA QUE passa, cada hora que transcorre, cada minuto que se esgota para ser perdido na eternidade, me convence mais de sua grandeza e de sua misericórdia. Senhor, abençoado, abençoado seja!

Quanto ama ao homem, e quão mal compreendemos seu imenso amor!

O tempo, essa eterna demonstração de sua sabedoria! Essa imensa prova de seu poder! Essa decifração contínua dos grandes problemas! Como foi compreendida em todas as eras? Como? Com algum medo supersticioso; e o tempo foi simbolizado por um velho homem esquálido, devorando seus filhos, destruindo tudo, esgotando a beleza e a juventude do homem, extinguindo suas afeições, expirando suas leis e desmoronando seus impérios. Para o homem, o tempo e o nada têm sido sinônimos; e, no entanto, a natureza sempre demonstrou que o tempo é a suprema renovação da vida, e se a existência do homem é estudada, vê-se que o tempo é a redenção da humanidade; é, em uma palavra, o único patrimônio do homem. Se um único indivíduo viesse a possuir todos os tesouros de um planeta, ele não seria poderoso se não tivesse tempo à sua disposição. Eu, que estudei profundamente nesses livros inéditos, nesses volumes palpitantes que são chamados homens, tive ocasião de apreciar o valor das horas, e por isto considero o tempo como a apoteose de Deus.

Quantos seres culpados se redimiram ao longo dos anos! Quantas almas rebeldes entraram nos caminhos do Senhor! É por isso que penso que o homem sempre vive, porque se ele não vivesse, quão curto é o prazo de uma existência para aquele que cai e quer se reerguer! Os sinos tocam! Nuvens de chumbo cobrem o horizonte, os pássaros assustados se refugiam na copa das árvores, e o vento balança suas folhagens, cães uivam de modo lastimoso, a tempestade se aproxima, e as memórias surgem em minha mente... o tempo passou... e ainda a lembrança daquela tarde vive em minha memória.

Por que estranho mistério, querido manuscrito, não tracei em suas páginas amarelas as impressões de um acontecimento que constituiu uma época em minha vida? Por que alguma vez, ao tomar a pena e pensar naquele infortunado, minha mão tremeu e não consegui formar uma única letra? Por que tive medo como se fosse um criminoso? Por que em minhas orações, ao pronunciar seu nome, a voz se afogou em minha garganta e eu emudeci, temendo que as paredes do templo repetissem minhas palavras...? Pela primeira vez na minha vida fui fraco, e quero superar minha fragilidade, quero acrescentar uma página ao livro de minhas confissões e de minhas memórias, quero que os homens conheçam a história infeliz de um espírito rebelde, cujo nome verdadeiro nem a você, querido manuscrito, devo confiar, mas quero deixar consignado o fato para mostrar que o tempo não é o deus Saturno devorando avidamente seus filhos, mas sim o fôlego de Deus, fertilizando os universos do infinito.

Está chovendo, a água bate no vidro verde da minha janela, e parece que essas gotas estão me dizendo: "Você se lembra?"

****

SIM, LEMBRO-ME, SIM. ERA uma tarde de primavera e a estação das flores (como uma mulher caprichosa) estava envolta no manto do inverno. Estava chovendo em torrentes; as nuvens, carregadas de eletricidade, deixavam cair sobre a terra raios de fogo. O furacão arrancou as árvores centenárias que voavam pelo espaço com a rapidez do pensamento, as casas da aldeia tremiam como se tivessem febre, seus telhados, quando afundaram, emitiam um gemido, e o vento, como um monstro insaciável, devorava-as em sua célere corrida.

A igreja estava cheia de crentes que oravam tristes pedindo misericórdia a Deus, e eu estava no meu oratório, dado à meditação mais melancólica, pedindo ao Eterno que se algum ser daquela aldeia morresse naqueles momentos terríveis, que eu fosse o escolhido, uma árvore seca que não dava sombra a ninguém, e deixasse outros anciãos que eram árvores frondosas em cuja sombra benéfica se abrigavam duas gerações.

Pensei nos marinheiros que lutaram contra as ondas furiosas, contava e recontava e não podia somar os gemidos de agonia que naqueles momentos críticos deviam exalar centenas de famílias arruinadas pela violência da tempestade, e eu chorava, considerando tantos outros infortúnios, tantas esperanças perdidas... Tantas horas de trabalho árduo. Como lastimo os agricultores! De repente, Miguel, meu velho companheiro, entrou e levava Sultão pela orelha, me dizendo muito atarantado:

– Senhor! Sultão enlouqueceu sem remédio, eu não sei o que este animal tem. Ele entrou na igreja e começou a puxar os vestidos das mulheres e a coçar as capas dos homens, correndo de um lugar para outro. Latindo descontroladamente, ele se jogou em cima de mim e quase me derrubou no chão, e graças a isso eu mal consegui trazê-lo para cá.

Olhei para Sultão, que pingava água e lama, peguei-o pela cabeça e examinei seus grandes olhos, e vi que estavam cheios de lágrimas. O animal, como se entendesse a reação de Miguel, estava quieto, olhando para mim de maneira lastimosa. Eu amava Sultão como um amigo íntimo da minha vida, eu acariciei-o, dizendo:

– Por que está assustando as pessoas? Por que está impaciente com Miguel, que compartilha com você sua comida? Venha, peça perdão.

Miguel riu, e deu vários golpezinhos na cabeça de Sultão, brincando, o qual, ao ver-se acariciado, tomou novo impulso, e começou a rosnar, emitindo fortes uivos, saltando sobre os dois; puxava-nos o hábito, andava no chão com gesto impaciente, corria para a porta, levantava-se, encostando-se na janela, batia no vidro como se quisesse quebrá-lo, voltava-se para mim, pegava-me pela manga e me fez andar contra minha vontade. Vendo esse esforço incomum, eu disse a Miguel:

– O que Sultão tem é que ele viu um homem infeliz e nos diz para salvá-lo.

Ao ouvir isso Sultão começou a latir novamente. Coloquei minha capa e meu capuz, e Miguel olhou para mim espantado, dizendo:

– Mas, o senhor deve ter enlouquecido. Onde está indo, chovendo assim?

– Eu vou aonde meu dever me chama, que não devemos ser menos generosos que os cães.

Miguel, embora contrafeito, foi procurar sua velha capa e ofereceu-se para que me apoiasse nele. Saímos e seguimos Sultão, que logo se perdeu nos entremeios de um barranco; com mil dificuldades o seguimos, e subimos uma montanha. No meio da subida, Sultão parou e olhou para um novo barranco, latindo descontroladamente. Paramos, e depois de ouvir por alguns momentos, Miguel me disse:

– Eu acho que ao fundo há alguém que lamenta.

Mas o vento que assobiava através dessas rachaduras não nos deixava ouvir nada, mas Sultão, para convencer-nos, olhou para o chão, deu várias voltas e começou a descer, e nós o seguimos, guiados e apoiados por algum anjo do Senhor, porque de outra forma não é concebível que pudéssemos superar tantas dificuldades. Chegamos a um patamar que formava as pedras e lá encontramos um homem que lamuriava de maneira agonizante. Miguel e eu o levantamos, e como se aquele pobre ser nos esperasse, ao sentir-se amparado por nós, disse com voz embargada:

– Graças a Deus!

E perdeu os sentidos. Depois de uma marcha muito penosa, chegamos à igreja, e colocamos aquele homem desventurado em um banco da sacristia, prestamos-lhe a ajuda adequada e logo ele abriu os olhos, olhando para todos os lados.

Ele olhou para os camponeses que o cercavam e sentou-se com energia, dizendo:

– Saiam daqui! Não sei se estou vivo ou morto, mas eu quero ficar sozinho. Me ouviram? Saiam!

Fiz com que saíssem, e fiquei sozinho com o velho, e Sultão, como se entendesse que seu trabalho já estava terminado, se estendeu para repousar de sua fadiga. Sentei-me ao lado do enfermo e disse:

– Com a naturalidade que você fala, vê-se que não está ferido, graças a Deus.

– Não há ninguém na Terra que possa ferir o meu corpo, por outro lado, minha alma está dolorida; agora me diga: estou morto ou vivo? Eu noto grande confusão em minhas ideias.

– Você está vivo, graças a Deus.

– Não agradeça muito, padre, que sem dúvida seria melhor se eu tivesse morrido. O senhor sabe para o que eu quero minha vida?

– Para que você a quer?

– Para me vingar, para lavar com sangue a mancha de uma ofensa.

– Boa maneira de lavá-la, cometendo, sem dúvida, um assassinato!

– O que você quer, padre? Primeiro as primeiras coisas, e as manchas de honra só com sangue são lavadas. Eu vou contar a minha história; é para isso que eu vim. Não acredite que foi o acaso que me levou àquele barranco. Eu quis encurtar o caminho, e na minha carreira, caí, e creia, ali sofri todos os tormentos do inferno. Eu me esforçava para subir e escorregava, e quanto mais eu queria avançar, mais terreno eu perdia. As forças me estavam faltando, minha cabeça não queria levantar-se do travesseiro de pedras e pensei que ia morrer sem confissão, quando só para confessar-me vim para cá. Eu o conheço há muito tempo, e não queria deixar o mundo sem confessar-me com o senhor. A carga de minhas falhas é muito pesada, e apenas um homem como o senhor pode ajudar a carregá-la. Eu tenho apenas dois objetivos em minha vida: confessar-me hoje e me vingar amanhã.

– Pois nem se confessará hoje, nem se vingará amanhã: você está doente, seus olhos têm o brilho da febre, seu olhar perdido me diz que você delira; agora o deixarei em meu leito, você descansará, repousará e, quando recuperar sua saúde, continuará sua jornada. Eu lhe aviso que não quero receber sua confissão; estou horrorizado com os segredos dos homens; quando entro nesta igreja tenho medo, porque os ecos repetem-me as queixas da mulher adúltera, os lamentos da mãe infanticida, as imprecações dos assassinos, e não consigo guar-

74 | Amália Domingo Sóler

dar em minha mente mais lembranças de horror, porque tenho medo de enlouquecer.

O enfermo olhou em volta e disse amargamente:

– O senhor está certo. Quantos segredos guardarão as paredes desta igreja! A história da humanidade é muito triste!

– Siga-me – disse eu com entusiasmo. – Você precisa descansar, você está doente, acredite em mim.

– Bem, eu vou segui-lo, mas amanhã o senhor vai me ouvir, se não pela vontade, pela força.

Eu o levei para meus aposentos, fiz com que tomasse a refeição, eu o ajudei a tirar a roupa e ele se deitou na minha cama. Logo adormeceu com um sono agitado, e eu então o contemplei detidamente. Ele era um homem de cerca de cinquenta anos, de figura arrogante e até dormindo revelava sua soberba altivez. Eu me retirei para o meu oratório, e lá me dediquei a pensar, e como o prisioneiro que está na capela, temi que chegasse o dia e a hora do meu tormento; e me perguntava: quem será este homem, Senhor? Que novos crimes conhecerei amanhã? Quais novos inimigos eu vou criar? Porque eu nunca transigirei com a hipocrisia, nem entregarei qualquer criminoso à justiça, porque eu sei que destruo um corpo e entrego um espírito à confusão, e prefiro trabalhar em sua regeneração com todas as forças de minha alma. Quero a correção para o criminoso, mas não quero os horrendos tormentos, os trabalhos forçados; eu quero fazê-los pensar e fazê-los sentir; mas não consigo encontrar isso nas leis da Terra, e é por isso que me recuso a entregar-lhe novas vítimas; mas isso me provoca grandes responsabilidades, porque mesmo que tantos seres culpados que arrebatei aos tribunais deste mundo tenham sido regenerados, pode haver alguns que por minha tolerância tenham cometido novos crimes.

Ah! Senhor! Sinto me faltar as forças, tem piedade da minha fraqueza. Se ouço uma confissão, se vejo uma existência cheia de horrores, me identifico com esse ser desventurado e sofro com seu remorso, e sofro com a agonia de suas vítimas e meu sono se turba com sombras aterrorizantes, e não sei o que se passa comigo.

As horas passaram, o amanhecer cobriu com seu manto de púrpura o horizonte velado, os pássaros chamavam o Pai do dia, e Ele respondia enviando seus raios luminosos, e o enfermo se sentou em minha cama, dizendo-me com um tom satisfeito:

– Como dormi bem, padre! Eu me sinto perfeitamente bem, e o que quase nunca acontece comigo, eu sonhei com minha mãe, e o que são os sonhos!... Eu a vi como ela era...

Ele pulou da cama e continuou dizendo:

– Vamos nos preparar para sair, não quero que suas paredes guardem o eco da minha voz. Vamos ao campo que, segundo minha mãe, é o lugar onde o homem está mais próximo de Deus.

Eu olhei para o meu interlocutor como o prisioneiro mira o carrasco; havia uma ferocidade extraordinária no olhar daquele homem, mas ele não era um ser repulsivo, pelo contrário, a expressão de seu rosto era interessante, sua postura era distinta, e sabia-se que ele pertencia à mais alta sociedade.

Fiz com que ele se alimentasse um pouco, o que ele fez mecanicamente, e me disse com um tom seco:

– Padre, vamos sair daqui, eles estão me perseguindo muito de perto. Eu nunca fui um traidor, e não quero recompensar sua generosa hospitalidade com a desordem de uma prisão. O senhor ainda não sabe quem tem em sua casa.

– E eu ficaria feliz deixando-o ir sem saber, recomendando-lhe apenas fazer com outros homens o que ontem nesta aldeia fizemos com você.

Em resposta, ele saiu da sala, acariciou Sultão, que marchou ao seu lado muito satisfeito, e saímos para o campo sem dizer uma palavra. Quando ele nos viu fora da aldeia, olhou para mim e disse:

– Eu conheço esses lugares melhor do que o senhor e vou levá-lo a um lugar onde ninguém pode nos interromper.

Foi assim: sentamos em um buraco, e Sultão, como sentinela avançada, estava sentado a uma grande distância de nós. Pedi inspiração a Deus e, como sempre, senti em todo o meu ser um forte tremor, senti uma mão de fogo no crânio, minhas ideias adquiriram lucidez e o velho sacerdote da aldeia sentiu-se forte e rejuvenescido. Eu olhei para o meu parceiro, que estava mergulhado em meditação, e disse:

– Realize o sacrifício, comece; mas acima de tudo, diga-me a verdade.

– Homens da minha raça nunca mentem. Olhe bem para mim. Não calcula quem eu sou? Meu nome deve ter chegado muitas vezes aos seus ouvidos. Eu sou o grão-duque Constantine de Hus.

De fato, era-me bem conhecido por sua reputação fatal, e por um momento senti medo, senti horror, senti um horror inconcebível; mas foi uma coisa instantânea, porque senti em minha alma um desejo veemente de conhecer a história deste homem. Para mim ele era um náufrago, perdido no mar revolto das paixões, e do fundo do mar dos vícios, me propus a salvá-lo a todo custo. Então me senti forte, valente, disposto a converter o mundo inteiro; me aproximei dele, tomei uma de suas mãos, olhei-o fixamente, e lhe disse:

– Fale! Conheço-o e compadeço-me de você há muito tempo.

– O senhor se compadece de mim! – ele exclamou com espanto.

– Sim. Como não me compadecer, se é mais pobre do que o último mendigo da criação!

– Pobre de mim!– ele respondeu ironicamente – sem dúvida o senhor ignora que em meus domínios o sol nunca se põe.

– O sol não precisa se esconder no lugar onde nunca brilhou, mas inicie seu relato.

O duque me olhou, e começou dizendo:

– Eu não conheci meu pai, ele morreu em uma ação antes de eu nascer, e quando seus funerais foram celebrados, minha mãe deu à luz a mim e, segundo contam, eles me colocaram sobre a tumba de meu pai e meus súditos me aclamaram como o único chefe da minha ilustre família. Não havia outro homem senão eu, pois todos haviam morrido na guerra. Minha mãe era uma mulher santa, agora reconheço, e lembro-me de que ela sempre me dizia: "Eu gostaria, quando morresse, de levar você comigo e que seu nome se perdesse nas sombras do sepulcro."

– Sua mãe via muito claro seu futuro fatal, mas prossiga.

– Quando ela morreu, fiquei contente com sua morte, porque ela era o único ser que contradizia meus desejos, e aos quatorze anos eu estava livre de toda a tutela, com o direito à vida e propriedade sobre meus vassalos. Eu não conhecia barreira para meus desejos, a minha soberana vontade foi sempre cumprida e ai! do ousado que não a hou-

MEMÓRIAS DO PADRE GERMANO | 77

vesse cumprido... Para ter um herdeiro do meu nome eu me juntei a uma jovem de estirpe real para perpetuar minha raça. É por isso que sempre usei mulheres, embora nunca as tenha amado. Só minhas filhas olhei com respeito, porque traziam meu sobrenome. Minha primeira esposa deu à luz uma menina, e eu fiquei tão indignado que ela rapidamente desapareceu da Terra, porque meu médico compreendeu que eu queria que ela desaparecesse. Eu me casei uma segunda vez, e a mesma coisa aconteceu comigo, e eu me casei pela terceira vez, e a mesma história se repetiu, e aquele filho nunca veio.

– E como queria que ele viesse, infeliz! Para a árvore da iniquidade não há ramificações na natureza!

– O senhor já pode dizer isso, padre. A trinta e seis jovens, filhas de meus vassalos, forcei ceder aos meus desejos. A maioria era estéril, outras morriam de tristeza, outras mantinham uma lembrança minha, que morreu no nascimento; porque nenhuma das meninas que eu tive de origem bastarda sobreviveu ao nascimento, e eu invejava o último dos meus serviçais, ao vê-lo brincar com seus filhos; todos tinham um herdeiro de seu nome; só o meu foi destinado à extinção.

– Porque é necessário que seja extinto, porque você é filho de uma família execrável, porque de onde você e os seus vieram, não deixaram mais do que uma trilha de sangue e lágrimas, por isso é necessário apagar seu nome do livro da história, para que os povos não se envergonhem; mas continue, que ainda não deve ter concluído.

– Eu tenho algo para lhe dizer, ainda. Três filhas me restaram dos meus três casamentos, que se eu não queria muito, eu as respeitava, e para que as suas fraquezas ou frivolidades (porque todas as mulheres são iguais) não manchassem meu nome, duas delas fiz entrar num convento e a mais velha ficou ao meu lado para me fazer cometer um novo crime. Um homem mais poderoso que eu, por sua posição social, a seduziu e depois de seduzi-la, como ele é casado, a abandonou e, sabendo que quando eu descobrisse o que havia acontecido eu me vingaria, ele se afastou de meu convívio, acusando-me de ser o chefe de uma sedição, e me despojou da maior parte de minha propriedade. Eu já sabia de minha desonra. Reuni meus homens e desafiei o ladrão que ousara se aproximar de minha filha. Disse-lhe que viesse à minha

78 | Amália Domingo Sóler

residência habitual para me provar que eu era um traidor. Enviei-lhe a luva, que ele pegou e veio aos meus Estados, porque a tais apelos não há homem que recuse, mas ele veio com forças mais poderosas, muito superiores em número às hostes que defendiam meus territórios. Compreendi que em breve seria o dono do meu castelo, e enviei-lhe um arauto com um lençol no qual lhe disse que atiraria as chaves da fortaleza para ele à porta de sua tenda, e logo cumpri minha palavra. Ele colocou sua barraca nas margens do rio, e eu fui até a torre mais alta do meu castelo, acompanhado por minha filha, próxima de dar à luz o fruto de sua e minha desonra, e com um braço forte eu a levantei no ar e a lancei ao espaço. Seu corpo se perdeu nas ondas do rio, enquanto eu gritei três vezes: "Aí você tem as chaves da fortaleza de Hus!" Sem perda de tempo, seguido pelo mais bravo de meus capitães, eu fugi por uma estrada subterrânea, enquanto meus soldados defendiam, centímetro por centímetro, a morada de seu senhor. E você sabe por que eu fugi? Porque eu queria que aquele homem sentisse a mesma dor que eu senti, eu queria que minha vingança fosse cumprida olho por olho e dente por dente; eu queria que uma de suas filhas fosse desonrada como o foi a minha, e consegui meu objetivo, e fiz com que soubesse, e desafiei-o para uma luta apenas entre nós, nas cercanias da aldeia, mas ele teve medo de meu braço e não veio, e enviou seus emissários em meu encalço, porém, eu soube burlá-los com habilidade. Quem não quiser morrer como nobre, morrerá como os covardes e traidores morrem: feridos nas costas; eu vou em busca dele, vou matá-lo, e então eu virei aqui e concluirei de uma vez por todas a vida que me domina, e então, padre, o senhor será o único que orará por mim, e não negará a terra sagrada ao corpo do suicida. Se fala muito sobre o senhor, e é por isso que eu vim, porque preciso de alguém para me preparar para essa viagem que não sei onde termina. Eles dizem que há um inferno, e se houver, certamente eu irei para ele, e se eu for amaldiçoado na Terra, quero receber minha excomunhão de um homem verdadeiramente grande, como as pessoas dizem que o senhor é.

Estava estarrecido. Eu olhava para aquele homem e via passar diante de mim, pálidas sombras em forma de mulheres jovens e belas. Algumas estendiam sua destra, ameaçando a cabeça do nobre, outras choravam e lhe enviavam ósculos de paz, e eu, maravilhado, atônito, subjugado, compreendi que estava rodeado de seres espirituais. Uma sombra enlutada se aproximou do duque. Chorava com o maior desconsolo, e reclinava sua testa na cabeça do pecador. Esta é a alma de sua desafortunada mãe, pensei comigo; somente uma mãe pode perdoar a iniquidade do homem. A sombra respondeu a meu pensamento, porque redobrou seu carinho, e segurou minhas mãos com um gesto suplicante. Então senti o que nunca sentira, pensei em minha mãe, que nunca tinha visto, e meu coração soluçou dentro do meu peito, e quase invejei a sorte daquele miserável, porque ele ainda era amado por sua mãe.

O duque estava olhando para mim e estranhando meu silêncio, disse-me, impaciente:

– E então, padre, o que me diz?

Quando o ouvi, voltei para a vida real e só vi a mãe apoiando-se no ombro de Hus.

– Você se lembra alguma vez de sua mãe?

– Sim, muitas vezes. Por que pergunta?

– Enquanto olhava para mim agora, pensava nela?

– Sim. Há alguns dias eu não consigo deixar de pensar nela. Como pretendo abandonar este mundo, não é estranho que eu me lembre daquela que me trouxe até ele? Pobre mulher! Quase teve razão. Como eu não deixei um herdeiro do meu ilustre nome, teria sido melhor ter ido com ela, mas de qualquer maneira, o que está feito, feito está. Agora eu só espero duas coisas do senhor.

– O que são elas?

– Sua excomunhão, porque sua bênção é impossível, e a formal promessa de que me enterrará em terra santa e colocará em minha ossada uma cruz.

– O último concedido, é claro; e de passagem lhe advirto que para mim, toda a terra é sagrada, porque toda ela recebe o reflexo divino do olhar de Deus; e quanto ao seu primeiro pedido, não posso aceder a ele porque não há homem na Terra que tenha poder suficiente para abençoar outro em nome de Deus, nem lançar o anátema cumprindo uma ordem do Eterno.

– Pois bem, para que servem os sacerdotes?

– Eles existem, se são bons, para consolar e instruir a humanidade, para iniciar o homem no eterno progresso da vida, para conduzi-lo pelo caminho mais curto para a terra prometida. Dia virá em que os sacerdotes não serão necessários, porque todo homem cumprirá seu dever, e este é o verdadeiro sacerdócio; mas enquanto esse grande dia não chega, um certo número de homens, dedicados ao estudo e a práticas piedosas, será um freio para as cidades e, às vezes, uma razão para escândalo, que em nossa sociedade mal organizada quase sempre tocamos os extremos.

– E se o senhor não quer me absolver ou me excomungar, o que me diz então? O que lhe parece minha vida?

– O que quer que pareça, infeliz? Um tecido de iniquidades! Uma série de crimes estarrecedores! Mas nem todos advêm de você, muitos deles obedeceram aos vícios deste tempo. Em alguns séculos, não haverá criminosos como você. Os nobres não terão um poder tão fatal, os servos serão resgatados pelo progresso, as mulheres reconhecerão seus deveres e reivindicarão seus direitos, e não serão como são hoje, um mero brinquedo nas mãos da devassidão do homem. Você veio para a Terra em um momento muito escuro, e seu espírito pronto para cometer todos os tipos de erros, e todos os abusos inconcebíveis satisfizeram seus desejos perversos porque tudo o que o cercou cooperou para sua queda.

– E depois disso, padre?

– O que há para ser? O eterno progresso, porque a razão natural o determina. Você e eu nascemos na mesma época, embora em classes diferentes, mas a raça sacerdotal não é a menos privilegiada, e você sabe que muitos padres cometem abusos. Por que você nasceu inclinado para o mal e eu para o bem? Por que você vai morrer amaldiçoado por todos, sem que alguém derrame uma lágrima em seu túmulo, e eu serei enterrado por um povo que chorará minha memória? Por que você se entregou ao redemoinho de paixões e eu consegui conter as minhas? Por que esse privilégio para mim, se você e eu viemos ao mundo nas mesmas condições? Se nós dois nascemos de mulheres, por que para você todos os incentivos de prazer e poder (que nada mais são que elementos de perdição) e para mim toda a sanidade, toda a reflexão e todos os meios a seguir para o verdadeiro caminho? Por que, se não temos outra vida, você tem que ser tão infeliz e eu ser feliz? Essa justiça se encaixa em Deus? Não; não cabe, e nossa vida deve continuar, porque se não continuasse, eu negaria a Deus, e Deus é inegável, porque a Criação prova sua existência. Você me diz, *o que há depois disso?* Existe vida eterna, e o progresso indefinido do espírito. Você não pode deixar de ser a execração universal, enquanto eu, seu irmão, filho do mesmo Pai, porque somos ambos filhos de Deus, eu vou sucumbir cercado pelos filhos da minha aldeia, e muitos homens honestos vão lamentar a minha memória. Você tem que engrandecer seu espírito, porque o mal não é eterno na Criação. Deus cria e não destrói, consequentemente, o espírito tem que se harmonizar com o Criador, porque, como um ser pensante, como uma entidade intelectiva, é o complemento do trabalho divino. Você viverá, pagará uma a uma, todas as dívidas que contraiu, e chegará o dia em que será o mestre de você mesmo. Hoje foi um escravo de suas paixões, amanhã... serão suas escravas, e dominará seus caprichos como eu o fiz.

– O que acontecerá? O que acontecerá...? Vou guardar a memória da minha existência? Desta vida que me sobrecarrega tanto...! Eu sempre ouvirei essas vozes distantes que me dizem continuamente... "Maldito! Maldito!"

– Não, você não vai ouvi-los. Deus é misericordioso com os arrependidos: e se você quiser, a partir de hoje, pode começar sua nova vida. Renuncie ao nome que tantos crimes fizeram que você se comprometesse, e isso lhe deu uma celebridade tão odiosa; deixe o nome de sua raça ser extinto, renasça novamente, e se ontem você foi o flagelo da humanidade, amanhã talvez algumas pessoas pobres agradecidas plantarão flores em seu túmulo.

– O senhor quer que eu entre em um claustro?

– Não, eu quero que você trabalhe, que seja útil para os infelizes: esse trabalho é a oração da natureza.

– Mas falando com o senhor, esqueci que tenho que fazer alguma coisa ainda.

– Você não tem mais nada para fazer, eu não tenho poder para lhe perdoar, nem para zombar de você; mas tenho para evitar que cometa um duplo crime. Pense no amanhã; a alma de sua mãe lhe trouxe aqui para a sua regeneração, vamos iniciá-la. Você possui ainda alguns bens?

– Sim, sim, ainda os tenho.

– Bem, hoje você vai sair daqui, e da melhor maneira possível vai realizar sua ventura. Vai espalhar a notícia (que com dinheiro tudo é conseguido) que você morreu nas mãos de alguns bandidos que levaram até seu corpo, e as guerras e as turbulências atuais favorecem nosso plano; vai desfigurar seu rosto com uma tinta acobreada que eu lhe darei; virá aqui onde há campos férteis, que apenas esperam bons agricultores para produzir cem por um, e vai ocupar nas tarefas agrícolas muitos dos meus pobres camponeses, que só querem trabalhar. Você também irá trabalhar a terra, pois é bom que regue com o seu suor, que tantas vezes a regou com as lágrimas e o sangue de suas vítimas. Eu confio em sua palavra, que retornará; e se não retornar, eu não serei o prejudicado, você o será. Se matar aquele homem e cometer suicídio, mais tarde, seu espírito sofrerá terrivelmente, e sentirá todas as agonias que fez sentir as jovens pobres que sucumbiram à vergonha e ao sofrimento. Se voltar, preparará sua alma para uma morte muito mais calma. Você é livre em sua escolha.

O duque levantou-se e disse:

– Eu voltarei; porque se tenho que viver para sempre, estou cansado de sofrer.

E cobrindo-se com sua capa, saiu em um ritmo acelerado, e a sombra de sua mãe desapareceu com ele.

Quando eu estava sozinho, chorei com aquele pranto da alma que, como chuva abençoada, fertiliza nossos sentimentos. Vi no futuro novas perseguições para mim, porque ele era um réu da alta nobreza que eu arrebatava à justiça do Estado, mas o que importava para mim, se eu evitava dois crimes e fazia um pobre louco de nascimento pensar em sua cura?

Muitos dias se passaram, alguns meses, quando uma tarde um aldeão me trouxe uma carta. Era uma carta do duque, em que ele anunciava sua próxima visita e me avisava que, seguindo o meu conselho, ele deixara de pertencer à raça branca.

Um mês depois, Hus chegou para me pedir hospitalidade acompanhado por seu servo mais fiel, que, como seu dono, parecia um etíope. O duque não parecia o mesmo. Com seus cabelos tonsurados, suas mãos enegrecidas, seu ar vulgar, seu humilde continente, o último descendente da casa de Hus, de fato morrera.

Quando ele me viu, ele se jogou em meus braços e falou em meu ouvido:

– Confesso que mais de uma vez hesitei em vir, mas finalmente o senhor venceu, a única vontade que dominou a minha.

– Damos graças a Deus, mestre Juan; se você gosta, você vai levar esse nome.

– Acordado; agora todos os nomes me são iguais. Diga-me o que devo fazer.

– Já lhe indiquei o meu plano, siga se quiser, mas eu não lhe chamei para que viva oprimido, mas para salvá-lo de um crime duplo, para lavrar a terra, e talvez encontre caminhos para o céu.

Quatro anos depois, numa bela tarde de primavera, alguns camponeses vieram dizer-me, muito desolados, que o mestre Juan estava morrendo. Eu fui com eles até a Abadia de Santa Isabel, convertida em uma fazenda modelo. O trabalho havia embelezado aquele prédio antigo e arruinado, onde muitas famílias haviam encontrado meios de subsistência.

Uma revolução completa reinou na fazenda. Os homens falavam com mistério, as mulheres choravam e mantinham seus filhos para que não fizessem barulho e respeitassem o descanso do mestre Juan. Quando entrei no quarto do paciente, ele acordou, tomou minha mão e disse com uma voz solene:

– Padre, sua profecia será cumprida: eu vou morrer, mas serei lamentado. Eu vejo a agitação dessas pessoas boas, alguns gemidos vêm até mim... como é maravilhoso ser amado! Na minha mesa você encontrará meu testamento. Meus colonos são meus herdeiros. Por que não te conheci no momento do nascimento, padre Germano? Como é bom ser bom, padre!

E descansando sua cabeça em meus braços, expirou. Se cumpriu minha profecia; nos ombros dos camponeses, o último duque de Hus foi levado à sua humilde sepultura e seres agradecidos cobriram-no de flores.

Algumas famílias abençoam sua memória, e um espírito extraviado começará a conhecer seus erros.

Escondi um réu, arrebatei um criminoso da justiça humana, porque não queria privá-lo de seu patrimônio legítimo, daquela riqueza inestimável chamada TEMPO!

****

PERDOA-ME, SENHOR! ELES ME acusam de quebrar as leis da Terra, mas eu acredito firmemente que não violo as suas...

8

OS RASTROS DO CRIMINOSO

ESTOU TRISTE, SENHOR, MUITO triste. Eu fiquei tão só...! Sultão, meu fiel Sultão, o companheiro de grande parte da minha vida, apesar de ter alcançado uma longevidade extraordinária, foi embora e me deixou sozinho. Eu fui o primeiro a acariciá-lo no nascimento, e fui eu quem, ao morrer, segurei sua cabeça inteligente sobre meus joelhos. Que nobre animal! É triste dizer, mas é bem verdade: eu encontrei em um cachorro o que eu não pude encontrar em um homem. Quanta lealdade! Quanta atenção! Quanta solicitude!

Ele dormia durante o dia, eu raramente o via dormir à noite e somente quando doente. Como ficava satisfeito, quando de manhã, Miguel e eu adormecidos, víamos com que suavidade Sultão nos acordava, puxando os cobertores que respectivamente nos cobriam; se uma tarde, caminhando pelo bosque, me sentava para meditar melhor e, finalmente, me rendia ao sono, antes do anoitecer ele me acordava e sempre adivinhava meus desejos!

Ele nunca havia entrado no cemitério, pelo contrário, parava na porta e latia impaciente quando via o coveiro; mas desde que ela morreu, a menina pálida com os cachos negros, ele veio comigo quando eu a levei para ser enterrada; e quando Sultão não aparecia em nenhum lugar, Miguel dizia sorrindo: "ele estará lá"; que "ali" era o túmulo dela, e realmente, eu ia procurá-lo e o encontrava sentado ao lado da sepultura, atrás da cruz. Quando ele me via, corria para mim e os dois nos dirigíamos novamente para o fosso que continha todos os amores e a felicidade da minha vida. Ah, Sultão, Sultão, que inteligência maravilhosa você possuía! Quanta devoção você sentia por mim! Quando lhe perdi, perdi meu melhor amigo.

Antes, quando voltava ao meu retiro, quando no fundo do meu oratório rezava com meu pranto, quando lamentava as perseguições que sofria, via-o, que me ouvia imóvel. Nunca se cansava de estar ao meu lado, seu olhar sempre buscou o meu, e no último sono, ele mesmo reclinou a cabeça sobre meus joelhos procurando o calor do meu corpo até o último momento em que se apagou a misteriosa chama que queima em todos os seres da criação.

Agora, estou sozinho, porque o pobre Miguel é uma máquina que funciona se eu a fizer funcionar; mas em Sultão havia iniciativa, ação incessante, e se algumas boas obras eu pude fazer durante minha existência, ele foi o primeiro que me impeliu para elas, porque ele me dizia com suas carícias, e com seu olhar cheio de intenção: corra, que é necessário salvar um homem e corria com força, encorajado pelo desejo de fazer o bem.

Agora ninguém me chama, quando eu acordo ninguém se alegra, e eu tenho frio na alma, mas um frio intenso; quando entro na minha humilde casa, tudo permanece em silêncio. O velho Miguel, ocupado no horto, responde se eu chamar, se não, nem ouve meus passos, e ele segue em sua ocupação favorita, e eu me sento em minha janela, eu olho para o céu, e olhando para a vastidão, as memórias fluem à minha mente e enquanto vejo à distância alguns seres que me endereçam um olhar de gratidão, ao meu redor contemplo inimigos implacáveis que me perseguem e me acusam de ser apóstata, traidor da Igreja e do Estado; e se não fosse crime, eu diria:

– Mate-me, satisfaça sua raiva neste pobre velho, que já não tem forças para lutar com a humanidade.

Mas isso não pode ser. A vida é um depósito sagrado e não podemos dispor de bens que não nos pertencem; eles seriam criminosos e eu seria um assassino, e o homem não vem à Terra para matar, que o quinto mandamento da lei de Deus diz: "Não matarás". Por esta razão, seguindo seu mandato, fiz tudo que podia para evitar os grandes homicídios sociais, e por isso eles me acusam, e até me chamam de avarento. É isso que mais deploro, Senhor, que me acusem de avareza, acreditando que fui o herdeiro do último duque Constantino de Hus.

O tempo! Este mago misterioso, este grande aritmético que acrescenta todos os relatos, este matemático dos séculos que decifra e resolve todos os problemas, tal agente do passado disse aos homens que o duque de Hus não morreu nas mãos de assassinos disfarçados, mas, ao contrário, morreu pacificamente em seu leito, e seu corpo descansa em uma sepultura humilde sombreada por salgueiros e embalsamada por flores, que seres agradecidos semearam em seu túmulo. É conhecido, também, que os colonos do mestre Juan herdaram do seu senhor, mas não é concebível que o seu salvador não herde nada, e concluem que a maior parte da sua propriedade me foi dada antes da morte de Hus.

Pobre humanidade! Não acredita em sacrifício sem benefício imediato; eles não podem se contentar comigo expondo-me à prisão certa, e a morte segura, para fazer um criminoso miserável entrar no caminho da virtude.

A razão terrena, que ainda está muitíssimo atrasada, está afundada no aviltamento, submersa no egoísmo, acorrentada pela mais completa ignorância, tudo vê pequeno e mesquinho. Para ela não há nada além de comércio, negócios, usura; emprestar um e cobrar cem. O homem ignora que a alma vive além da sepultura; ele acredita que tudo começa e termina na Terra, e é por isso que ele está ocupado comprando alegrias efêmeras para uma única existência.

Eu vejo mais longe, é por isso que o ouro não me seduz. Eu não sou virtuoso, não; o que eu sou é razoável, essencialmente racionalista, não procuro a santidade, busco o progresso, porque no resultado final, o que é a santidade na Terra como é considerada pelas religiões? É a intolerância de um homem, é a aniquilação de um corpo, é truncar todas as leis naturais. Aqui está a santidade dos homens! Essa santidade será agradável aos olhos de Deus? Ficará ele satisfeito em ver seus filhos lutando como feras famintas?

Não. Se Deus é amor, se Deus é justiça, como deveria Ele querer ser adorado com sacrifícios cruéis? A Deus, a verdade essencial, devemos adorar com atos de verdade; mas isso eles não querem entender, e como a generalidade dos seres que são chamados racionais veem somente a terra que eles trilham, eles não querem se convencer de que há outros homens que olham e descobrem a vida universal, a vida que eu pressinto; a vida que vejo, que toco, que sinto germinar em mim, como seiva generosa que revive meu corpo abatido e alimenta meu débil espírito.

Sim, quando as circunstâncias urgentes me lançam na corrente impetuosa do mundo, quando a perseguição dos homens traz à minha boca a taça da amargura, quando eu estou correndo para o fel da vida, eu contemplo a natureza, vejo renovação em tudo, e a morte em mim, então... eu reflito e digo: eu também, um átomo integral da Criação, estou sujeito à lei da reprodução eterna. Eu vou viver porque tudo vive! Vou progredir, porque tudo progride! Eu, Senhor, creio em ti, e te adoro em tua imensa obra, e sigo o máximo possível, tua excelente lei, para poder entrar em teu reino algum dia! Mas, ah! Quantas angústias...! Quantas agonias me traz esta existência, tão curta para o prazer... e tão infinita para a dor!

O sofrer nunca termina... Sempre uma boa obra me desvela uma herança de lágrimas. Possibilitei que o duque de Hus morresse tranquilo em seu leito, mas eu... ainda não sei como vou morrer. Dá-me força, Senhor, estou em poder de um homem que conhece toda essa história e, infelizmente, ele sabe que eu sou a voz de sua consciência.

Em suas mãos ele tem agora minha vida; eu exerço um fascínio especial sobre ele, eu gostaria de me matar e não ser ele o autor da minha morte, o que ele fará comigo? Deus o sabe, Rodolfo é terrível.

****

HÁ TEMPO, MUITO TEMPO, que um velho nobre pôs fim secretamente a seus dias, e eu fui seu confessor. O veneno que ele tomou não foi ativo como ele gostaria, e mandou-me chamar para que eu o ajudasse a morrer, e naquele último momento, naquela hora suprema, naqueles momentos sagrados, em que os homens mais degradados não se atrevem a mentir, o ancião me disse:

– Padre, eu tentei contra a minha vida para evitar o crime. Preferi ser eu o criminoso para que meu filho não o fosse. Nos olhos de meu filho Rodolfo, vi minha sentença de morte e, para evitar um parricídio, preferi deixar a Terra. Meu filho me odeia, porque eu sou o único que pode dizer-lhe face a face: você é um miserável! Padre! Eu o confio ao senhor. Vele por ele, seja seu segundo pai, posto que o primeiro precisa fugir de sua companhia para evitar um crime pérfido. Que Deus leve em consideração a causa fatal da minha morte!

Expirou o ancião, e dois olhos de fogo se cravaram em mim. Rodolfo, escondido atrás das pesadas cortinas que envolviam o leito, havia ouvido a confissão do moribundo e me atacou, rugindo como um leão ferido. Eu segurei seu braço e disse:

– Infeliz! Fuja daqui, e não profane o corpo de seu pobre pai.

E mesmo sendo ele forte, e eu fraco, eu segurei nas minhas mãos suas mãos de ferro, obrigando-o a sair do aposento mortuário, e então lhe disse, deixando-o livre:

– Fira-me, se assim o quiser.

Ele me olhou, levantou sua mão direita, mas eu fixei meus olhos nele, que caiu como que atingido por um raio, proferindo uma maldição terrível...

Logo depois, o conde de A... me chamou para fazer sua última confissão, e disse:

– Padre, tenho apenas uma filha, e esta foi desonrada por Rodolfo. Querendo lavar com sangue a mancha de minha honra, ao ver que ele se recusava a dar seu nome a Berta, desafiei-o para um duelo, e ele respondeu que não duelava com idosos, mas isso era um pretexto. Ele não se bateu comigo por medo de que eu o matasse, porque o braço do ofendido recebe a força de Deus. Meu plano era matá-lo e fazer minha filha Berta entrar num convento, mas Rodolfo, mais astuto que eu, me golpeou pelas costas e, apesar de agir na calada da noite, eu o reconheci. Ninguém sabe sobre este assassinato, porque eu ocultei de todos o nome do assassino. A pobre Berta o ignora; meu nome será desonrado se minha filha não se casar com seu sedutor. Eu a confio ao senhor, padre, e morrerei tranquilo se jurar que obrigará Rodolfo a dar seu nome à minha filha.

Prometi àquele mártir de sua honra cumprir seu nobre desejo e ato contínuo fui ver Rodolfo. Eu disse a ele que em minhas mãos estava sua vida, porque eu conhecia seus segredos. Subjugado por minha vontade, concordou com minhas exigências, e antes de enterrar o corpo do conde A..., abençoei a união de Berta e Rodolfo, e coisa estranha, se eles me exigissem juramento, eu teria jurado que a alma do conde de A... havia servido como testemunha na cerimônia sagrada, tão claro que o vi ao lado de sua filha. Quem sabe!

Berta foi para o campo passar o luto e dar à luz uma criança com uma figura deformada e uma fealdade medonha, que eu batizei secretamente, porque para salvar a honra da mãe concordou-se em esconder aquela criança que nasceu com uma má estrela. Porque sua mãe ficou horrorizada ao olhar para ele, e Rodolfo repetiu que aquele monstro não podia levar seu nome.

Eu cuidei da criança, que ficou em poder de uma ama de leite em uma fazenda perto da minha aldeia. Seus pais foram viajar e por oito meses nada se sabia sobre eles. A criança, enquanto isso, corcunda e magricela, viveu graças ao cuidado que lhe foi dispensado. Ele era um ser repulsivo, de caráter violento, mas quando comigo sorria, e eu, sem explicar-me a causa, quando o beijava, sentia o coração oprimido.

Uma manhã veio sua mãe chorando e me disse que eles tinham levado a criança.

– Quem? – perguntei tremendo.

– Seu pai, senhor; chegou há três dias, me deixou um monte de dinheiro, e embora lhe tenha pedido para deixá-lo, "sua mãe quer vê-lo", ele respondeu e levou-o embora.

A mulher foi embora, e sem perder tempo parti e cheguei à mansão de Rodolfo, e os servos me disseram que os senhores tinham estado ali por quinze minutos, mas nada falaram da criança. Fiquei em silêncio e quando eu estava sozinho, sem saber o porquê, chorei; eu chorei com esse pranto cujas gotas de fogo torcem seu curso, e ao invés de descer pela face, caem sobre o coração.

Sempre aquela criança me inspirou profundíssima compaixão, porque sua mãe não o queria, porque ele era a prova de sua fraqueza, e seu pai, porque o herdeiro de seu nome era um ser marcado pela ira

MEMÓRIAS DO PADRE GERMANO | 91

de Deus, que a ignorância atribui a Deus iras e vinganças que não têm razão de ser; mas o mundo é constituído de absurdos. Naquela noite não dormi, e alguém dizia em meu ouvido que a pobre criança havia sido assassinada. Essas suspeitas viveram comigo e a Sultão estava reservado encontrar o cadáver daquele inocente. Uma tarde, caminhando com ele no deserto da montanha, ao pé de um cedro centenário, observei que Sultão estava cavando furiosamente. Eu o ajudei e logo encontrei, envolto em um cobertor, o cadáver do filho de Rodolfo em perfeitas condições. O morto delata seu assassino, porque apenas seu pai e sua mãe eram inimigos daquele pobre ser, e eu não tinha dúvida de que ele, e talvez em conivência com Berta, matara aquele ser desafortunado.

Enterrei o cadáver novamente, reguei a terra de seu túmulo com meu pranto, e voltei para minha casa para sofrer uma doença aguda, porque a infâmia dos homens é o veneno mais ativo para as almas sensíveis.

A ninguém disse nada sobre minha triste descoberta, porque nos crimes dos grandes, as vítimas são sempre as menores. Eu só escrevi para Rodolfo e recebi o silêncio por resposta, e depois uma perseguição terrível por parte dele. Passados os anos, Rodolfo na Corte adquiriu renome e grande influência, e em todos os eventos da minha vida, ele participou direta ou indiretamente. A verdade é que sempre que nos encontramos, seu olhar fixou-se em mim com ódio feroz, porque ele não pôde me perdoar por conhecer seus crimes. Ele é um ser abjeto para mim, e isso o exaspera, porque ele insiste em parecer impecável, porque ninguém é mais avarento de virtudes do que aquele que não tem nenhuma.

Entre Rodolfo e eu há um mistério. Ele me odeia, olhando para mim eu vejo em seus olhos que ele se arrepende de não ter me estrangulado diante do cadáver de seu pai, e ao mesmo tempo quando eu o olho, ele fecha os olhos como deslumbrado, e foge de mim com desespero. Eu, por outro lado, o amo. Por quê? Eu ignoro isso. Nos une um vínculo em outras existências? Quem sabe! Só posso explicar que, apesar de reconhecer nele um grande criminoso, eu o amo, sim, eu o amo com toda a minha alma, e no fundo do meu coração há um mundo de ternura por ele e pela pobre criança que dorme ao pé do cedro da montanha.

Muitas e muitas vezes o pequeno assassinado desperta minhas lembranças e, em seu túmulo ignorado, faço uma oração à sua memória.

Ao descobrir o segredo e o mistério de como Constantino de Hus passou os últimos anos de sua vida, Rodolfo é quem mais se interessou por esse assunto, porque encontrou uma oportunidade propícia para me perder, e quer aproveitar-se disso. Eu estou nos braços de Deus, e deixo os homens com seu arbítrio, mas Deus me protege e cuida de mim, não tenho dúvidas.

Há alguns meses, Rodolfo veio com uma ordem expressa para me levar com ele, comparecer perante meus superiores e ser julgado pelo tribunal da Igreja e pelo tribunal estadual. Por que ele não me forçou a ir com ele? Por que, depois de me ouvir e cumprir a penitência que lhe impus, ele me deixou livre e nunca mais ouvi falar dele? Por que isso? Porque acima de todo o ódio dos homens, há a justiça imutável de Deus. Oh! Sim. Deus é justo!

Eu estava sozinho uma noite no meu quarto, quando Rodolfo chegou, dizendo-me com uma ironia penetrante:

– O senhor sabe o que é feito com aqueles que acobertam criminosos?

– O que é feito com eles? – perguntei friamente.

– Eles são amarrados com uma corrente muito curta.

– Então faz muito tempo que eu devia estar amarrado.

– Finalmente você confessa seu crime.

– Eu não vou confessá-lo...! Se você é meu cúmplice.

– Eu... O que você diz?

– A verdade, talvez tenha sido o primeiro assassino de quem tive misericórdia.

– Veja bem como fala!

– Estamos sozinhos, Rodolfo; é por isso que falo assim. Se lembra? – e eu peguei as mãos dele entre as minhas olhando fixamente para ele. – Você se lembra? Há vinte e cinco anos atrás seu pai morreu, e você... você ouviu sua confissão, e... o confessor lhe causou problemas, mas... ele viveu pelo seu sofrimento; então... cinco anos se passaram e o conde de A. morreu... você e eu sabemos quem o assassinou... Você se uniu à filha do assassinado, e logo depois um herdeiro de seu nome nasceu. Oito meses ele viveu no mundo, e em tão pouco tempo, um ser

MEMÓRIAS DO PADRE GERMANO | 93

sem coração, um pai sem coragem, um monstro de iniquidade, arrebatou-o de seu berço, porque aquele ser deformado estorvava uma mãe sem alma. Aquela pobre criança, por sua horrível fealdade, parecia-lhe um castigo de Deus e para fugir do ridículo, que coisa melhor do que fazê-lo desaparecer? O que pensa, Rodolfo, não é verdade que o pai daquela criança inocente é verdadeiramente abominável? Matar um ser desamparado pelo único crime de ser um infeliz...!

– Cale-se! Cale a boca! Vá para o inferno! Eu não sei porque o senhor vive ainda, o senhor é a sombra amaldiçoada da minha vida! O que me acontece ao seu lado eu não compreendo, diante do senhor não sei negar. O senhor me conta os horríveis segredos da minha vida, e eu os escuto sem entregá-lo ao eterno silêncio. Não olhe para mim, deixe-me livre desse tipo de fascínio que exerce sobre mim; não aperte minha mão, que ao seu contato parece que chumbo derretido circula em minhas veias.

Soltei sua mão e sentei em minha poltrona, e ele ficou de pé olhando para mim com fúria concentrada, dizendo-me finalmente:

– Bem que ela me disse!

– Quem é ela?

– Quem deve ser, Berta, minha esposa, que ao saber que eu vinha vê-lo, veio comigo, dizendo: –"Este homem é um feiticeiro, um bruxo, e com suas artes do mal lhe subjuga e não conseguiremos nossos desejos."

– Eu vou deixá-lo fazer o que quiser; pergunte-me e eu lhe direi o quanto queira saber.

– O que quer que eu lhe pergunte, se eu já sei de tudo? Estou muito bem inteirado sobre a história de Hus. Não é certo o que digo?

– Certíssimo.

– E por que protege os ímpios?

– Pela mesma razão que apadrinhei você; porque eu sempre confio obter mais com persuasão do que com punição grosseira e, felizmente, sempre consegui bons resultados; só você, um criminoso impenitente, continua descendo ao fundo do abismo, mas eu ainda espero que se detenha na encosta escorregadia de seus vícios. E deve parar, pois me odeia, sou para você o tormento da sua vida, que se quiser, não faltarão assassinos, para em menos de um segundo esmagarem meu corpo fraco e, no entanto, muitas vezes pensa bem, você se detém e não o faz. Sabe que seus três grandes crimes ninguém além de mim o sabe, porque eu lhe escrevi tão logo encontrei seu filho, chamando-o de perverso e infanticida. Não me respondeu porque não podia me responder; você não sabe mentir para mim; para sua esposa também pesa a minha vida, porque ela entende perfeitamente que eu sei a parte que ela tomou no seu último crime. Era rico, poderoso, sua denúncia pode me perder, pode mergulhar-me em uma masmorra, onde eu nunca mais veria a bela luz do sol. Por que não o faz? Por que não me acusa de encobrir os grandes pecadores? Você sabe a razão de seu silêncio?

– Por quê? Diga-me.

– Porque eu lhe domino moralmente; porque a misericórdia é a arma mais poderosa da Terra, por isso você se sente pequeno diante de mim, você, um nobre! O favorito de um rei! Aquele que dispõe à vontade dos poderes do Estado! Como é que abdica dos seus direitos perante um pobre velho que tem a monomania de amar os seus semelhantes? Corra, vá, e conte ao mesmo rei que Constantino de Hus morreu em meus braços; ele envia forças para prender-me, pois você não tem coragem de fazê-lo. O que lhe importa um crime a mais ou a menos? Aquele que foi duas vezes parricida e, uma vez, infanticida, pode muito bem denunciar um benfeitor da humanidade que pediu a Deus em todas as suas orações pelo progresso de seu espírito.

– Cale-se, padre, cale a boca!

– Infeliz! Minha voz é a única na Terra que lhe diz a verdade. Você não está cansado de crimes? Pensa que não lhe vejo? Pensa que eu não conheço todas as intrigas em que participa, infeliz? Até quando vai viver assim? Não vê que não há culpa sem punição? Matou seu filho porque ele era um ser de fealdade espantosa; queria uma criança mais bonita, mas sua esposa era estéril; tem que extinguir a vida onde o crime deixa sua marca. Pense no amanhã, Rodolfo, pense no amanhã.

Rodolfo olhou para mim fixamente. Levantei-me, puxei uma cadeira, e sentei-me ao lado dele. Tomei suas mãos e, pouco a pouco, sentindo-se dominado, suavizou um pouco a expressão dura de seu rosto e disse:

- Eu não sei, não sei o que acontece comigo quando estou com o senhor. De longe te odeio, bem sabe; odeio de uma maneira que apenas ficaria satisfeito com sua morte. Meu passado me pesa, às vezes, e o que mais me magoa é que outro homem conheça todos os meus segredos. Eu tenho meios seguros para perdê-lo, porque o senhor desafia os tribunais, e quando vou assinar a ordem da sua prisão, a pena cai da minha mão, sinto uma dor aguda no coração, e eu me levanto fugindo de mim mesmo.

- E eu estou feliz que este seja o caso, meu filho; não por mim, mas por você; porque seu espírito começa a sentir algo. Eu, perdendo a minha vida, o que perco? Uma existência solitária, cheia de misérias e contrariedades. No mundo, tenho frio, muito, muito frio; e dentro de um sepulcro, no seio da mãe Terra, eu ficaria mais abrigado; mas se você me faz morrer, é um novo remorso para você. Eu lhe ofendi? Não. Eu fui para você o que eu tenho sido para os outros: um ministro de Deus, que acredita ser um intérprete de sua misericórdia, perdoando e amando o delinquente; aqui está todo meu crime. Alguém que lhe traga até aqui, porque já é hora de começar sua regeneração. Seu cabelo está coberto de tons de prata, você alcançou o cume do poder na Terra, mas... há algo além, Rodolfo, e eu não quero morrer sem deixar-lhe no bom caminho.

- O que fazer para começar? Deixá-lo livre?

- Esta pergunta é completamente indiferente para mim. Onde quer que eu me encontre, procurarei ir a Deus; o que lhe.peço é outra coisa.

- Qual? Diga-me, por favor.

- Eu quero que amanhã, quando o sol acolher a Terra, você vá em companhia de sua esposa para rezar no túmulo de seu filho, e acredite em mim, é melhor visitá-lo em vida do que ficar preso a ele após a morte, e permanecer com ele séculos e séculos. Dê o primeiro passo, Rodolfo, que nunca é tarde demais para Deus.

Rodolfo estava tremendo, olhando para mim, e eu, conhecendo o grande poder que tinha sobre ele, pedi a Deus vontade suficiente para dominá-lo, e consegui. Todas as noites implorei, todas as noites pedi que ele não perdesse o compromisso, e ele não falhou.

No dia seguinte, muito cedo, de manhã, fui rezar debaixo da árvore que dava sombra às cinzas da criança, e logo vi Rodolfo e Berta ao lado da montanha; e, então, caí de joelhos e exclamei:

– Senhor, Tu que me vês! Tu que lês no fundo do coração! Tu que sabes o que eu quero, me inspira nestes momentos supremos, para que esses dois seres sintam o dardo do remorso em sua mente atribulada, e te peçam misericórdia com o mais sincero arrependimento!

Rodolfo e Berta chegaram e se prostraram sem dizer-me uma só palavra. Ambos estavam pálidos, agitados, convulsionados; eles olhavam em volta, com receio. Ela se prostrou e rezou, e ele se recostou contra o tronco da árvore, permanecendo meio escondido entre os galhos. Me aproximei de Berta e lhe disse:

– Olhe, não tenha medo. Eu não sou nenhum feiticeiro, ou mago: sou apenas um ministro de Deus, que chorou pelo crime que você cometeu.

Berta, ouvindo estas palavras, se comoveu até o pranto, e eu lhe disse:

– Não tente segurar suas lágrimas. Chore, desditada! Chore no túmulo de seu pobre filho, que suas cinzas fertilizadas por suas lágrimas produzirão flores! Chore, que o pranto é o abençoado Jordão, onde a humanidade fratricida é purificada das manchas do pecado! Chore... mulher ingrata, chore... Você desprezou a fecundidade que o Senhor lhe concedeu! Considere a sua longa esterilidade. Você se desfez do ser inocente que veio de seu seio que lhe poderia amar, e as fontes de vida se secaram em você. Veja, contemple o caminho pelo qual chegou; a montanha inteira está coberta com um tapete verde. Somente no caminho que percorreu a grama ficou amarelada, porque os vestígios do criminoso só deixam vestígios de morte.

Rodolfo e Berta olharam para o caminho que eu lhes indiquei, e tal poder tinha minha voz sobre eles, tão poderosa era minha vontade de impressionar aqueles espíritos rebeldes e determinada era minha alma para fazê-los sentir, tão fervorosa era a oração que dirigi a Deus e profunda a fé que senti; tão imenso o meu desejo e puro o meu sentimento; tão poderoso estava, cercado por figuras luminosas, e tão claro ouvi dizer: "Fale, que Deus ouve você", que lhes disse com uma entonação profética:

– Vejam! Vejam! Vocês veem o seu caminho? Vocês carregam a morte consigo, porque as pegadas do criminoso aniquilam tudo.

E eu também vi aquela grama murcha, com um amarelecimento, e não parava de dizer:

– Olha, terra estéril vocês encontrarão sempre! Planícies endurecidas encontrarão sem descanso! Vocês pedirão pão e água, e as fontes secarão, e as espigas de trigo serão arrancadas pelo vendaval! Porque a Criação não tem nenhum fruto para os filhos ingratos. Voltem agora para a sua prisão de ouro, embriaguem-se com as suas festas, engalanem-se com suas fantasias de púrpura, enganem-se a si mesmos, mas lembrem-se sempre que os traços do criminoso deixam um rastro de morte.

Berta chorou e Rodolfo olhou para mim com um olhar inexplicável. Todas as paixões foram retratadas nele; ele pegou minha mão e disse com voz trêmula:

– Eu vou, porque aqui... vou enlouquecer; mas... eu volto.

Ele desceu rapidamente. Berta se apoiou em meu braço e desceu devagar. De tempos em tempos, ela olhava para trás e eu dizia para mim:

– Meu Deus! Para os seus olhos a grama está seca.

E estava, porque meu anseio era tão grande, que acredito que só com meu sopro de fogo teria murchado o mundo inteiro. A infeliz pecadora tremia de medo e me disse:

– Padre! A grama está seca!

– Sim, tão seca quanto o seu coração, mas Deus, se você quiser, lhe dará uma eterna primavera. Ame os pobres, acolha os órfãos e os idosos desamparados, pratique a verdadeira e sublime caridade. Ame, porque você não ama! Sinta, porque você não sente! Arrependa-se, pobre pecadora! Para o Pai de todos nunca é tarde, confie e espere nele, e em seu caminho hoje seco, você verá brotar as mais belas flores.

Antes de chegarmos à aldeia, nos separamos, e Rodolfo repetiu para mim:

– Eu voltarei.

Alguns meses se passaram e ele ainda não retornou. Longe da minha presença, seu ódio renascerá, mas tenho certeza de que quando elevo meu espírito, quando penso na regeneração desses dois seres, quando digo: "Senhor! Que vejam em seu sonho o caminho da montanha com grama seca," eles ouvirão a minha voz dizendo: "Vestígios do criminoso apenas deixam rastro de morte. "Arrependam-se". Isto peço a Deus com a profunda fé que abrigo dentro de minha alma! E Deus deve ouvir a minha fervorosa súplica.

****

O QUE SERÁ DELES? O que será de mim? Eu me rendo a Ti, Senhor, cumpra sua suprema vontade, porque Tu és o sábio dos sábios, o maior entre os grandes. Tu és Deus! E a sabedoria infinita somente Tu a tens.

9

O PRIMEIRO PASSO

TUDO CHEGA NO SEU dia, Senhor!
Tudo tem seu prazo fixo para cumprir-se.
Todas as suas horas trazem seus diferentes eventos, mas o homem, impaciente, não está feliz com o lento progresso dos acontecimentos, não entende que para a existência de minutos são necessários os prazos de segundos.

****

RODOLFO ME DISSE: "EM quinze dias eu voltarei", e os quinze dias se passaram, e Rodolfo não vinha, e meu coração acelerava em seus batimentos, querendo com isso apressar as horas no relógio da eternidade.

Por fim, certa tarde, quando saí do cemitério, vi Rodolfo sentado junto à fonte da Saúde, olhando para uma jovem que enchia um cântaro de água.

Quando o vi senti frio e calor ao mesmo tempo, porque um único olhar era o suficiente para entender que uma nova era de dor estava começando para mim. Eu me aproximei de Rodolfo e toquei-o no ombro. Ele se virou e quando me viu, ruborizou-se e disse, levantando-se:

– Já estou aqui.

– Já era tempo que viesse, pois demorou para começar o trabalho mais importante de sua vida.

Continuamos andando e nos sentamos em um lugar mais isolado, e no caminho eu observei que Rodolfo olhava de vez em quando para ver se a moça da fonte estava chegando.

****

Dez meses se passaram... Toda noite eu esperava, implorando a Deus para ter misericórdia dele e de mim. Ontem veio; ontem senti os passos de seu cavalo desde longe, e corri com a rapidez de uma criança para ir ao encontro dele, e ao vê-lo todo o meu ser estremeceu. Ele saltou de seu alazão e disse:

– Padre, o senhor fez bem em sair do seu quarto. Dentro das casas eu me sufoco e preciso de muito ar para respirar.

– Aonde quer ir?

– Onde ninguém nos ouça, porque temos que conversar.

– O que faremos com o cavalo?

– É bem ensinado e aqui vai esperar por mim.

– Então vamos atrás do cemitério.

– Não, não; eu não quero nada com os mortos.

– Bem, podemos ir para a fonte da Saúde.

– Vamos – disse Rodolfo.

E nós começamos nosso caminho. Tudo estava calmo; os habitantes da aldeia dormiam pacificamente, a lua vigiava seu sono, a brisa emudecia, nada interrompia o profundo silêncio da noite, a natureza estava preparada para ouvir a confissão de um homem.

Chegamos na fonte e nos sentamos nas rochas. Eu olhei para Rodolfo e seus olhos me atemorizaram; percebia-se que ele olhava sem enxergar, sua boca estava contraída por um sorriso amargo, a testa dobrada por rugas profundas, a respiração ofegante, mesmo quando andávamos devagar.

– O que você tem? – perguntei.

– O que eu tenho? O inferno dentro de mim.

– Como demorou tanto para vir?

– Porque eu lutei. Quando cheguei à Corte, estava decidido a matá-lo: fui ao palácio e, diante do rei, não sei o que senti, não sei explicar, mas quando me perguntaram:

– O que você sabe sobre a história de Hus?

Eu respondi:

– Tudo é uma mentira, o túmulo do duque não existe, não se sabe onde está seu corpo.

E ao dizer isso, parecia que, com ferros em brasa, cauterizavam minha garganta, mas... eu disse, e por esta vez você está salvo.

– Não esperava menos de você.

– Ah! Não acredite que eu o disse por amor ou por medo de cometer um novo crime, mas percebo uma estranha mudança em mim. Toda a minha vida eu quis a sua morte, e agora, estou horrorizado com a ideia de que o senhor possa morrer. Eu acho que se o senhor não estiver no mundo, vou sentir falta de tudo para viver. Eu não sinto amor pelo senhor, não, mas eu preciso do senhor.

Quando ouvi estas palavras, penso que o céu se abriu para mim, porque vi que aquela alma rebelde precisava e queria o meu consolo, e isso já era algo, já era dar um passo no caminho do progresso.

– E o que espera fazer? – perguntei ansiosamente. – Está determinado a morar em seu castelo?

– Ainda não; tenho sede de vida, sede de comando, de glória... mas... desde que subi a montanha não sei que diabos acontece comigo, vejo grama seca em todos os lugares, em todas as paragens sempre a mesma visão, e com Berta acontece o mesmo, e passa o dia na capela, orando, e quando nos vemos, diz-me com espanto: "Aquele homem é um bruxo, e você deve matá-lo, porque que nos enfeitiçou." "Você está certa", digo a ela; mas de repente me desperto do horror e lhe tomo do braço, e com uma voz ameaçadora lhe digo: "Ai de você, se aquele homem desaparecer da Terra! Ai de você, se alguém toca em um só fio de seu cabelo!". E eu penso no senhor de uma forma que nunca pensei antes, e quando tomo conhecimento de novos desenganos, eu imediatamente lhes digo: "Vá contar a ele o que lhe acontece", e eu não venho aqui com mais frequência porque atenções múltiplas ocupam minha vida. Hoje eu vim, deixando, por ora, meus compromissos a parte, para ver se ao seu lado deixa de ressoar nos meus ouvidos uma maldita gargalhada, que há um mês eu ouço, e não consigo ter paz. Despachando com o rei, nos momentos em que estou sozinho no escritório, no meio da festa, em todos os lugares onde eu me encontro, eu ouço o riso da mulher louca.

– Da mulher louca? Quem é essa mulher? Quem é essa mulher desventurada que, sem dúvida, por sua causa, perdeu a razão?

– Quem é? Uma mulher muito bonita, padre. Uma mulher que eu amei, que desejei, com quem sonhei por muito tempo, e que por fim, odiei com todo meu coração.

E Rodolfo permaneceu pensativo, dizendo finalmente:

– Até aqui seu riso me persegue; maldita risada! Pelo menos agora a ouço mais longe. O senhor a ouve, padre?

– Não; eu não ouço nada, mas diga-me, me conte essa nova história, mesmo que ao ouvi-la, chore meu coração.

– Em poucas palavras lhe digo tudo: Meu caçador mais velho tinha uma filha que agora teria vinte anos. Quando eu era pequeno, quando esta me via, fugia assustada, chorando desbragadamente. Era muito bonita. No dia em que completou quinze anos, encontrei-a à tarde em meus jardins e notei que, quando ela me viu, tentou afastar-se. Então eu ordenei que ela parasse, e disse: "Por que você foge?" E ela respondeu, tremendo: "Porque você me inspira medo." Eu não sabia o que dizer-lhe e Elísea, aproveitando meu silêncio, partiu. Um ano depois, seu pai me pediu permissão para casar sua filha; eu lhe concedi, e quis honrar seu casamento com minha presença. Naquele dia, não encontrei Elísea com medo porque ela só tinha olhos para o jovem marido.

"Desde aquele dia eu a amei e queria que ela me amasse, mas por mais esforços que fizesse, não obtinha resultados. Sempre que lhe falava, esta me dizia: 'Ontem você me inspirava medo, hoje você me causa horror, mas um horror invencível' e ela me olhava de uma forma que me deixava frio.

"Assim continuamos até que meu amor se transformou em ódio atroz, e eu lhe disse: 'Eu esperei muito tempo por você, mas vou lhe devolver dia por dia as humilhações que você me fez sofrer.' E enviei o marido dela para entregar alguns documentos, e no caminho... ele caiu do cavalo... para não se levantar mais. Eu fui para o lugar fatí-

Memórias do padre Germano | 103

dico e a levei para o mesmo lugar. Saindo ao seu encontro, lhe disse: 'Venha e veja o seu trabalho. Você me desprezou por cinco anos, e eu estou no meu direito de vingar-me do seu desdém. Vá encontrar o seu marido.' Ela correu ofegante, e viu o corpo de seu companheiro, o abraçou e olhou para mim, emitindo terrível gargalhada, e com uma força incompreensível para mim, agarrou o cadáver pela cabeça, e com a rapidez de um raio, arrastou-o até um penhasco próximo e mergulhou com ele no abismo, ainda rindo com aquela risada que fez as montanhas estremecerem, e os dois corpos estavam rolando até se perderem no fundo, sem que Elísea terminasse de morrer, porque ela nunca deixava de rir, com esse riso desolador, o qual é necessário ouvir para entender todo o horror que este encerra.

"E desde então aquele riso amaldiçoado ressoa em meus ouvidos, e não tenho paz; e à noite vejo o caminho da montanha com a erva seca; e, ao passar por ela, contemplo os cadáveres de Elísea e seu marido, e ela parece não ter morrido, porque de vez em quando se detém para dar uma tenebrosa gargalhada. E eu não posso viver assim, não posso, porque penso que vou enlouquecer também. Diga-me, padre, o que devo fazer? – e dizendo isso, Rodolfo mergulhou em profunda meditação.

Também permaneci mirando o céu, porque me horrorizava olhar para a terra e, por muito tempo, permaneci em silêncio. Por fim, levantei-me e apoiei a mão direita no seu ombro, e disse numa voz solene:

– Rodolfo! Filho meu! Chegou o momento decisivo: é necessário que decida vir comigo, você precisa ouvir meus conselhos dia e noite, porque se não o fizer agora, não sei o que será de você. Você é um monstro de iniquidade! Fez derramar rios de lágrimas, e essas lágrimas são a água que beberá amanhã na amarga taça da dor. Seu futuro é medonho! Sua expiação parece não ter fim, mas quer ter início. Chega de crimes. Volte-se para si mesmo, Rodolfo! Prepare-se para a sua viagem. Venha para o meu lado, e aqui deixará de ouvir o som da risada da pobre louca.

– O senhor está certo; eu não a ouço tão próxima aqui – disse Rodolfo com um tom soturno. – Ao seu lado meu coração bate com menos violência. Estranho mistério! Eu que odiei o senhor toda a minha vida, devo vir para morrer aqui.

– Não, eu serei aquele que vai morrer consigo.

– O que diz, padre? O que diz? Eu não quero ficar no mundo sem o senhor; se fosse possível matar toda a humanidade para que o senhor pudesse viver, penso que teria força suficiente para destruir tudo, se isso conservasse sua existência. Eu não quero ficar sozinho, não quero.

– Não tenha medo, Rodolfo, não tenha medo. Eu vou cuidar de você para sempre.

– Depois de morto, o que pode fazer?

– Talvez muito mais do que agora, porque meu espírito terá mais lucidez no espaço do que tem na Terra; poderei ler melhor nas profundezas de sua alma, entrarei em contato mais direto com seu anjo guardião. Eu sei, em resumo, que viverei, e vivendo, todos os meus cuidados serão para você. Mas agora, repito, não temos tempo a perder. Você deve vir logo, muito breve, posto que minha vida terrena se acaba, e preciso aproveitar meus últimos dias para auxiliá-lo. Tenho conduzido muitos criminosos a um bom caminho, e Deus me dará a graça que também possa conduzi-lo.

Rodolfo levantou-se e disse:

– Juro-lhe que em quinze dias você me terá aqui, e mesmo que me ofereçam um trono, não me separarei do senhor.

– Assim seja.

Lentamente, voltamos para a aldeia. O fiel cavalo estava esperando no mesmo lugar onde o deixamos. Rodolfo saltou sobre sua sela e disse em tom grave:

– O que foi dito está dito: em quinze dias eu voltarei aqui; e agora que vou deixá-lo, me parece que ressoa muito mais próxima aquela maldita gargalhada – e esporeando seu cavalo, ele galopou e desapareceu como em uma visão fantástica. Nada restava dele, além de uma lembrança em minha mente. Fui até o meu oratório e me pus a pensar sobre aquele infeliz.

****

QUE ESPÍRITO, SENHOR! QUE espírito! Quantos séculos terá ele que sofrer! Quantas existências dolorosas farão com que ele padeça incontáveis tormentos! Não pode ser de outra forma. Eu poderei inclinar sua alma para a misericórdia. Eu poderei dulcificar seu sentimento. Eu posso fazê-lo chorar com lágrimas do coração. Eu o farei rezar com aquela oração ardente que ressoa de mundo a mundo, e que os espíritos de luz repetem alegremente, mas no entanto, é necessário acertar as contas, é indispensável pagar as dívidas.

O arrependimento predispõe o espírito para pedir forças nas duras provas da vida, prepara a mente para sofrer resignadamente todas as dores, humilha o nosso orgulho e nos reconhecemos culpados, e pedimos a Deus por misericórdia.

Tudo isso o arrependimento traz; mas para obter a reabilitação da nossa alma, não basta que sintamos um momento de dor indescritível; que uma vida de crimes e uma hora de verdadeira contrição não tenha o mesmo peso no equilíbrio divino; seria muito confortável pecar então, e Deus deve ser mais justo que tudo isso. O culpado não pode sorrir, até que ele tenha sofrido um a um dos tormentos que ele causou. O criminoso não tem o direito de ser feliz; e como na criação, tudo é lógico, é por isso que temo o futuro dos verdadeiros criminosos.

Há muitos infelizes punidos pela justiça humana, que são basicamente mais ignorantes que culpados, e estes perante Deus não são responsáveis, porque o pecado principal consiste em conhecer o mal que é feito, e Rodolfo, infelizmente, o conhece. Ele sabe bem que abusa de seu poder, e ai dos abusadores!

Senhor, tenha misericórdia dele e de mim! Eu entendo que o sol da minha vida atinge o seu ocaso. Eu sinto que minhas forças físicas se vão. Sinto que minhas ideias se turvam, e quando estou entre os mortos, me é difícil deixar o cemitério; a terra já reivindica meu corpo abatido. Minha cabeça se curva, meus passos hesitantes testemunham que chego ao fim de minha dolorosa jornada, e eu não gostaria de morrer sem me assegurar que Rodolfo se arrependa de seus crimes e consagre o resto de seus dias a praticar obras de misericórdia. Eu sei que ele carrega muitas culpas, Senhor, mas a Ti, nunca se busca tardiamente. Eu te imploro por ele, por esse filho de minha alma, porque uma voz secreta me garante que alguma vez esse deserdado da Terra levou meu nome.

Dá-me inspiração, Senhor, ilumine-me nos meus derradeiros dias com a eloquência dos profetas, com a abnegação dos mártires, com a suprema fé dos redentores, com todos os dons dos céus que eu preciso para salvar uma alma do abismo!

Isso eu lhe peço, Senhor, este é meu único desejo: que Rodolfo venha para o meu lado; que escute à distância o riso da pobre mulher louca, para que se horrorize, para que comece a sentir, para que aprenda a chorar. Quero ganhar horas, momentos seguidos; quero dar-lhe luz, porque ele é cego!

Em Ti confio, Senhor. Comecei a viver amando-te e quero morrer praticando o bem em teu nome. Não me abandone, Senhor! Deixe-me terminar minha existência cumprindo o dever que me impus ao consagrar-me a Ti.

10

A GARGALHADA

QUANTO TEMPO EU O esperei, Senhor...! Finalmente ele voltou... E por que ele veio? Para deixar cravada uma nova flecha no meu coração. Como lamento Rodolfo! Quanto me assusta seu futuro!

Eu tenho a íntima convicção de que o homem sempre vive. Existem momentos em que, sem poder explicar, parece que sou transportado para outra época, e pareço jovem, cheio de vigor e frescor; uma mulher e uma criança me seguem como se fossem parentes meus; eu nunca consigo ver o rosto da criança, mas alguém me diz: "Esse é Rodolfo", e eu corro atrás dele para estreitá-lo em meus braços, e o menino foge, zombando de meu anelo amoroso; eu volto para mim mesmo, e me pergunto:

"Por que amo tanto Rodolfo, se em sua vida não conheço mais que crimes? Por que eu sempre sigo ansioso pelas pegadas de sua existência, quando sei positivamente que minha morte seria talvez o único prazer que ele poderia sentir na Terra? E apesar disso, eu o amo, e daria pelo rápido progresso desse espírito cem séculos de amor! Cem séculos de felicidade, unidos à menina de cachos negros!"

Isso deve ter uma causa. Ontem, sem dúvida, devemos ter vivido, e vivendo, nós teremos que viver amanhã; e amanhã Rodolfo será muito infeliz.

Inspire-me, Senhor, envolva em entonação profética as minhas palavras, imprima nos meus olhos uma atração tão poderosa quanto minha vontade. Quero que Rodolfo venha morar perto de mim; quero que seja bom, porque eu o amo com toda a minha alma.

****

– E quais propósitos traz – perguntei – quando se estabelecer nesta aldeia?

– Eu não sei – ele respondeu. O senhor me assustou com suas profecias; me sinto mal em todo lugar, e ao seu lado é onde estou menos mal.

– Ainda ouve aquela gargalhada?

– Sim, em intervalos; há pouco tempo, quando cheguei à fonte, ouvi-a tão próxima quanto o dia em que a pobre mulher desceu pelos abismos fugindo de mim.

– E não sabe por que naquele momento a ouviu mais claramente?

– Não, eu não sei.

– Pois ecoou em seus ouvidos porque começou um novo desacerto, pensando em adicionar mais um atropelo ao longo catálogo de seus abusos.

– Delira, padre, delira, sem dúvida – Rodolfo respondeu, tentando sorrir, mas seu sorriso foi forçado.

– Não deliro, Rodolfo, eu não deliro; há mais de quarenta anos, que não estudo em outros livros que não seja nos olhos dos homens; eu li em seus olhos o torpe desejo da concupiscência. Você era um espírito dominado pela vertigem das paixões. Você não amou, apenas desejava; e como o desejo é insaciável, por isso sempre olha para a mulher com o desejo sensual da carne. Em sua mente, não há uma memória, não há sentimento para cultuar, por essa razão, depois de um afã, um desejo renasce. Ai do homem que só ama a mulher, a Vênus impessoal, e feliz daquele que só com a ternura de uma mulher é venturoso! O amor de uma mulher pode ser nossa redenção. O desejo constante pela posse da mulher confunde o homem com o bruto. Veja que, sem me tornar santo, porque não os há neste mundo, eu consegui que meu espírito adquirisse grande força moral, que me serviu para restringir os vícios dos homens, começando pelos meus.

– O senhor se engana, padre. Entre nós não há nenhum ponto de comparação. O senhor se compraz na abnegação e sacrifício; e eu, se vim para cá não é por virtude ou arrependimento, mas apenas por causa do egoísmo, porque me sinto mal em todo lugar; porque os dias me oprimem e as noites me apavoram; porque parece que o inferno foi desencadeado contra mim; e quando ouço sua voz, meu ser acalma-se, meu corpo deixa de sofrer essa dolorosa sensação que me faz padecer uma dor desconhecida, mas isso é tudo, não me peça mais. Eu não posso amar o bem como o senhor o ama, e ao seu lado, se eu parar de pecar, será por medo, mas nunca por virtude.

– Eu concordo com o que diz, e não acredite que nesta existência eu vá pedir mais, que, convencido estou de que apenas isso me pode ser concedido. Para aquele que viveu como você, para aquele que não respeitou nem a Deus nem aos homens, não se lhe exija mais que a tortura do remorso. O medo...! Esse sentimento indefinível que não tem explicação na linguagem humana! Esse terror sem nome! Esse horror indescritível que o culpado sente no momento de cometer um novo crime! Mas esse medo já significa um avanço, porque você vive muitíssimos anos sem sentir. As sombras de suas vítimas passavam diante de você sem lhe causar a menor impressão; seus gemidos ecoavam no espaço, mas seu eco não se repetia em seu coração. E hoje essas sombras lhe assustam, hoje ouve o riso da mulher louca e no momento de fixar seus olhos na jovem que estava na fonte, você mesmo confessa que se sente mais perto daquele aterrador riso de sofrimento.

– É verdade tudo o que diz. Quando cheguei à aldeia, a primeira pessoa que vi foi aquela mulher. O que eu senti quando olhei para ela? Eu não sei, mas o chumbo derretido circulou pelas minhas veias; perguntei-lhe sobre o senhor e ela me disse que estava no cemitério e que depois descansaria na fonte da Saúde. Pedi-lhe que me guiasse, e ao longo do caminho admirei a sua beleza e disse a mim mesmo: "Já tenho como passar o tempo." Mas quando ia lhe dizer alguma coisa, eu pensei no senhor, e eu vi a montanha com grama seca, e subindo pela senda maldita, eu vi Elísia e seu marido, e uma voz distante repetia: "Infeliz! Mais uma vítima!" Quando o senhor chegou, uma labareda queimou minha testa, e eu entendi que estava errado, mas a tentação me derrota, e se não me detiver, eu mudarei de lugar, mas não de costumes.

– Tarefa penosa a que me impõe, mas eu confio no Senhor que terei inspiração suficiente para incliná-lo para o bem; já demos o primeiro passo: você sente remorso, confessa culpa e se entrega a meus cuidados. Dias de angústia me aguardam, mas obterei a vitória, e sua primeira boa ação será proteger a jovem que lhe serviu como guia. É uma humilde violeta dos campos, e um lírio desses vales ofereceu-lhe o perfume do seu amor; ambos são pobres e você pode torná-los ricos. Com o valor de um dos seus menores bens pode garantir a felicidade deles, e quando amanhã o jovem casal agradecidamente lhe apresentar o fruto do seu amor, ame a doce criança, para que tenha quem feche seus olhos ao deixar esta Terra. Você não amou e não é amado por ninguém; sua esposa lhe odeia e lhe despreza; seus companheiros e seus cortesãos lhe lisonjeiam porque o temem; os pobres o abominam porque você nunca se preocupa em enxugar suas lágrimas, e o único ser que o amou no mundo tem sido eu; mas deixarei a Terra antes de você, e quero que, no seu leito de morte, não se encontre sozinho, quero que seres amistosos o cerquem e crianças inocentes o abençoem.

– Obrigado, padre, mas penso que pede o impossível.

– Não, Rodolfo, Deus dá cem por um. Ame e será amado. Espiritualize seu sentimento, comece a semear a semente do bem, e um dia irá recolher as espigas douradas do amor.

****

Minha profecia foi cumprida! Três anos se passaram! E os fatos vêm mostrar que o relógio da eternidade nunca marca a última hora. Rodolfo é um outro homem hoje, embora, na verdade, muito me custou, porque os seres brutalmente sensuais não conhecem qualquer afeição, não encontram satisfação nenhuma além da plenitude de seu desejo, e Rodolfo é um pobre louco que reconhece sua insanidade, que às vezes se envergonha de seu passado, que se amedronta continuamente com seu futuro, mas é impotente por si só para a regeneração, e o que é pior, para o meu tormento, a jovem camponesa, a inocente

Luísa lhe inspirou uma paixão cega, ele veio a amá-la... a única mulher que ele já amou no mundo. Com quanto prazer lhe teria dado seu nome. Com quanta inveja ele viu a jovem mulher passar com seu noivo! E quantas razões e reflexões eu tive que usar para convencê-lo e fazê-lo desistir de seus terríveis planos! E quantas angústias e medos e quantas agonias sofri, temendo a realização de um novo crime, porque nada é mais difícil do que dar luz aos cegos de entendimento! É uma obra superior ao homem; é lutar contra todas as contrariedades, o querer espiritualizar uma alma mergulhada no caos do mais grosseiro sensualismo.

Não tenho dúvidas, Rodolfo deve ter sido meu filho em outras existências, e não por apenas uma vez, porque o amor que sinto por ele, a energia que desdobra minha vontade, o trabalho titânico realizado pela minha inteligência, o esforço feito por todas as minhas faculdades intelectuais, em fazendo meu pensamento funcionar sem descansar nem um segundo, nem no sono nem na vigília, tudo isso é o resultado de um amor imenso, de um amor acumulado no transcurso de inumeráveis existências, porque o espírito do homem terreno ama muito pouco, e em uma única vida não sente a alma o que minha alma sente por Rodolfo.

Eu o amo muito...! Reconheço suas inúmeras falhas, lamento suas andanças fatais, mas todo o meu desejo, todo o meu anelo, toda minha ambição é despertar seus sentimentos, fazer-lhe amar, porque mesmo os animais selvagens são bons, subjugados pelo amor.

Eu o amo muito...! Que tenho a certeza absoluta de que após a morte serei sua sombra, serei seu guia, serei seu anjo guardião; eu não concebo anjos, mas espíritos amorosos vigiando os entes queridos que eles deixaram na Terra e nos outros mundos do espaço; e eu vou velar por ele, e sempre o seguirei, e embora os mundos de luz me abram suas portas, eu não entrarei, não, eu não irei a lugares tão bonitos se Rodolfo não vier comigo, ainda que a garota pálida com sua coroa de jasmim e seus cachos negros me espere neles.

Ela é meu amor, é minha vida, minha felicidade! Mas ele... é meu dever!

Ela é minha redenção! Mas tenho que ser o redentor de Rodolfo.

E eu serei, sim. Há três anos estou junto dele e ele é outro homem. O casamento de Luísa é a prova mais convincente.

Ele a queria, ele veio a amá-la; sentir-se feliz apenas por vê-la passar em frente de seu castelo. Ele chegou a ter todas as puerilidades do adolescente. Eu despertei nele a juventude da alma, porque o amor é a juventude da Criação. Todos os seres, quando amam, adquirem a candura das crianças.

Nada tão puro, nada tão confiante, tão nobre e tão simples como as aspirações do amor; ele é igualdade; ele é fraternidade; é progresso; é a união das raças inimigas; ele é a lei do universo, porque é a atração; e Rodolfo sentiu a o império dessa lei. E o irresistível galante, o cavalheiro acostumado a vitórias fáceis e vergonhosas, tremeu diante do simples olhar de uma mulher da aldeia, e de um sedutor, converteu-se no protetor dos fracos.

Parece que ainda o vejo, na última tarde em que fomos visitar a casa de Luísa, uma casa onde a jovem deveria viver com o marido no dia seguinte.

Quando Rodolfo entrou naquela humilde morada, sentou-se e disse:

– Quantos séculos de glória e honras eu daria para viver um ano neste pobre recanto!

– Você viverá, você já será digno de desfrutar de algumas horas de paz e amor na Terra; se arrependerá e descobrirá, quem sabe, essa mesma Luísa , e ao seu lado passará os dias ganhando o pão para ela e seus filhos. Todos os desejos são cumpridos, todas as esperanças são realizadas, Deus criou o homem para ser feliz e você, meu filho, você também será.

– Mas eu gostaria de ser agora – exclamou Rodolfo com dolorosa impaciência.

– Já viu o fruto embelezar a árvore antes que esta esteja vestida de folhas e coberta de flores? Não peça nada extemporâneo. Você será feliz quando for digno da felicidade; quando amar muito encontrará uma alma na Terra, da qual todo o seu amor será para você. Hoje resigne-se com a solidão que impôs a você mesmo, mas não tenha medo, que mesmo nos páramos da dor, encontra flores aquele que sabe amar.

Saímos da pequena casa e no dia seguinte abençoamos a união de Luísa com o amado de seu coração. As pessoas em massa foram testemunhar a cerimônia, e a primeira ovação de carinho foi recebida por Rodolfo naquele dia. Todos sabiam que ele havia deixado para o jovem casal uma pequena fortuna que assegurava seu modesto futuro, que essa união feliz era obra sua, e todos olhavam para ele e diziam um para o outro: "Ele é um homem muito bom!"

Ao sair da igreja, Rodolfo apertou minha mão dizendo-me com um tom comovido:

– O senhor diz bem; aquele que o amor semeia, o amor colhe.

Um ano depois. Luísa deu à luz uma menina que Rodolfo segurou em seus braços, enquanto eu derramava a água do batismo em sua cabeça. Este anjo de inocência veio despertar em sua alma um novo sentimento. A Providência, sábia em tudo, negou a Luísa o néctar da vida. Fraca e doente, ela teve que entregar sua filha a uma ama de leite, e dessa maneira eu pude realizar meu sonho, que era colocar em contato contínuo a pequena Delfina com o filho da minha alma, com Rodolfo, que não conhecia o sentimento de paternidade, já que ele fora um infanticida. E hoje ele passa horas e horas com Delfina em seus braços, e se sente feliz quando a garota, ao vê-lo, faz um gesto, pedindo seus braços.

Quanta alegria sinto, quando muitas tardes, ao sair do cemitério, o encontro esperando por mim, e ele me diz:

– Vamos ver a menina?

Rumamos para a casa da ama de leite, e Delfina ao vê-lo, estende seus braços, e eu digo a mim mesmo, ao vê-lo extasiado contemplando a menina: "Aprende, alma rebelde! Aprende a amar os pequenos! Se ambiente com o sacerdócio da família! Que seu espírito sinta o calor suave da ternura, para que amanhã, quando voltar à Terra, depois de muitas encarnações de sofrimento, seja feliz, em uma humilde cabana, onde uma mulher amorosa sorria para você, e lindas crianças lhe peçam um beijo."

Você já deu o primeiro passo. Louvado seja Deus!

11

PARA DEUS NUNCA É TARDE

PARA TI, SENHOR, NUNCA é tarde demais. Glória a Ti, fundador dos séculos! Glória a Ti...! O tempo é tua apoteose! Glória a Ti, Sabedoria Suprema, que medes o fundo da consciência com a sonda de tua tolerância!

Como eu te amo, Senhor! Como o admiro! Tu precavês a tudo! Tu prevês tudo! A tudo pressentes! A tudo vês! Porque Tu és a luz! Tu nunca deixas o vazio entre os homens; quando uma árvore seca cai sob o machado da morte, novos rebentos florescem em volta do ancião da floresta!

Estou a ver à minha volta. Eu, que por muitos anos tenho sido a sombra protetora de alguns seres atribulados, do canto isolado desta aldeia, sei que a tribulação começará em breve para mim, porque em breve ou terei deixado a Terra, ou serei um pobre velho sem força ou energia, com a imaginação conturbada entre memórias do passado e pressentimentos do porvir.

Serei novamente criança e, como nos meus primeiros anos, vou buscar os raios de sol, porque sempre acreditei que vendo-me coberto de luz, eu estava mais perto de Deus. Oh, a luz! A luz é tão bela...!

Eu queria a morte e a temia, porque olhava em volta de mim e vendo tantos homens dominados pela vertigem da tentação, via que meus conselhos lhes eram necessários, e pedia a Deus que pusesse em meu lugar, alguém que seguisse meu trabalho em minha amada aldeia; e como Deus concede o que se lhe pede para o progresso da humanidade, colocou Maria, esta sacerdotisa do povo, esta mulher singular, cujas condições especiais foi chamada para regenerar um planeta...!

Graças a Deus! Eu não estou mais só, já posso dormir o sono das tumbas! Maria fica em meu lugar! Ela! Cheia de vida, juventude e amor! Já não pecarei por egoísmo se alguma vez desejar apressar o momento de minha partida. Já faz tanto tempo que eu não vejo a moça de cachos negros!...

Perdoe-me, Senhor, se eu penso em mim quando ainda não pertenço a mim mesmo! Eu ainda tenho deveres por fazer na Terra: Rodolfo precisa de mim, ele tem tísica na alma; o estiolamento toma seu espírito e a inação consome seu corpo. Pobre, pobre filho meu!... Meu filho, sim; tenho certeza de que já levou meu nome e que já balancei seu berço. Como é desastroso ser uma má pessoa! Quanto me compadeço dele! Já está acordado, e já sabe que não viveu, e tem sede de vida! Lamento-o muito!

****

NA MESMA NOITE, COMO ele se lastimou conversando com Maria sobre a solidão de sua existência...! E quão bem ela o consolou! Ele a ama, ele sente por Maria um amor desconhecido; ele vê nela não a mulher, a mãe. Ele a admira, como todos nós a admiramos, e parece se acalmar quando fala com ela! Outras vezes ele fica aterrorizado porque parece ouvir uma terrível profecia. Como estava inspirada Maria noite passada! Sem dúvida alguma, ela serve como intermediária para espíritos mais elevados, porque o brilho de seus olhos, sua entonação profética, algo que resplandece em torno dela, tudo me leva a crer que os espíritos do Senhor se comunicam através dela. Que eloquência! Que sentimento! Que convicção!

Eu gosto quando a ouço falar. Ontem à noite estava particularmente inspirada. Rodolfo chegou antes dela e sentou-se rabugento e meditativo. E eu fui até ele e disse:

– O que você tem? Eu vejo-o mais triste do que o habitual.

– Não diga que estou triste; o que estou é desesperado.

– O que me diz de novo?

– De novo, nada; tudo em mim é velho. É que não posso mais resistir ao enorme peso da vida. Se não fosse por essa influência que exercem sobre mim, asseguro-lhes que voltaria à Corte, e de intriga em intriga e crime em crime, pelo menos viveria, porque aqui não vivo.

– Não vive porque não quer.

– Por que eu não quero...? O senhor me faz rir. E que diabos quer que eu faça, se em toda parte me sinto mal? A única coisa que dissipa um pouco as nuvens que escurecem meu pensamento é a filha de Luísa; quando esta menina sorri e me conta muitas coisas, então parece que não estou neste mundo maldito, mas de pronto sou assaltado por uma lembrança e penso em sua mãe, que é de outro homem, que essa mesma garota que eu amo é o fruto do seu amor, e a inveja corrói minha alma, e creio que o mendigo é mais feliz do que eu, se em meio a sua miséria é amado.

– Sem dúvida alguma que é mais feliz do que você.

– E, após essa convicção, depois de compreender que estou maldito ante Deus, como diabos quer que eu viva? Fui néscio, néscio de ter escutado o senhor, mas ainda há tempo, e creio que vou voltar para a Corte, porque a vida contemplativa é boa para os santos, padre Germano, para o senhor, por exemplo, que contempla sua vida passada e não tem do que se envergonhar, mas para os réprobos não foram criadas meditações.

– Pois estes são os que precisam meditar – exclamou Maria, que havia escutado as últimas palavras de Rodolfo.

Ele, quando ouviu sua voz estremeceu e o rubor da vergonha coloriu sua face. Tratando de sorrir, estendeu-lhe a mão, que Maria estreitou entre as suas efusivamente, e fixando o seu olhar magnético sobre ele, lhe disse em dulcíssimo tom:

– Ingrato!

Rodolfo olhou para ela fixamente com aquele olhar que conta toda uma história e que pede todo um mundo, e ela, colocando a mão em sua testa, disse-lhe com ternura maternal:

– Acalme-se, pobre tolo!

Rodolfo, dócil como uma criança, exalou um profundo suspiro, com o qual dilatou seu peito, e levantando-se, se aproximou de mim e me disse, sorrindo:

– Não tenha medo, padre Germano, não me separarei do senhor; mas há momentos...

– Em que fica completamente louco – disse Maria, sentando-se a meu lado – porque só um louco diz ser amaldiçoado por Deus.

– Bem, se eu não for amaldiçoado, pelo menos serei esquecido – respondeu Rodolfo, impaciente – porque na minha vida não fiz outra coisa senão desacertos. Desta forma, viver me assusta, e morrer me apavora, porque se há alguma coisa além da morte... eu provavelmente não vou vivê-la bem.

– E se tem alguma coisa depois, você diz? – exclamou Maria. – Não há algo, não; o que nos espera é o todo. Essa existência que você carrega não é mais que uma milionésima parte de um segundo no relógio da eternidade.

– Você diz o mesmo que padre Germano. E quero, quero acreditar em ambos... Mas, às vezes... confesso, creio que ambos deliram.

– Ouça-me, – disse Maria – você reconhece no padre Germano uma grande superioridade moral sobre você?

– Eu a reconheço. Como não reconhecê-la?

– E por que, se ele e você nasceram da mesma maneira, se você passou pela infância, pela juventude e atingiu a meia-idade, ele foi capaz de conter suas paixões e a você estas o dominaram, e vencido, mergulharam-no na degradação? Por que para ele, desde criança, a luz, e para você desde o nascimento, a sombra? Não diz algo aos seus sentidos esta notabilíssima diferença? Não lhe denuncia um progresso anterior? Uma vida começada antes, continuada agora e que prosseguirá mais tarde? Você pensa que a existência do homem se reduz a alguns anos de insanidade e, após um curto período, o nada e o esquecimento, ou o juízo final e a última decisão sem recurso? Você não vê que isso é impossível...?

– Impossível, você diz? – respondeu Rodolfo. – O que sei eu... o que sei eu?... Mas é verdade que os que se vão não retornam.

Ao dizer isso, um violento choque agitou todo o seu ser, seu rosto se contraiu, apoiou o dedo indicador em seus lábios como se nos reco-mendasse silêncio, e escutou algo, aterrorizado, que para ele ressoou; se levantou, correu pela sala em todas as direções, como quem fugia de uma sombra; e Maria e eu conseguimos detê-lo. Fizemo-lo sentar-se, apoiei a cabeça dele no meu peito e Maria ficou diante dele, dizendo:

– Rodolfo! Rodolfo! O que você tem? Volte a si.

– Os mortos retornam... Que horror! – acentuou Rodolfo atemori-zado, e se abraçou a mim como que fugindo de um fantasma.

Maria colocou as mãos na cabeça, e parecia que de seus dedos saíam fios luminosos, desprendendo partículas de luz. Meu pobre fi-lho gradualmente se acalmou e finalmente disse em voz abafada:

– Não me abandone! Sou muito infeliz!

– Como te abandonaria? – disse-lhe – se você bem sabe que eu o amo com toda minha alma, que eu lhe disse muitas vezes que se eu pudesse ir para a glória, nela não entraria enquanto você não pudesse vir comigo! Embora ali me esperasse a moça pálida, aquela dos cachos negros...! Porque se ela é meu amor, você é meu dever. Escute, Rodol-fo, ouça; ouça bem o que vou lhe dizer, olhe para mim com atenção e registre minha imagem em sua memória. Me vê? Nestes instantes tenho a certeza de que nos meus olhos há um fogo estranho, porque sinto o sangue a ferver nas minhas veias, as minhas ideias adquirem lucidez: olho para o espaço e vejo a Terra. Olhe, uma voz me diz que passados alguns séculos e vejo um novo quadro, eu vejo a você, jovem e vigoroso, vestido com traje de trabalhador humilde, sorrindo tris-temente, e vagamente pensa em mim, e não admire, porque eu estou muito perto de você. Eu não uso o hábito esfarrapado que uso agora, não; uma túnica branca me cobre, eu não o abandono nem por um momento, vou sempre seguindo-lhe. Eu falo com você, eu o inspiro, eu lhe envio o alimento de minha vontade, eu trabalho em seu pro-gresso, eu me infiltro em seu pensamento, o meu pensamento, em seu ser vive minha alma, você vive entregue, inconscientemente, à minha memória, e isso acontece após o termo de muitos, muitos séculos. Você vê, meu filho, que por muito tempo eu estarei com você... Como pode pensar que eu o abandonaria agora? Mas me diga: o que viu, para cor-rer desesperadamente?

– Ele viu seu filho. – respondeu Maria. – Eu também o vi. Não é verdade, Rodolfo?

– Sim, é verdade, sim. Oh! e se fosse apenas ele... Eu vi meu pai, o pai de Berta, Elísea... seu marido... e escutei aquela gargalhada tão perto de mim, que ainda ressoa em meus ouvidos.

– Acalme-se – disse Maria. – Acalme-se, seja razoável; você mesmo se atormenta sem qualquer necessidade. É verdade que você é infeliz, mas não aumente sua infelicidade com a ingratidão. Você diz que não é amado, que os réprobos são amaldiçoados por Deus. Ingrato! Ingrato! E o imenso amor do padre Germano não significa nada? E meu amor leal também não lhe satisfaz? Diga...

– E se isso não me satisfaz, você pergunta? É verdade que não me satisfaz, não, porque eu a amo, você é a primeira mulher a quem eu olhei com respeito religioso; sinto por você o que eu teria sentido por minha mãe; ao mesmo tempo queria que me amasse... De outra forma, eu não sei como lhe explicar, eu não sei, eu tenho vergonha de mim mesmo, e...

– Eu entendo o que você sente – disse Maria em um tom melancólico. – Você deve necessariamente confundir as mais puras afeições da alma com os torpes desejos da matéria. Você não sabe mais. Você não bebeu nas águas puras do espiritualismo, você foi amamentado pela amargura do materialismo, e não conhece as múltiplas sensações da vida. Você encerra tudo na sensualidade, e o apetite da carne é um agente da natureza que faz um trabalho extremamente limitado. O grande trabalho é o do espírito, e essa tarefa é a que eu quero que você inicie. Eu quero que você ame, sim, e que fique contente com este amor de alma, que purifica tudo o que você toca. Deus, que é tão grande, que é tão bom, Deus, que é tão justo, vendo você, como uma pedra destacada de uma altíssima montanha, está rolando, rolando sem nunca encontrar o fundo do precipício; Deus, querendo que você não se eternize no mal, porque você vem por muitos séculos caindo de abismo em abismo, fazendo uso de sua vontade malfadada; Deus o detém hoje, colocando ao seu lado dois espíritos de luta, padre Germano e eu. Dois espíritos que já sabemos como cair, como se morre e como se ressuscita. Nós também caímos como você, também sofremos muitíssimo com o remorso; também como você, vivemos solitários, e se não... reflita, olhe como ainda vivemos sozinhos... intimamente sozinhos... vivemos para os outros, sem guardar para nós mesmos nem um átomo de vida... Você sabe por quê? Porque, indubitavelmente, ainda não somos dignos de ser felizes.

– Pois se vocês não merecem a felicidade, o que merecerei eu? – perguntou Rodolfo, desanimado.

– Hoje você merece compaixão; amanhã você sofrerá a punição da qual você se fez merecedor. Você vai chorar porque você fez os outros chorarem; você sentirá fome porque recusou o pão que seus cães de caça não queriam. Muitas vezes deixava seus servos ressequidos de sede porque lhes recusara sua água potável para dar a seus cavalos, e ficará desabrigado porque teve prazer de arrancar de seus ninhos os pobres pássaros, e recusou hospitalidade aos caminhantes errantes. Você será humilhado porque tiranizou os povos. Você será enganado, porque a muitos você vendeu. Por alguns séculos você se parecerá com os deserdados da Criação, porque a excomunhão de seus crimes pesará sobre você. Mas como a vida dos espíritos tem o seu início, como você não viveu toda eternidade como acontece com Deus, o pagamento de seus débitos será cumprido, e como durante esse tempo o seu guia não irá abandoná-lo, como gênios protetores lhe darão alento, como provavelmente você já não fará o mal, mas sofrerá as consequências do seu passado com mais ou menos paciência, com mais ou menos resignação; como você não deve aumentar em muito sua culpa, porque o velho soldado cheio de feridas, ainda que quisesse, não pode ser tão guerrilheiro; chegará um dia (distante ainda) que, rendido pelo sofrimento, de tanto lutar, se sentirá prostrado, descansará um momento, coordenará suas memórias, verá que viveu ontem, compreenderá que vai viver amanhã e exclamará com nobre ardor: "Deus! Providência! Destino! Fatalidade! Força bruta! Poder misterioso! O que seja...! Se eu vivi ontem, se eu vivo hoje, se tenho que viver amanhã... quero ser grande! Eu quero ser bom! Eu quero ser luz de verdade e uma tocha de razão! Eu saciei minha sede com lama negra, e quero a água pura da Vida! Eu estou com frio, muito frio na alma! e quero me cobrir com o manto divino do amor." E então... como Deus dá cem por um e responde a todos aqueles que O chamam, e Ele dá a quantos lhe pedem;

então... ah, Rodolfo! Então a Criação usará suas melhores vestes para você! Então, você será um homem honrado; uma mulher amorosa irá lhe esperar sorrindo em seu lar; os filhos irão chamá-lo, exultantes, dizendo: "Pai, Pai! Venha conosco, que sem você nós não sabemos viver." Os amigos se sentirão honrados com o seu carinho e, quando deixar a Terra, uma família desolada orará sobre sua sepultura; e você sentirá um prazer tão imenso em contemplar sua primeira existência de regeneração, que retornará à Terra com duplo ânimo, com triplo ardor; você vai querer não apenas ser bom, mas ser grande: você sonhará em ser um dos luminares da Ciência das civilizações futuras. E você o será, porque o homem, para se converter no redentor de um povo, não precisa de mais privilégios do que uma potente vontade. Deste modo, Rodolfo, anime-se; não mire a Terra, porque o seu futuro está escrito no Céu.

E falando assim, Maria estava completamente transfigurada, seus grandes olhos brilhavam com o fogo sagrado da inspiração, parecia a profetisa dos tempos, que arrancava da eternidade seus segredos.

Rodolfo sentiu sua influência benéfica. Olhou para ela em êxtase e finalmente disse com nobre exaltação:

– Bendita seja você, Maria! Bendita seja! Sua voz ressoa em meu coração e revigora meu ser; não me importa o sofrimento se tiver tempo para minha regeneração. Pensei que tudo estava perdido, que era tarde demais para mim, e essa convicção me matava por dentro...

– Não, Rodolfo, não; nós homens somos os que medem o tempo, mas Deus mede a eternidade. Para Ele não há nem ontem nem amanhã. Seu hoje é eterno, seu presente não teve começo nem terá fim. Ele não viu o amanhecer de seu dia nem jamais verá seu declínio; o sol do progresso sempre brilhou no zênite da eternidade.

Rodolfo, ouvindo declarações tão consoladoras, sorriu alegre, e disse:

– O que devo fazer para começar meu trabalho?

– Olhe – disse Maria – hoje mesmo assaltou-me uma ideia. Uma pobre senhora rendida pela exaustão, exaurida pela fadiga, junto a três pequeninos, veio até nós, e ela sabe que logo encerrará sua dolorosa missão na Terra. E o que será dessas crianças pobres se a caridade não as acolher ou lhes brindar com generosa hospitalidade? Vamos levantar, então, uma casa para abrigar os pobres órfãos. A menor de suas joias, o broche mais simples de sua capa, valerá muito mais do que possa valer o terreno de que necessitamos; auxilie-me em meu trabalho, compremos um solar para este fim, e edifiquemos uma casa alegre e risonha para que nela as crianças sorriam.

– Sim, sim, contem comigo; vocês são meus grandes tesouros! – exclamou Rodolfo, entusiasticamente. – Eu farei tudo o que vocês quiserem, porque eu tenho, como vocês dizem, frio em minha alma, e quero me cobrir com o manto do amor divino.

****

LINDA NOITE! EU NUNCA irei esquecê-la! Quando me deixaram sozinho, ainda ouvia a profecia de Maria, ainda soava em meus ouvidos a voz de Rodolfo, e um prazer inefável se fez dono de meu ser.

É verdade: para Deus nunca é tarde. Glória a Ti, fundador dos séculos! Glória a Ti, princípio incriado! Glória a Ti, Suprema Sabedoria! Tudo ante Ti é pequeno! Apenas Tu és grande!

O tempo é a tua apoteose, porque com o tempo e o trabalho o homem obtém sua reabilitação! Para Ti nunca é tarde demais! Abençoado seja o tempo, Senhor, porque o tempo é a tua essência.

12

A ORAÇÃO DAS CRIANÇAS

CRIANÇAS VENHAM A MIM, venham a mim com suas brincadeiras inocentes, com seus risos alegres, com sua agitada animação, com a exuberância de sua vida.

Quero viver entre eles, quero tomar parte de sua alegria, aturdir-me com seu aturdimento e esquecer-me de tudo, exceto de minha infantil família.

Sempre amei as crianças, eu sempre preferi sua companhia risonha à dos sábios e outros homens, porque nas crianças encontrei, em todas as ocasiões, a Verdade. Diz um filósofo que nada é mais esquecido ou ingrato que as crianças, e eu digo em absoluto, que para mim sua opinião é errônea. O que a criança tem não é hipocrisia: diz e faz o que sente sem reserva ou dissimulação de qualquer tipo; enquanto o homem sorri e finge bajulações, embora em seu coração fermente o ódio por aquele que acaricia e agasalha. Eu daria alguns séculos de felicidade para viver toda uma existência cercado de crianças, porque dessa forma nem conheceria os crimes dos homens ou viveria enganado. Oh! Sim: Venham a mim as crianças, com a espontaneidade de seus sentimentos, com sua franqueza encantadora e inimitável e sua lealdade inata.

As crianças me atraem, os homens me assustam, me espantam as confissões destes, e eu amo as confidências dos primeiros, porque neles encontro a simplicidade e a Verdade, e a Verdade é tão bela!...

Quantas vezes cercado por meus amiguinhos, me vi pequeno, muito pequeno ao lado daquelas tão grandes almas!

O que a generalidade das criaturas não possui é uma esmerada e sólida educação; um mentor para orientar seus passos nas escabrosidades da Terra. Uma criança bem-educada e bem ensinada é um herói quando chega a ocasião oportuna. Eu sei, eu vi isso, e por mim mesmo me convenceram de que nada há mais fácil do que despertar o entusiasmo generoso das crianças, cultivando seu sentimento até alcançar a sublimidade.

Uma tarde saí do cemitério mais triste do que nunca; havia pensado demasiado nela; havia visto junto a sua tumba, a moça dos cachos negros, e ao ver que me sorria com tristeza, meu coração chorou amargamente sua malograda felicidade.

É tão triste ter em nossa mão a bela taça da Vida cheia do néctar do prazer... e apartá-la de nossos lábios, sedentos de amor e fortuna, para entregar-nos a um suicídio lento, para um sacrifício estéril, a uma desesperação muda! Oh, o sacerdócio católico é o sacerdócio da Morte!

****

MEUS FILHOS ADOTIVOS, AO me verem, perceberam que eu estava preocupado, e como todos me amam, me cercaram, solícitos, e um dos menores se agarrou a meu hábito e disse com a voz trêmula:

– Padre, é verdade que os judeus comem as crianças?

– Os maus eles comem, mas os bons, não – replicou outro menino

– Verdade, padre?

– Nem a um nem a outro – disse eu sorrindo, porque judeus não são antropófagos

– Mas minha mãe diz que sim – objetou o primeiro. – E hoje chegou muito assustada, porque lhe disseram que há um homem que de noite entra na aldeia e leva crianças.

– Sim – acrescentou outro – a meu pai também disseram que este homem entrou em uma casa, e ele tomou o pão, e que o cão sentiu, e começou a latir, e o ladrão saiu, fugido, e dizem que soltava fogo pelos olhos, e minha avó disse que era um judeu.

A conversa dos pequeninos me distraiu de meus pensamentos tristes, e comecei a me preocupar com o destino daquele infeliz sobre o qual eles estavam falando. Não era a primeira vez que ouvia falar do homem que chamavam de judeu, e a respeito de quem contavam mil mentiras e coisas absurdas, e calculei que ele seria um homem infeliz, cuja existência tempestuosa teria um histórico de lágrimas e, tentando me certificar, perguntei com interesse a uma das crianças:

– E quando viram naquela casa o judeu que pegou um pedaço de pão?

– Meu pai disse que isso foi ontem à noite – respondeu o garoto, olhando com medo em todas as direções.

Nós continuamos andando. Chegamos à fonte da Saúde, e quando as crianças chegaram, deram um grito de horror, e todos me cercaram, gritando angustiados:

– Padre! padre! Diga-lhe que somos bons. Esse é ele! Esse homem!

As crianças inocentes se abrigaram sob o meu casaco, outras se escondiam atrás de mim, e tremendo todas, convulsivamente.

Em meio a todo aquele burburinho, não tive tempo para contemplar a causa daquela desordem; por fim, olhei e vi ao lado da fonte um ancião que contaria setenta invernos. Ele era alto e magro e coberto de trapos. Uma longa barba branca amarelada repousava no seu peito nu. Seu olhar era triste, muito triste! Ele gemia com os olhos! E parecia o símbolo da tribulação e da miséria. Sua cabeça estava enfaixada e a bandagem estava encharcada de sangue. Ao vê-lo naquele estado tão deplorável, corri em direção a ele quebrando o círculo que estava me cercando, e o velho, me vendo, ficou indeciso. Queria fugir, e ao mesmo tempo me olhava, como se quisesse me reconhecer, e eu me apressei em detê-lo, dizendo-lhe:

– Não tema.

O pobre velhinho se deteve e contemplou com profunda tristeza o grupo de crianças que, a curta distância, dizia em altos brados:

– É esse! Esse!

Compreendi seu pensamento e lhe disse:

– Não tema. Eles não lhe farão mal algum.

E rodeando sua cintura com minha mão, voltei-me para os pequenos, e lhes disse com tom de autoridade:

– Silêncio e me escutem. Aquele que falou que este ancião lhe quer prejudicar, mente muito. E em vez de gritar desbragadamente, o que vocês devem fazer é dar-lhe, cada um, a metade de sua merenda, que a lei de Deus nos manda dar alimento a quem tem fome.

As crianças emudeceram, se aninharam uns aos outros e aquela massa compacta se adiantou, temerosa, e se postou junto a mim. Alguns deles me deram timidamente um pedaço de pão, e eu disse a eles:

– Não é para mim que você deve dá-lo, mas sim a este homem. Não tenha medo; dê-lhe em suas próprias mãos e peça-lhe que lhe bendiga, que os anciãos são os primeiros sacerdotes do mundo.

Um dos menores do grupo de crianças, fixando em mim seu belo olhar, como que para tomar fôlego, estirou a mão com o pedaço de pão ao pobre velho, e este o tomou com mão trêmula, e estendendo sua destra sobre a cabeça do pequeno, exclamou com voz comovida:

– Bendito seja você, que me concede o pão da hospitalidade!

E curvando seu corpo, se inclinou e beijou a testa do pequenino, e ao fazê-lo, o mendigo chorava, e suas lágrimas caíram sobre a cabeça da criança, que ficou batizada com a água bendita da gratidão. As demais crianças seguiram o exemplo do primeiro, e eu nunca esquecerei aquela cena verdadeiramente comovedora. O céu exibia todo o esplendor de seu traje, porque estava coberto com um véu de nuvens purpúreas. As montanhas, revestidas com seu manto de esmeralda, terminavam seu tocado envolvendo seu cume com neblina flutuante e leve; e no fundo de um vale florido, um ancião esfarrapado, rodeado de mais de trinta crianças, os bendizia com seus olhos e suas lágrimas, porque a emoção não lhe permitia falar. Eu olhava aquele quadro e dizia para mim mesmo: "Quão risonho é o começo da vida e quão triste é o fim! Pobre velho! Na sua testa há uma história escrita. Qual papel terá desempenhado nela? Terá sido o de vítima ou verdugo? Vamos ver." E chegando mais perto dele, lhe disse com doçura:

– Sente-se, descanse; não tenha medo algum.

– Não tenho medo nenhum do senhor, nem dessas criaturas, mas meus numerosos inimigos me seguem muito de perto. Há muitos dias eu estou vagando por estas regiões. Queria vê-lo e não encontrava nenhuma ocasião para falar com o senhor. Hoje a sede me devorou; eu

MEMÓRIAS DO PADRE GERMANO | 129

tenho febre, porque eu estou ferido, porque alguns rapazes, encorajados por suas mães, me apedrejaram, e eu vim a esta fonte para acalmar minha ardente sede. Quando eu ia sair, o senhor chegou; tenho que falar com o senhor, mas não me atrevo a entrar na aldeia, porque eu não sei até onde estão meus perseguidores.

– Então espere por mim atrás do cemitério. Eu vou com as crianças e quando escurecer irei procurar por você. Até logo.

Meus amiguinhos se separaram do velho, dizendo-lhe, muitos deles:

– Amanhã traremos mais pão para o senhor.

E durante a nossa caminhada, cada um fez o plano de trazer o dobro de merenda. O que é o exemplo e o bom conselho! Alguns rapazes pobres, aconselhados por mulheres selvagens, perseguiram o mendigo como se persegue uma fera, enquanto outras crianças lhe deram metade da comida e ansiaram pelo dia seguinte para lhe dar mais! As crianças são a esperança do mundo, a encarnação do progresso, se encontram quem guiá-las na espinhosa senda da vida!

Quando entramos na aldeia, me despedi das crianças e fui até meu oratório esperar que a noite espalhasse sua sombra por uma parte da Terra, e depois fui para trás do cemitério. O ancião me esperava e veio ao meu encontro e nós dois nos sentamos nas ruínas da capela. Meu companheiro me olhou firmemente e me disse em voz baixa:

– Graças a Deus que os dias passam e não se parecem; que diferente foi o dia de hoje do dia de ontem! Ontem me apedrejaram como se eu fosse um foragido infame, e hoje me escutam e me oferecem um pão bendito para que sustente meu corpo abatido. Obrigado, padre. Não é por nada que disseram que o senhor é um santo!

– Não diga isso, não! Não confunda o dever com a santidade. Na Terra não há santos, não há mais que homens que em algumas ocasiões cumprem sua obrigação. Ao prestar-lhe meu pequeno auxílio, eu cumpri com dois deveres muito sagrados: o primeiro, o de confortar os aflitos, e o segundo, de ensinar os pequenos a pôr em prática os mandamentos da lei de Deus.

– Ai, padre! Quão esquecidos estão estes mandamentos para os homens! Eu sei por experiência: todo o infortúnio da minha vida o devo ao esquecimento da lei de Deus.

- Explique-se: No que você esqueceu a lei promulgada no SINAI?
- Não fui eu que a esqueci, padre. Tenho seguido fielmente a religião dos meus antepassados e, sentado na Sinagoga, jurei obediência a Deus lendo as tábuas da santa fé; foram os outros que esqueceram os preceitos divinos.
- Compaixão àqueles que esqueceram, porque, ai dos pecadores!
- Ah, senhor! A punição do culpado não me devolve o que eu perdi para sempre. Eu tinha uma família grande em minha casa e meus filhos e meus netos sorriam para mim com amor; mas ressoou uma voz maldita e os insolentes da intolerância religiosa, gritaram uma noite: "Morte aos judeus, vamos queimar suas casas, vamos estuprar suas filhas, vamos pilhar seus cofres, vamos destruir a raça de Judá!" E nossas moradas pacíficas foram palco de crimes lancinantes. Alguns de nós foram capazes de escapar do massacre geral e fugiram de nossas casas, sem nossas filhas, sem a economia do nosso trabalho... tudo perdido! Tudo! E por quê...? Por seguir rigorosamente a lei primitiva de Deus... E sem encorajamento para implorar, por temor de ser reconhecidos, fugimos a debandada, sem saber onde permanecer. Alguns de meus companheiros, mais jovens que eu, puderam chegar ao porto de salvação. Eu fiquei enfermo e não pude segui-los, e alguns camponeses me abrigaram em sua choupana por sete meses, e eles me falaram do senhor, dizendo-me que era a providência dos infelizes, que eu deveria vir até o senhor. Um dos filhos desta família queria acompanhar-me, mas soube que a perseguição aos judeus se reanimava, e não consenti, de maneira alguma, expor aquele nobre jovem à morte quase certa; então, sozinho, empreendi a marcha, fugindo dos caminhos mais transitados, passando dias e dias sem outro alimento que as folhas das árvores, que estas me ofereciam suas ramas verdes, sendo menos ingratas que os homens. Já sabe quem sou eu. No Condado de Ars me esperam alguns de meus irmãos, e todo meu desejo é chegar ali e reunir-me com eles e rezar juntos a memória de nossas filhas desonradas em nome de uma falsa religião.

E o ancião reclinou sua cabeça entre suas mãos, soluçando como uma criança. Deixei-o chorar livremente, que os grandes infortúnios pedem muitas lágrimas, e quando o vi mais calmo, o atraí para mim e disse-lhe com a maior doçura:

MEMÓRIAS DO PADRE GERMANO | 131

– Perdoe seus algozes, não peço nada além de perdão para eles; compadeça-se deles; seu presente é o crime, seu futuro é a expiação. Tranquilize-se, eu o levarei comigo. Abrigarei seu corpo desfalecido, e o farei ser acompanhado por dois homens honrados que guiarão seus passos vacilantes, e chegará ao local que deseja, reunindo-se com seus irmãos, e elevando orações, pedindo a Deus misericórdia para aqueles obcecados que profanaram seu tranquilo lar. Venha comigo, apoie-se em mim, não tenha qualquer receio, porque sou sacerdote da religião universal.

O ancião se apoiou em mim, e chegamos à Reitoria, subimos ao meu oratório, que é o lugar de descanso dos desafortunados que encontro em meu caminho, e durante oito dias repousou em meu lar, o viajante da dor.

As crianças, entretanto, me disseram com pesar:

– "Padre, aquele pobre homem não retorna, agora que trazemos tanto pão para dar a ele."

Eu, valendo-me de minha influência, consegui com meus paroquianos que dois deles, os mais abastados, consentissem em acompanhar em sua longa jornada, o idoso judeu. Ele estava vestido decentemente e eu lhe dei uma quantia regular de dinheiro, exigindo que ele, ao chegar no final da viagem, enviasse-me com seus guias uma carta me contando sobre sua chegada feliz. No mesmo dia em que ele saiu, convoquei uma reunião de crianças na igreja, onde quase todos os fiéis que moravam na aldeia compareceram, mas meu objetivo principal era reunir as crianças, a quem eu havia colocado ante o altar e, dirigindo-me a elas, lhes disse:

– Meus filhos, o único laço que me liga a este mundo. Vocês são o sorriso da minha vida. Em vocês derramo toda a seiva de minha profunda experiência e tento torná-los bons, para que sejam gratos aos olhos do Senhor. Há alguns dias eu pedi-lhes o seu pão para um pobre ancião que veio às portas de suas casas ferido e faminto, e hoje eu vou pedir-lhes outra coisa. Peço que possam me concedê-la, meus filhos, filhos amados de meu coração! Aquele velho deixou suas montanhas e vai procurar em vales distantes um asilo para pedir a Deus que tenha piedade dos opressores da humanidade! E peço-lhes, meus pequeninos, que roguem pelo pobre viajante que, sem abrigo ou pátria, não veja crescer flores em seu túmulo regado pelas lágrimas de seus filhos, mas como uma árvore mutilada, vai dobrar o furacão, e em suas raízes mortas a seiva da vida se extingue. Orem por ele, peçam aos céus que chegue ao porto da salvação, o errante, o proscrito, que as orações das crianças atraem a bênção de Deus! Rezem, meus filhos, rezem! Digam comigo assim:

"Pai misericordioso, guie os passos do ancião venerável que viveu respeitando sua lei, salve-o de todo perigo, para que ele possa viver o resto de seus dias, amando-o em espírito e em verdade!"

E as crianças oraram, e suas vozes puríssimas certamente ressoaram nas abóbadas do céu, e atraíram espíritos de luz para o humilde templo da Terra, porque, como os raios do Sol, rajadas luminosas e esplêndidas se cruzaram diante dos altares, e as crianças repetiam com tom vibrante:

– Pai da misericórdia, guia os passos do velhinho, que viveu respeitando sua lei, salve-o de todo perigo, para que ele possa viver o resto de seus dias te amando em espírito e em verdade!

Naqueles momentos, eu não sei o que se passou comigo: parecia que incensários invisíveis perfumavam as abóbadas do templo, e as estrelas de mil cores lançavam seus eflúvios luminosos de prismáticos resplendores sobre as criancinhas de minha aldeia. Os pequenos oraram, sim; oraram com esta fé divina que inflama e eleva as almas puras, e sua fervorosa oração deve ter sido repetida pelos ecos de mundo a mundo. É a oração mais comovente que eu já ouvi na prisão da Terra!

Há sensações indescritíveis, e a que eu experimentei naqueles instantes é uma delas. Eu estava certo quando disse que as orações das crianças atraem as bênçãos de Deus.

Formosa manhã de minha vida! Raios de puríssima luz! Sua lembrança bendita me fará sorrir no meu leito de morte. Eu chorei muito...! Eu sofri muito! Mas, por outro lado, me foi concedido ouvir o canto dos anjos no humilde templo de minha aldeia.

Bendita seja a oração das crianças! Bendita seja em todas as eras! Bendita seja!

As mulheres choravam ao ouvir a prece de seus filhos e estes sorriam, elevando sua canção a Deus.

Tudo passa na vida! E aquelas breves horas também passaram, deixando em minha alma uma paz que eu nunca havia sentido.

Todas as tardes, ao reunirem-se a mim na porta do cemitério, os meninos me diziam:

– Padre, o senhor quer que rezemos pelo pobre homem que foi embora?

– Sim, meus filhos, – dizia a eles – consagremos a memória de um mártir da Terra – e durante alguns momentos todos orávamos pelo pobre judeu.

Três meses mais tarde, retornaram os dois guias que o haviam acompanhado, trazendo-me uma carta redigida nos seguintes termos:

"Meu padre! Felizmente terminei minha longa viagem, e hoje me encontro nos braços de meus irmãos, abençoando sua memória. Nas últimas horas da tarde nós nos reunimos todos no sopé de um carvalho centenário; e cumprindo seu mandato, rezo pelos assassinos que sacrificaram minha esposa e meus filhos; e quando eu deixar este mundo, meu último pensamento será para o senhor."

****

OBRIGADO, MEU DEUS! UMA vítima a menos das perseguições religiosas! Descanse, pobre judeu, e abençoe seu Criador em sua última hora!

Ah! religiões, religiões! Quanto sangue vocês derramaram! Que longa conta terão que dar a Deus por seus atos iníquos! Apenas me resta um consolo no meio de tantas amarguras; apenas uma esperança me sorri: o advento da religião universal. Essa destruirá os ódios coletivos e as armadilhas pessoais. Constituirá apenas um rebanho e um só pastor, unirá todos os mortais com o laço sagrado da fraternidade. Os homens foram criados para amar-se e o grande pensamento de Deus deve ser cumprido.

13

O AMOR NA TERRA!

O QUE É O amor na Terra? É um mistério indecifrável, Senhor! É, ou nuvem de fumaça que em espiral se esfumaça, ou poça pantanosa cujos miasmas infeccionam a atmosfera, ou terrível tormenta que destrói tudo, deixando para trás desolação e morte. Oh! Sim, sim. O amor na Terra ou tem a vida das rosas, que apenas sorriem dos crepúsculos, o matutino e o vespertino, ou é causa de paixão nefasta, que faz ruborizar a pessoa que a sente, ou uma tragédia horrível cujo desenlace é a morte.

E ainda os ímpios duvidam, Senhor! E negam com tenaz determinação que Tu guardes para teus filhos, outros mundos, onde as almas podem satisfazer a sede ardente de teu imenso amor!

Eu te amo, Senhor, e eu espero e acredito em tua infinita misericórdia, e sei que Tu ouvirás meu apelo, e que amanhã sorrirei ditoso, amando feliz a uma mulher!

Ela era tão bela! Eu ainda a vejo, com a testa pálida coroada de brancos jasmins, com seus cachos negros, e seus olhos irradiando amor! Eu só a vi três vezes, Senhor! E em nenhuma delas eu pude dizer-lhe que minha alma era sua...! Meus lábios emudeceram, mas não sei se meus olhos falaram...!

Triste planeta Terra! E esse episódio de amor é o mais santo, é o mais puro; eram afeições sacrificadas por causa da religião e da verdade. Jamais poderei esquecer a garota de cachos negros, pois ela era uma criatura daquelas que deixam atrás de si um perfume, uma fragrância que nunca se evapora: o prazer da dor deixa impresso em nosso ser um sorriso imortal. Estou contente com meu sacrifício; feliz por não ter usufruído, porque a alegria da Terra não deixa mais herança que luto e lágrimas. Agora eu já vi, agora eu toquei, agora me convenci de que o prazer neste mundo é fonte abundante de dor.

****

ALGUM TEMPO ATRÁS EU senti uma espécie de doce inveja contemplando dois seres felizes. Quando os vi sorrir, eu disse: "Senhor! Por que não pude sorrir assim? Por que eu tive que viver tão sozinho...?" Mas, oh! Como foram curtos os dias que tive para invejar!

Desventurada Lina! Infeliz Gustavo! Eu ainda me sinto uma vítima de um pesadelo funesto! Mas não; é verdade, é uma verdade tenebrosa! Eu os vi crescer!... Quem diria que eu iria vê-los morrer...! E hoje eles dormem ao lado dela, ao lado da garota com os cachos negros...! Minha família da alma está no cemitério!...

Perdoe-me, Senhor! Na minha dor eu sou egoísta e esqueço que a família do homem é toda a humanidade. Todos os desafortunados são meus filhos, todos os desvalidos meus irmãos, todos os homens meus amigos, mas... estou muito longe da perfeição, e ainda tenho a debilidade de ter meus preferidos.

Filhos meus! Gustavo! Lina! Ainda os vejo quando eram pequeninos! Há vinte anos, em uma manhã de abril, veio buscar-me um menino que contava sete primaveras. Era bonito e risonho como a primeira ilusão do homem.

– À irmã de minha mãe lhe trouxeram uma menina, é tão bonita! O senhor verá. Padre, queremos que se chame Lina. Venha, que já a trazem para que veja.

E o menino me fez correr para sair ao encontro do anjo que vinha me pedir com seu pranto a água do batismo. Durante a cerimônia Gustavo mirava a menina e me dizia com seus belos olhos: "Que bonita é ela." E o menino não mentia, porque a recém-nascida era uma criatura preciosa, que crescia entre flores e santas alegrias. Todos os habitantes da aldeia amávamos Lina, todos disputávamos seu carinho e éramos ditosos quando a menina sorria, porque havia naquele sorriso um lampejo celeste. Nada mais doce e mais comovente que ver aquele par infantil.

Como Gustavo era mais velho cuidava dela enquanto era pequenina; ele a fazia dormir em seus braços; ele a ensinou a andar e a pronunciar meu nome, pois Gustavo, como todos os meninos da aldeia, me amava muito, e seu maior prazer era trazer Lina até mim, e sentá-la sobre meus joelhos, e ele se recostava em meu ombro, e me dizia com terna admiração:

– Que bonita é Lina! Tenho desejo de que se torne mulher...!

– Para quê? – perguntei-lhe eu.

– Para casar-me com ela – contestou Gustavo gravemente. – E quando estivermos casados viveremos com o senhor. O senhor logo verá. Padre, o senhor verá quão felizes estaremos!

E eu me comprazia em fazer o menino falar, porque me extasiavam seus planos de felicidade. Lina escutava silenciosa, porque foi um ser que falou muito pouco e sentiu muito. Ao final de nossas conversações, eu saía satisfeito, porque as duas crianças me abraçavam com a mais terna efusão.

Horas de sol! Momentos de júbilo! Quão breves foram!

Com que prazer eduquei Lina! Era tão bondosa! Tão humilde! Tão carinhosa! Não sei que laço misterioso a unia a mim, que suas horas de festa sempre as passava em meu horto; e sua família, como a adorasse, vinha atrás dela. Como cuidava dos pássaros que se aninhavam no velho cipreste, e cultivava minhas flores prediletas. Gustavo às vezes lhe dizia, para fazê-la falar:

– Olhe que tenho ciúmes; creio que ama o padre mais que a mim.

Lina, ao ouvi-lo, sorria docemente, e murmurava:

– Você me ensinou a amá-lo.

E nestes ternos diálogos passávamos as tardes de domingo. Outras vezes me sentava para ler e dizia a Lina e Gustavo:

– Passeiem, meus filhos, mas a curta distância, para que eu os veja; a felicidade de vocês me faz ditoso, não me privem dela.

E os dois jovens passeavam; ele falava sempre, ela sorria com um sorriso celestial; e eu, naqueles instantes, via a menina dos cachos negros e dizia para mim mesmo: "Eu também lhe teria falado assim, eu também teria sabido expressar meu imenso amor. Gustavo vive...! Eu não vivi! Todos têm seu assento no festim eterno da vida, mas meu lugar se quedou vazio..." Mas esta rajada de egoísmo passava rápido, e eu exclamava: "Perdoa-me, Senhor! Eu confio em Ti, eu também viverei, porque ao deixar a Terra, encontrarei a menina dos cachos negros."

Os dias se passaram. Lina ia completar dezessete anos, e no dia de seu natalício eu devia bendizer sua união com Gustavo, e constituir uma família, pois os jovens esposos deviam habitar em uma casinha que haviam feito junto a meu horto. Meu velho Miguel estava contentíssimo. Eu já me via rodeado de doces cuidados, e todos fazíamos planos para as longas noites de inverno, onde estaríamos reunidos em torno do lar; e nosso coração batia feliz, quando uma manhã os habitantes da aldeia despertaram sobressaltados, porque em todas as casas ressonaram fortes golpes dados com as alabardas nas portas, mas longe se ouvia o relinchar dos cavalos que os ecos das montanhas repetiam, e mil vozes gritavam a uma só voz: "Às armas! Às armas! Guerra ao estrangeiro! Guerra!"

Lina foi a primeira que entrou na igreja gritando:

– Meu padre! Que querem estes homens? Entraram em todas as casas... As mulheres choram... Os soldados blasfemam... Os jovens correm, os anciãos conversam entre si... Venha, venha comigo! Parece que chegou o dia do juízo para esta aldeia.

Saí com ela e de pronto percebi o que se passava. A guerra! Este dragão de voracidade insaciável, pedia carne humana, e os capitães vinham em busca dela em nossa aldeia.

Em menos de duas horas aquela risonha população quedou-se como se houvesse passado a peste por ela: os bois mugiam nos estábulos, estranhando seu forçado repouso, as ovelhas lançavam lastimosos balidos dentro do aprisco, as mulheres choravam desconsoladas, os anciãos falavam entre si e lançavam tristes olhares ao caminho no qual densa nuvem de pó denunciava que alguns pelotões haviam passado por ali.

Todos os jovens, todos os homens fortes para sustentar uma arma fratricida foram arrebatados da aldeia para que regassem com seu sangue generoso os infecundos campos de batalha. Gustavo também se foi, apenas teve tempo para deixar Lina em meus braços, e dizer-me:

– Padre, a você entrego a vida de minha vida! Vele por ela e velará por mim!

Com doloroso furor, apertei a cabeça do nobre jovem de encontro ao meu coração, e cobri de lágrimas seus cabelos, enquanto Lina, sem voz, sem lágrimas, com o olhar extraviado, perdeu o sentido com a violência da dor. Quando voltou a si, seus pais e os pais de Gustavo choraram com ela sua imensa infelicidade. Que dias tão tristes se sucederam! A aldeia parecia um cemitério: os trabalhos do campo, a única indústria daquele lugar puramente agrícola, quedaram pouco menos que paralisados. A miséria estendeu suas negras alas, o desalento foi se apoderando de todos os corações, e mais de uma jovem vinha confessar-me seus pecados, dizendo com angústia:

– Padre, Deus me castigará porque quero morrer?

Lina, em quem a imensa dor havia despertado a energia da alma, me dizia com veemência:

– Padre, é verdade que se ele não vem, nós devemos ir buscá-lo? Eu não quero que ele morra só, ele acreditaria que eu o haveria esquecido, e não poderia dormir tranquilo em sua sepultura. É verdade que iremos?

E ao dizer isto me olhava de uma maneira que me fazia chorar como uma criança.

Passaram-se três anos, e nesse tempo, Lina perdeu seus pais, e os de Gustavo se encarregaram dela, mas a jovem estava sempre em meu horto, falando-me dele; parecia uma alma penada. Daquela criatura preciosa não restava vida, a não ser nos olhos, que sempre os tinha fixos em mim. Quanto me dizia com aqueles olhares! Havia momentos que não lhes podia resistir, porque suas negras pupilas se convertiam em flechas agudas que atravessavam meu coração. Quem não se angustiava vendo a muda dor de Lina! Porque não falava desesperada, não; sua palavra era tranquila, mas seu olhar era lancinante.

Uma tarde veio buscar-me no cemitério, e com o delicado instinto e fina perspicácia que distingue a mulher, embora não lhe tenha contado a história de minha vida, ela compreendeu que naquela tumba estava minha felicidade, e por isso veio buscar-me nela, convencida de que naquele lugar sagrado eu não lhe negaria nada do que quer que me pedisse. Me olhou de um modo que me fez tremer, e me disse:

– Padre! Gustavo me chama, eu o tenho ouvido, e em nome da falecida que aqui dorme, eu imploro que venha comigo; ela o abençoará, e Gustavo também.

Não sei o que se passou comigo, não sei que visão luminosa me pareceu ver que se levantava do fundo da tumba. Olhei para Lina como fascinado e lhe disse:

– Iremos!

Nos olhos da jovem brilhou uma lágrima de gratidão, e na manhã seguinte saímos da aldeia acompanhados até larga distância pelos anciãos, pais de Gustavo.

Depois de muito caminhar chegamos ao lugar onde se havia passado a última batalha, e entre montes de cadáveres e feridos buscamos Gustavo, mas inutilmente; por fim entramos no acampamento, onde se havia improvisado um hospital, e Lina com uma mirada abarcou aquele horrível conjunto, e com a rapidez do desejo a vi dirigir-se a um extremo daquele largo recinto, e cair de joelhos ante um ferido. Quando pude chegar junto a ela, tive grande dificuldade de reconhecer Gustavo, o qual, ao ver-me, me estendeu sua destra, buscando a minha; os três nos unimos em estreito abraço, e ninguém pronunciou uma só palavra: apenas Lina falava com os olhos.

Gustavo queria falar, mas a emoção lhe embargava, e os três permanecemos um longo tempo em uma situação muito difícil de explicar. As tropas inimigas, que haviam ganhado a batalha, vieram confiscar os vencidos e recolher em carros os feridos. Lina, ao ver aquele movimento, se apoderou de uma mão de Gustavo e me olhou, dizendo-me com um gesto: "Eu não o deixarei". Compreendendo sua heroica resolução, me inclinei até ela, e lhe disse: "Tranquilize-se, não o deixaremos." Foi por fim, a vez de Gustavo, e quando já lhe iam levantar, o oficial que dirigia aquela tristíssima manobra, mirou fixamente Lina e a mim, que tratamos de incorporar a nosso ferido; se acercou mais, me olhou, e exclamou com assombro:

– O senhor aqui, padre Germano! Como deixou sua aldeia?

Em poucas palavras lhe expliquei a causa que me levava àquele local, e ele, então, me disse:

– Há alguns anos lhe devo minha vida. O senhor, sem dúvida, nem me reconhece, ou recorda, mas nunca o esqueci, e quero de algum modo pagar a dívida que contraí com o senhor. Que quer de mim?

– Que me dê esse ferido, que em breves dias será um cadáver, para que ao menos ela possa cerrar-lhe os olhos.

Sem mais delongas acedeu a meus pedidos, e convenientemente acompanhados regressamos depois de mil penalidades a nossa aldeia. O pobre Miguel, que diariamente saía ao caminho para ver se vínhamos, ao ver-nos, correu ao meu encontro e me disse que o pai de Gustavo havia falecido, impressionado por uma notícia falsa que correu sobre a morte de seu filho, e de sua mãe se ignorava o paradeiro. Ante aquele novo transtorno, conduzimos o ferido a minha pobre casa, e o colocaram em meu oratório; e desde que ficou instalado, começaram para mim dias verdadeiramente dolorosos.

Que quadro, Senhor, que quadro! Eu o comparava aos primeiros anos de Lina, quando Gustavo a deixava sobre meus joelhos e me dizia: "Padre! Olhe-a! Que bonita é!" Que diferença com o quadro que tinha ante meus olhos! Que metamorfose! Lina não parecia ser ela mesma. Havia até encanecido. De Gustavo não há o que falar; magro, enegrecido, com os olhos quase sempre fechados, a boca contraída para afogar gemidos, mas conseguia conter gritos, por outro lado, não podia ocultar o sangue que brotava em intervalos de sua boca; a cabeça envolta em bandagens sangrentas, as quais por ordem facultativa do médico, não podíamos tocar; sem poder dar-lhe alimento, porque a febre o devorava; e Lina, junto a ele, muda, sombria, com o olhar sempre fixo no rosto do ferido, dizendo-me em intervalos com voz apagada:

– Quanto lhe estamos molestando, padre! Mas... Pouco tempo lhe resta de sofrimento, porque Gustavo se irá... e eu me irei com ele, porque na tumba ele teria medo sem mim. Sim, sim, eu devo ir com ele, não quero permanecer aqui.

Eu não sabia o que responder. Eu a olhava, e via em seus olhos uma calma espantosa, um não sei quê, que aterrava; ela olhava para ele, e murmurava em voz baixa:

– Senhor! Senhor! Tenha misericórdia de nós; afasta de mim este cálice, e se tenho de tomar até a última gota, dai-me força. Senhor dai-me alento para suportar o enorme peso de minha cruz.

Gustavo, de vez em quando, tinha momentos de lucidez: abria os olhos, mirava sua amada com santa adoração, depois fixava os olhos em mim, e dizia com amargura:

– Pobre! Pobre Lina! Padre, padre! É verdade que não existe Deus?

E o infeliz enfermo começava novamente a delirar, e Lina me dizia:

– Padre! Padre! Oremos por ele...

Que dias, Senhor, que dias! Me horroriza sua lembrança: nem um momento de repouso... nem um segundo de esperança, sem ouvir mais que queixas e imprecações, e ver morrer Lina, pouco a pouco. Assim passaram três meses, quando em uma manhã que eu estava na igreja cumprindo minha obrigação, e Lina no horto colhendo ervas medicinais para fazer uma tisana, Gustavo fez menção de levantar-se em um momento de febre, e buscou em seu uniforme uma pequena adaga, a qual cravou certeiramente no coração, sem proferir nenhum grito, pois Lina nada ouviu.

Pouco depois entramos na casa, Lina e eu; ao acercarmo-nos da cama, que triste espetáculo, Deus meu! Não poderei esquecê-lo jamais: Gustavo tinha os olhos desmesuradamente abertos, a boca contraída por um amargo sorriso; em sua mão esquerda havia bandagens que ele havia arrancado da cabeça, e a adaga cravada no coração. Lina, sem proferir qualquer queixa, fechou piedosamente os olhos, e ao querer arrancar a adaga, experimentou um violento tremor, e lançou uma estridente gargalhada, que sempre ressoará em meus ouvidos. Depois se levantou, se abraçou a mim, e durante quarenta e oito horas, não fez outra coisa senão rir, presa de terríveis convulsões.

Naquelas quarenta e oito horas exauriu quarenta e oito séculos de sofrimento. Que agonia! Que angústia! Que suplício! Não há frases que possam descrever meu horrível tormento! Ao fim ressoou a última gargalhada; por um momento seus olhos se iluminaram com um raio de inteligência, estreitou minhas mãos ternamente e reclinou sua cabeça sobre meu ombro, do mesmo modo que fazia quando criança, e eu, aterrado, permaneci não sei quanto tempo imóvel, petrificado ante tão imensa desventura...

Na tarde daquele dia, os habitantes da aldeia acompanharam ao cemitério os cadáveres de Lina e Gustavo, regando a terra de sua vala com lágrimas de amor. Enterrei-os junto a ela, ao lado do ídolo de minha alma, e todos os dias visito as duas tumbas, experimentando harmoniosas sensações.

Quando me prostro ante a tumba da menina dos cachos negros, minha alma sorri, parece que meu ser adquire vida, e uma dulcíssima tranquilidade se apodera de minha mente; minhas ideias em ebulição contínua, em vertigem constante, perdem sua dolorosa atividade, e algo puro, suave e risonho vem acariciar meus sentidos; meus olhos se fecham, mas se meu corpo se sente dominado pelo sono, meu espírito vela e se lança no espaço, e a vejo, sempre bela, bela e sorridente, que me diz com ternura: "Termine sua jornada sem impaciência, sem fadiga; acalme seu desejo íntimo, que eu o espero, e a nós dois nos espera a eternidade...!" E me desperto ágil e ligeiro, forte, cheio de vida. Levanto-me, beijo as flores que crescem bonitas sobre a sepultura, e exclamo alvoroçado:

– Senhor! Tu és grande! Tu és bom! Tu és onipotente porque é eterna a vida das almas, como eterna é tua divina vontade!

Depois me detenho na tumba de Lina e Gustavo, e me sinto possuído de um mal-estar inexplicável; vejo a ele, frenético, delirante, rebelando-se contra seu destino, rompendo violentamente os laços da vida, negando Deus em sua fatal loucura, e a ela possuída do mesmo *frenesi*, rindo com terrível sarcasmo da morte de sua felicidade, e neste drama espantoso, nesta pavorosa tragédia, há a febre da paixão no grau máximo da loucura; há o egoísmo fatal do homem, porque Gustavo se matou para não sofrer mais, convencido, pelo excesso de sua dor, de que sua ferida era incurável; duvidou da misericórdia de Deus, para o qual nada há de impossível, porque quem sabe se no fim se curaria...! Não levou em conta a dor imensa de Lina, julgou o todo pelo todo, quis em sua insensatez, pôr fim ao que não tem fim... e a infeliz Lina, ferida em suas fibras mais recônditas, também se esqueceu de Deus e de mim; em nada teve nem sua fé cristã, nem meus cuidados, nem meus ensinamentos, ou meu amor. Apenas em seu último olhar parecia que me pedia perdão pela profunda ferida que deixava em minha alma, ferida tão profunda que não poderá se cicatrizar na Terra.

Ela e seu companheiro se entregaram à desesperação; por isso, em sua tumba eu não posso sorrir, porque suas sombras atribuladas devem buscar-se uma à outra; e durante algum tempo não se verão, porque é delito grave quebrar o cumprimento da lei. Todas as dores são merecidas, todas as agonias justificadas, e o que violentamente rompe os laços da vida, despertará entre sombras. Feliz o espírito que sofre resignado todas as dores, porque ao deixar a Terra, quão belo será seu despertar...!

Seres queridos! Jovens que sonharam com um porvir de amor! Almas enamoradas que eu tanto amei! Onde estão? Por que deixaram sua branca casa? Por que abandonaram os pobres passarinhos que recebiam o pão de sua mão? Por que olvidaram o solitário ancião que a vosso lado sentia o doce calor da vida? Por que se foram?

Ai! Se foram porque a guerra, essa serpente de cem cabeças, essa hiena furiosa, tinha sede de sangue e fome de juventude... E homens fortes que sustentavam o passo vacilante de seus pais anciãos, correram afundar na tumba o progresso do porvir, a esperança de muitas almas enamoradas. Oh, a guerra! A guerra!

Tirania odiosa da ignorância! Tu conquistas um palmo de terra com a morte de milhões de homens.

Direitos de raça! Feudos de linhagem! Poder da força! Vós desaparecereis, porque o progresso os fará desaparecer! A Terra não terá fronteiras, porque será uma só nação! Este direito brutal, este ódio ao estrangeiro terá que se extinguir. Que quer dizer estrangeiro? Não é homem? Não é filho de Deus? Não é nosso irmão? Oh, leis e antagonismos terrenais! Oh, bíblico Caim! Quantos cains deixaste na humanidade!

****

SENHOR, PERDOA-ME SE ALGUMAS vezes me felicita a ideia de abandonar este fatal desterro. Perdoa-me se quando meu corpo fatigado cai desfalecido te pergunto com melancólica alegria:

"Senhor! Chegou a hora?"

Os homens deste mundo, com suas ambições, suas leis tirânicas, me aterram. A flor da felicidade não se abre na Terra, e eu desejo aspirar seu perfume embriagador: eu desejo uma família doce, amorosa, e neste planeta tenho meu lar em um cemitério.

Lina! Gustavo! E tu, alma de minha alma! A menina pálida dos cachos negros...! Espíritos queridos! Não me abandonem! Deem-me alento, acompanhem-me no último terço de minha jornada. Nós os anciãos somos como as crianças, nos assusta a solidão...!

14

O BEM É A SEMENTE DE DEUS

QUE BELA ESTAVA A tarde! Nem uma nuvem empanava o brilho do firmamento, engalanado com seu manto azul; nem a mais ligeira névoa velava os topos das montanhas, e estas se destacavam no límpido horizonte coroadas de abetos seculares. No fundo do vale pastavam tranquilamente mansas ovelhas; pelos bosques das colinas saltavam e corriam ágeis e travessos cabritos, disputando a vitória em suas ascensões um grupo de alegres meninotes que brincavam com eles.

Reinava na natureza a calma mais aprazível, e o espírito se entregava a essa doce quietude, a essa grata sonolência, na qual a alma sonha desperta; a minha sonhou também. Cheguei à fonte da Saúde, e me sentei junto ao manancial. Sultão se jogou a meus pés, colocando a cabeça sobre eles, e eu me entreguei a pensar na solidão de minha vida, no isolamento íntimo de meu ser, mas a agradável paisagem absorvia minha atenção e apagava de minha mente o tom de amargura que sempre produzem minhas reflexões. Olhava o céu, aspirava o ambiente embalsamado, escutava o rumor das folhas agitadas por um vento suave e dizia para mim mesmo: "Quem diria que sob este céu se podem abrigar dores? Quando tudo sorri! Quando tudo parece murmurar uma bênção!

Paixões humanas! Fujam com seus ódios! Com seu remorso! Suas mesquinhas ambições! Seus prazeres fugazes, e sua intensa dor! Repouse minha alma na contemplação! Alegre-se meu espírito na quietude da natureza! E bendigo a Deus que me concedeu a oportunidade de desfrutar deste bem inapreciável, e fiquei embevecido em místico recolhimento.

****

NÃO SEI QUANTO TEMPO permaneci entregue ao repouso, somente sei que de pronto Sultão se levantou, deu alguns passos, retrocedeu e ficou parado diante de mim em atitude ameaçadora, com a boca entreaberta.

– Sultão, está louco? Que acontece com você? – disse-lhe apoiando minha destra em sua cabeça.

Sultão não me deu atenção, seguiu escutando, e de repente saiu a correr. Segui sua direção com meus olhos e vi aparecer um homem, que ao ver meu companheiro em atitude hostil, o ameaçou com seu bastão.

– Sultão! – gritei! – vem aqui!

O nobre animal voltou pelo caminho andando, mas sem muita vontade de fazê-lo, girando a cabeça e grunhindo surdamente. O desconhecido se acercou, e então reconheci nele um alto dignitário da igreja que me havia feito todos os danos que pôde; ele me confinou na aldeia, e ainda ali me fazia sombra, e mais de uma vez havia intrigado para que me prendessem, acusando-me de conspirador e bruxo. Ao ver-me, me disse com aspereza:

– Você tem ensinado muito mal a seu cão, e creio que venho bem a tempo para educá-lo melhor.

– Sultão possui o olfato muito apurado, e sem dúvida reconheceu quem é você. Assim, pois, deixe meu cão em paz, que não lhe fará dano algum, por que eu o impedirei, mas não o ameace, porque então não respondo por ele, que se à minha voz se torna manso como um cordeiro, somente com seu olhar de desagrado se colocará mais bravo que um leão ferido, que sendo mais leal que os homens, não tem costume de tolerar injustiças.

– Sabe que isto é engraçado? Que para falar com você tenha antes que render-me ao seu cão!

MEMÓRIAS DO PADRE GERMANO | 149

– E creia que vale mais tê-lo por amigo que por inimigo; mas deixemos Sultão, e diga-me em que posso servi-lo.

– Em nada, senão que, cansado da Corte, abrumado de negócios e de assuntos desagradáveis, me ocorreu de vir a esta aldeia para repousar alguns dias. Este o objeto principal de minha vinda.

Ao dizer isto, assentou-se o recém-vindo sobre uma pedra, olhando em todas as direções com notória inquietude. Surpreendi este olhar e disse a Sultão, dando-lhe um toque na cabeça:

– Vigie para ver quem chega e nos avise de qualquer rumor que ouça, por distante que seja – Sultão me olhou fixamente, depois olhou o forasteiro, se voltou a mim e se lançou em vertiginosa carreira, perdendo-se nas curvas do caminho.

– Teme a chegada de alguém? – perguntou-me o recém-chegado, a quem chamarei Lulio.

– Temo por você, não por mim. Li em seus olhos que vem fugido, não de assuntos desagradáveis, mas de uma prisão certa; mas não tema, que muito antes que cheguem os guardas do rei, Sultão nos anunciará sua chegada, e você poderá fugir, nós o esconderemos na cova da ermita.

– Que está dizendo? Você sem dúvida está delirando. Eu não tenho que fugir de ninguém; venho de incógnito porque quero estar tranquilo e quero ser por alguns dias o cura desta aldeia.

– A igreja e a pobre casa você tem à vossa disposição, mas não o confessionário, não a intimidade com meus paroquianos, porque bem sabe, padre Lulio, que você e eu nos conhecemos muito bem. Juntos passamos sua infância e minha juventude; sei os vícios que possui, conheço sua história da mesma forma que a minha; e não permitirei que nesta pobre aldeia você semeie o germe da intranquilidade. Se não vem mais que por capricho, quase me atreveria a suplicar-lhe que desistisse do seu propósito e tomasse outro rumo, mas sim, como creio, vem por necessidade, conte comigo, com meu velho Miguel e com meu fiel Sultão. Já sei que você está em apuros; já sei que um nobre ancião te maldisse e uma pobre mulher adúltera geme em um convento recordando, atormentada, de seu fatídico extravio; já sei que o rei quer fazer com você um castigo exemplar, e começa por confiscar-lhe parte de seus bens; e por mais que queira negar, sei que está sendo perseguido.

– Informaram-lhe mal.

– Pede a Deus que assim seja.

– O que é certo é que estou muito cansado da Corte, e quero ver se este gênero de vida que você leva aqui me agrada, para o caso de me agradar, retirar-me do grande mundo.

– E quanto bem poderia você fazer! Você é rico, de linhagem nobre, tem parentes poderosos dispostos a fazer o bem. Quantas lágrimas poderia enxugar! Quantas misérias poderia socorrer! Para arrepender-se nunca é tarde. Deus sempre acolhe a todos os seus filhos; e creia-me, Lulio, na carreira do sacerdócio não está indo por bom caminho. O sacerdote dever ser humilde sem servilismo, caridoso sem alardes humanitários; deve desprender-se de todo e qualquer interesse mundano, deve consagrar-se a Deus, praticando sua santa lei; ser um modelo de virtudes; desconhecer todos os vícios, que para chamar-se ungido do Senhor precisa ser verdadeiramente um espírito amante do progresso, ávido de luz, de espiritualidade e de amor. Ainda está em tempo: você ainda é jovem, está no auge da vida; não sofreu, e por lei natural, pode trabalhar ainda vinte anos, pode deixar semeada a semente do bem, que é a semente de Deus.

Lulio, que me olhava fixamente, se levantou inquieto, dizendo:

– Algo acontece, o seu Sultão ficou louco – olhei e, efetivamente, Sultão vinha correndo por um atalho, mas com uma carreira tão veloz que parecia impulsionado por um furacão. Instintivamente Lulio e eu saímos ao seu encontro e o nobre animal, ao ver-me, se assentou, apoiando suas patas em meus ombros, depois escavou no solo, ladrando fortemente, correndo em todas as direções, e voltando a escavar.

– Não há tempo a perder, – disse a Lulio – Sultão nos disse que se acercam muitos cavalos, e estes, sem dúvida, vêm em sua busca.

– Não imaginava que chegassem tão cedo – disse Lulio empalidecendo. – Pensei que me dariam tempo para reunir-me com os meus. Que faremos? Se me pegam estou perdido, porque minha cabeça está anunciada aos quatro ventos.

– Não tema; siga-me – e a bom passo nos dirigimos à eremita, des-

MEMÓRIAS DO PADRE GERMANO | 151

cemos pelo barranco, e desaparecemos entre as curvas de um largo caminho que conduzia à Cova do Diabo. Chegamos até o fundo, que era o sítio mais apropriado para estar, pois com o desprendimento de uma rocha, havia ficado uma abertura pela qual penetrava o ar.

– Fique aqui, – disse-lhe – esta noite Miguel ou Sultão lhe trarão alimento, e não tema, peça a Deus que o ampare, e creia que Ele não o desamparará. Farei por você o quanto faria por um filho.

Lulio apertou minhas mãos com efusão. Eu lhe disse:

– Vou-me agora, para não despertar suspeitas nos que chegarem.

Seguido de Sultão, saí da cova muito comovido, porque sentia o peso de uma nova calamidade, mas terrível, porque Lulio na Corte se havia feito odiar por sua astúcia, sua obstinada sagacidade, sua desenfreada ambição, que se fazia mesclar com conspirações atrevidíssimas. Como era muito rico, tinha grande poder, era uma sombra temerosa, era a cabeça de um partido formidável; mas eu, que o conhecia desde criança, sabia que ainda havia algo de bom naquele coração endurecido. Eu me dizia: "Se lhe prenderem, seu furor não terá limites, e se converterá em um tigre sanguinário; se chegam a matá-lo, seus partidários farão uma horrível vingança, enquanto que se eu consigo convencê-lo, quem sabe se ele se arrependeria de seus desacertos, e ainda seria útil à humanidade...!"

E abismado nestas reflexões, cheguei à Reitoria, chamei Miguel, e em breves palavras lhe inteirei do que ocorria, para que caso eu não pudesse me mover, para não inspirar suspeitas, ele pudesse ajudar o fugitivo. Certo é que na culpa está o castigo! Um homem de nobre berço, um príncipe da Igreja, um magnata, dono de inúmeros bens se via reduzido a viver encarcerado por seu mau proceder, já sob minha proteção, ou em poder de seus perseguidores! Infeliz! Quanto pesa a cruz de nossos vícios!

Estas reflexões se assomaram a minha mente. As sombras da noite se haviam estendido por uma parte da Terra; tudo descansava em calma; apenas no coração de alguns homens vibrava mais fortemente a tempestade.

Logo chegou aos meus ouvidos o rumor do galope de muitos cavalos, e em breve a praça da igreja não pôde conter toda a cavalaria que invadiu a aldeia. Subiu o capitão da tropa a meu quarto e me disse que vinha em busca do bispo Lulio. Eu encolhi meus ombros, dizendo que ignorava seu paradeiro, e súplicas, ameaças e oferecimentos, até o ponto de oferecer-me um bonete em nome do rei, tudo foi inútil.

– Veja – disse-me o capitão – que há cinco anos vim em busca de um criminoso que o senhor ocultou, mas agora tenho ordem de que se o bispo não aparecer, o senhor, que é o bruxo desta aldeia, ocupará seu lugar. Eu permanecerei aqui oito dias, removerei pedra por pedra, e lhe repito, se o bispo não aparecer, eu o levarei como refém. Escolha.

Ao ouvir estas palavras senti frio, involuntariamente mirei minha janela, da qual via os ciprestes do cemitério, meu coração ficou oprimido, e teria chorado como uma criança, porque me separar daquela tumba era arrebatar-me a vida, mas refleti, e disse:

– Quem pode ser mais útil neste mundo, Lulio ou eu? Ele, porque é mais jovem, é rico, poderoso, pode fazer muito bem. Seu arrependimento pode ser um manancial de prosperidade e um grande progresso para seu espírito. Na vida não se deve ser exclusivista, o homem não deve ser mais que um instrumento do bem universal. Nada importa o sofrimento de uma alma se redunda no adiantamento coletivo da humanidade. Sejamos um por todos e todos por um.

O capitão me olhava, e não pôde fazer menos que me dizer:

– Lamento. Sinto tirá-lo de sua aldeia, mas trago ordens contundentes.

– Que deve cumpri-las, capitão.

E durante oito dias buscaram a Lulio inutilmente; porque da entrada da Cova do Diabo apenas sabiam na aldeia Miguel, Sultão e eu. Assim é que não aparecendo o perseguido, eu fui em seu lugar, e quando todos os habitantes da aldeia estavam entregues ao sono, me despedi de Miguel e Sultão, daquele animal admirável, cuja inteligência maravilhosa nunca poderei esquecer. Ele, que nunca se separava de mim, ele, que velava sempre enquanto eu dormia, compreendeu que me prestava um grande serviço ficando com Miguel, e uivando dolorosamente, regando com lágrimas minhas mãos, não deu nem um passo para me seguir, permaneceu imóvel no meio de meu quarto, enquanto meu velho Miguel chorava como uma criança. Pobre Miguel!

MEMÓRIAS DO PADRE GERMANO | 153

Quando me vi longe de minha aldeia, senti um frio tão intenso, uma dor tão forte e tão aguda em meu coração, que acreditei que iria morrer. Pensei nela, lhe pedi alento, lhe pedi fé, esperança e coragem para não sucumbir naquela prova; e como se fosse um anjo guardião, instantaneamente me senti mais animado, e me pareceu ouvir uma voz distante dizer:

"Devolva todo mal com bem; cumpra com seu dever." E eu o cumpri. Cheguei à Corte, em conferência com o rei repetidas vezes e em todas nossas entrevistas parecia que se trocavam os papéis: ele parecia ser o súdito e eu o soberano. Com energia eu lhe falava, e com imponência lhe dizia!

– Se quer ser grande, seja bom. As coroas são rompidas pelos povos. As virtudes são mais fortes que os séculos. O mau rei de hoje será o escravo de amanhã. O espírito vive sempre, não se esqueça.

Dois meses permaneci prisioneiro com o rei de Estado, mas muito assistido e muito visitado pelo rei, alma enferma, espírito conturbado que vivia muito só. Fiz o quanto pude para regenerar aquela alma, e em parte consegui.

Uma manhã recebi a ordem de abandonar meu encerro para reunir-me com o rei, que ia caçar nos montes que servem de muralha a minha aldeia. Meu coração bateu forte de alegria; me fizeram subir em uma liteira, e cercado por numerosa escolta, segui a comitiva que ia com o rei, o qual, ao chegar ao meu amado povo, se viu rodeado de todos os seus habitantes, que lhe aclamaram com verdadeiro entusiasmo. E eu, do fundo da carruagem, via aqueles seres queridos, aqueles meninos, meus inseparáveis companheiros, que prostrando-se aos pés do monarca, lhe diziam: "Trouxeram nosso padre?", e se ouvia um protesto indescritível. Alguns suplicavam, outros aclamavam. Eu, a curta distância, sem ser visto, via aquela cena verdadeiramente comovedora. O rei havia colocado o pé no chão, e as crianças e as mulheres o rodeavam, quando se abriu caminho entre a apinhada multidão, uma jovem aldeã, espírito que está em missão na Terra, tão bonita quanto discreta, segundo me contou depois o rei, se acercou deste, e lhe disse:

– Senhor! Os reis são a imagem da Providência quando proporcionam a seus povos os germens do bem. O cura desta aldeia é nosso pai, nosso pai amantíssimo, e um povo órfão lhe pede um ato de clemência. Ele já é um ancião, deixe-o vir entre nós para que possamos fechar-lhe os olhos quando morrer.

O rei me disse que se comoveu de tal maneira ao ouvir a voz da jovem, que para receber seu olhar de gratidão, se dirigiu ao monteiro mais velho nestes termos:

– Traga o padre Germano.

Ao ouvir estas palavras, a jovem exclamou:

– Bendito seja!

E antes que o monteiro, chegou ela ao pé de minha liteira. O que senti ao vê-la não posso expressar, porque minha salvadora não vinha só. Vinha com ela a menina pálida de cachos negros: vi-a como no dia em que me perguntou: "Amar é pecado?" Vi-a com sua coroa de jasmins, com seu branco véu, com seu sorriso triste e seus olhos irradiando amor!

Tão embevecido estava em minha contemplação, que me deixei levar como um menino, sem me dar conta do que se passava, e apenas saí de meu estado de êxtase quando meu fiel Sultão, derrubando tudo que encontrava em seu caminho, chegou até mim.

Que júbilo tão imenso! Que alegria imponderável! Eu muito havia sofrido, mas naqueles momentos, fui esplendidamente recompensado. Há sensações indescritíveis, há emoções inexplicáveis, há segundos na vida, em que cada um vale cem séculos. Tanto e tanto se vive neles...!

O rei permaneceu na aldeia mais de três semanas. Foi ferido durante a caça, e até estar convalescente não pôde voltar a seu palácio; e ao separar-se de mim, compreendi que aquela alma havia começado a sentir, e amava pela primeira vez em sua vida.

Então bendisse meu sofrimento. Benditas, sim, benditas sejam minhas horas de agonia, se nelas pude despertar o sentimento em um grande da Terra.

Quando me vi sozinho, quando me vi livre dos cortesãos, separado de suas tenebrosas intrigas, então respirei melhor, e chamando Miguel, lhe perguntei quando Lulio havia ido embora, e soube com assombro que ainda permanecia na cova, por que não havia querido ir embora sem ouvir meus conselhos.

Miguel, de noite, havia levado-lhe o alimento, e outras vezes Sultão havia levado entre seus dentes o cesto, em seu lugar. Esperei a noite para que ninguém me observasse, e então fui com Sultão até onde estava Lulio, que ao me ver se jogou em meus braços, e permanecemos abraçados um longo tempo, enquanto Sultão acariciava os dois.

– Saiamos daqui – disse-lhe – e enlaçando meu braço a sua cintura caminhamos até sair da cova, e nos assentamos nas ruínas da ermita.

– Como é grande minha dívida para com você, padre Germano! – disse-me Lulio em tom comovido – quanto aprendi nestes três meses que permaneci oculto dos olhares dos homens! Quase todas as noites vim a este lugar para esperar Miguel. Sultão já gosta de mim; durante o dia passava longo tempo ao meu lado, e como uma pessoa, me olhava e se lhe caíam as lágrimas, dizendo-me com elas: "Você tem a culpa". Durante minha enfermidade, que fiquei enfermo mais de um mês, só lhe faltava falar. Ele pôs de lado sua raiva e foi meu fiel guardião. Por Miguel fiquei sabendo o quanto você sofreu, e ainda que ele me dissesse: "Vá-se embora!" e me oferecesse um hábito para disfarçar-me, eu não quis ir antes de vê-lo, porque quero seguir estritamente seus conselhos.

– Lulio, segue antes de tudo os impulsos de seu coração.

– Pois bem. O impulso de meu coração é seguir pela senda que você me traçou.

– Então escute-me. Com sua conduta passada apenas conseguiu que procurem sua cabeça e lhe ponham diversos preços. A mim me ofereceram o bonete se o entregasse, e se a tal preço houvesse alcançado colocar-me o chapéu vermelho, teria abrasado minha cabeça todo o ferro candente que encerra o universo. Preferi morrer se houvesse sido necessário, porque minha morte teria sido chorada pelos pobres de minha aldeia, mas a sua teria sido vingada de uma maneira cruel; e sempre no mundo, para trabalhar, devemos reflexionar e fazer aquilo que seja mais vantajoso para a humanidade. Se você se vai e se põe a frente dos seus, apenas conseguirá ser objeto de uma perseguição sem trégua, e morrerá maldizendo o maldito; se, pelo contrário, deixa o país, vai a outra nação e exerce o sagrado ministério em um povo distante; se você se crê uma família entre os anciãos e as crianças, se consegue que desejem sua presença entre quantos o rodeiam, ao final de algum tempo viverá ditoso, que também se encontra a felicidade quando sabemos buscá-la.

– Você é feliz aqui?

– Como sacerdote, sim.

– E como homem?

– Não. Porque o sacerdote católico, apostólico e romano, se cumprir com seu dever, tem de viver sacrificado, tem de truncar as leis da natureza, romper estes laços divinos que unem o homem a uma esposa querida, com filhos amados. Eu não quis o casamento de uma qualquer, nem deixar filhos espúrios, e me sacrifiquei por uma religião que mortifica e escraviza o homem sem engrandecer seu espírito. Invejei os reformadores, mas não tive coragem para seguir sua reforma, e vivi para os outros, mas não vivi para mim; assim é que como homem não desfrutei das afeições da vida, mas como pai de almas enxuguei muitas lágrimas, e tenho a íntima satisfação de ter evitado algumas catástrofes. Dois caminhos você tem diante de si: a igreja reformista e nossa igreja. Em ambas pode professar se souber amar e sofrer.

– Estou cansado de lutas, padre Germano; tratarei de viver como você vive, meu espírito necessita de repouso e de esquecimento. Nestes três meses eu aprendi muito; tive, não sei se alucinações ou revelações, mas eu ouvi distintas vozes de almas errantes que me diziam: "Desperta! Aprende! Sua vítima lhe serve de professor! Você lhe fez tanto mal quanto pôde, e ele salva-o expondo sua cabeça."

E estas palavras, padre Germano, me fizeram pensar e meditar com maturidade.

– Já lhe disse, Lulio: ao sacrificar-me por você, não pensei mais que em evitar derramamento de sangue e violência partidária. Eu não faço mais que espalhar a semente do bem, porque o bem é a semente de Deus.

– Eu a espalharei também, eu irei apagar com minhas boas obras as iniquidades do meu passado.

Alguns dias depois se foi Lulio disfarçado de frade, e um ano depois me enviou um emissário com uma carta que dizia assim:

"Quanto tenho que agradecê-lo! Como sou feliz neste recanto em que vivo! As crianças já me buscam como buscam a você, os anciãos já me pedem conselhos, os pobres já me bendizem! Porque os bens que pude salvar do confisco empenhei em melhorar a triste sorte destes infelizes, que não se alimentavam mais que de pão negro, e hoje, graças a minha solicitude, desfrutam de uma alimentação abundante e saudável. Penso tanto nos outros que não me lembro de mim. Como é grande minha dívida com você, padre Germano! Bendito seja! Bendito seja o homem que me fez compreender que o bem é a semente de Deus!"

Esta carta me encheu de satisfação, desta satisfação profunda que experimenta a alma quando vê florescer a árvore da virtude; e me alegrei ainda mais quando recebi uma longa epístola de meu soberano, na qual me pedia conselhos para alguns assuntos de Estado, e terminava dizendo:

"Em breve irei fazer-lhe uma visita, mas incógnito; tenho que falar com você; tenho que confessar-lhe o que hoje sente meu coração. Você me falou do amor da alma, e hoje minha alma se agita entre recordações e esperanças, entre reminiscências e pressentimentos de um imenso amor; e ou muito me engano ou já sou mestre em amar."

Estas duas cartas me fizeram reflexionar muito. Fui à tumba dela e ali voltei a ler e ali bendisse à Providência por ter tido abnegação bastante para esquecer grandes agravos e entregar-me ao sacrifício, pois quando deixei minha aldeia pensei não voltar a vê-la, pensava que minha cabeça cairia no lugar da de Lulio e, com minha resolução, dei luz a duas almas, dois espíritos rebeldes foram dominados por meu amor, por minha vontade e fé.

Grande foi minha angústia, impiedosa minha incerteza, mas benditas, sim, benditas minhas horas de agonia, se com elas resgatei a dor dos homens, da escravidão do pecado.

15

A MULHER É SEMPRE MÃE

Como passam os anos! Parece que foi ontem! Eu dormia tranquilamente em um canto da Reitoria quando me despertaram os latidos de Sultão e as alegres risadas de um homem de bem que brincava com meu cão como um menino: as almas boas sempre são risonhas e expansivas. O mais rico proprietário de terras de minha aldeia abraçou-me dizendo:

– Padre, padre, que feliz eu sou... Eu já tenho uma filha... ela é linda...! Ela tem olhos tão grandes... eles parecem duas estrelas! Eu venho para que o senhor a veja, que batizá-la não pode ser até amanhã, que meu irmão chegará, ele é o padrinho.

Saí com o bom Antônio. Chegamos a sua casa, e ele me apresentou uma menina lindíssima, com olhos admiráveis. Tomei em meus braços a recém-nascida, e senti em todo meu ser uma dulcíssima sensação, melhor dizendo, inexplicável. Olhei fixamente para a menina, e lhes disse:

– Podem ficar felizes de sua sorte, porque ou muito me engano, ou sua filha será um anjo na Terra.

Maria, sem dúvida, foi e é um ser celestial. É tão boa!...

No dia seguinte, minha velha igreja se vestiu de gala, seus vetustos altares se cobriram de flores, seus enegrecidos muros, de verde folhagem; todas as crianças invadiram o templo, levando em sua destra, ramos de oliveira; e a filha de Antônio entrou na casa do Senhor sob os auspícios mais formosos.

Tudo respirava alegria, inocência e amor. Quantos pobres chegaram aquele dia ao povoado, todos foram generosamente socorridos; e o batismo de Maria foi um dos acontecimentos mais célebres da simples história de minha aldeia.

Bem fizeram seus pais em celebrar sua vinda, porque Maria trouxe uma grande missão a este mundo, trouxe a missão de amar incondicionalmente.

Maria é dos poucos seres que vi cumprir as leis do Evangelho.

A mulher, dotada geralmente de grande inteligência, a que demonstra um grande sentimento, se pode dizer que sempre é mãe, porque sempre ampara aos desvalidos e intercede pelos culpados, e Maria é e sempre foi a caridade em ação.

Que alma formosa! Ela adoçou com seu filial carinho as grandes amarguras de minha vida; ela cuidou com o maior esmero das flores de minha tumba adorada; e ela, há poucos dias, me deu a notícia mais grata que eu podia receber neste mundo, compreendendo ela perfeitamente o imenso bem que me fazia.

Estando uma tarde ela e eu no cemitério, me disse com triste e significativo sorriso:

– Padre Germano, quando se vai ficando egoísta, seu corpo se inclina para frente, olha muito para o chão. É que se quer ir embora deste mundo?

– Se é para ser franco, filha minha, aguardo esta hora com íntima alegria, e às vezes até com febril impaciência.

– E não sabe que quando se for, eu terei muito mais trabalho, que em vez de uma tumba, eu terei que cuidar de duas? Mas eu cuidarei disto de modo que de um tiro mate dois pássaros, porque os enterrarei aqui juntos – e me indicou a tumba dela – e deste modo cuidarei de todas as flores sem me fatigar.

Ao ouvir esta promessa, ao ver que cumpriria meu oculto desejo, desejo veementíssimo, que eu não me havia atrevido a manifestar, senti um prazer tão profundo e uma admiração tão imensa por Maria, que com tanta delicadeza me fazia saber onde me enterraria para que descansasse em paz, que não pude menos que estender minha destra sobre sua cabeça, dizendo em tom comovido:

– A mulher sempre é mãe, e você é mãe para mim. Você compreendeu toda minha história; você me dá a certeza da única felicidade possível para mim, que é dormir meu último sono junto aos restos de um ser amado. Como sou feliz, Maria! Como é grande minha dívida consigo!

– Muito maior a minha para com o senhor.

– Não, Maria, nunca, nunca lhe falei de seu valor porque conheço seu caráter, e como nunca na Terra estamos no meio justo, tanta modéstia chega às raias do exagero, quase uma espécie de fanatismo; mas hoje, que estou preparado para empreender uma longa viagem, hoje que me despeço de você, sabe Deus até quando, justo é, Maria, que falemos tranquilamente, que talvez nos dias que me restam para estar entre vocês não tenhamos tão boa ocasião como agora.

– Mas o que ocorre, o senhor se sente enfermo? – perguntou-me com visível angústia.

– Enfermo precisamente, não; mas muito fraco, sim, e vejo que ao passo que vou, não tardarei muito em prostrar-me, e ao cair enfermo, raramente estaremos sozinhos, ou melhor dizendo, nunca. Já que os que se vão se confessam, eu me confessarei consigo; e você me dirá suas agruras, talvez por última vez. Vamos à fonte da Saúde e ali nos sentaremos, que a tarde convida – e juntos saímos do cemitério.

Que linda estava a tarde! Maria e eu nos sentamos e permanecemos em silêncio, olhando os cimos das distantes montanhas coroadas de abetos seculares. Depois, olhei minha companheira e lhe disse:

– Filha minha, estou satisfeito com seu procedimento. Quando criança, humilde, simples e carinhosa; quando jovem, sempre amável, decente e discreta; e hoje que vai entrar na idade madura, é digna, ponderada e partidária do progresso. Na profunda solidão de minha vida, tem sido verdadeiramente meu anjo tutelar: quando chorava, quando havia momentos em que meu espírito desfalecia, e meu templo me parecia uma sepultura, via você entrar nele, e então pedia a Deus que perdoasse meu rebelde espírito, e em seu luminoso olhar, lia uma frase que dizia: "espera!" Dois amores senti em minha vida: a você amei como se houvesse querido a minha mãe e a minha filha e ela, a menina dos cachos negros, a tenho amado como se ama na primeira ilusão, lhe rendi culto à memória, e me agrada a ideia de morrer, apenas para encontrá-la, ainda que, ao mesmo tempo, sinta ter que lhe deixar e apartar-me dos pobrezinhos de minha aldeia, se bem que confio que eles ainda terão a você. Mas seu gênero de vida não me satisfaz, filha minha, pois vive muito só; seus pais, por lei natural, deixarão a Terra antes de você; e eu queria deixá-la comprometida com um homem, que mais de um conheço eu, que a ama e respeita, e esse mesmo respeito lhes têm impedido de dirigir-se a você; e já que de mim recebeu a água do batismo, queria deixá-la unida com um homem de bem. Queria, em nome de Deus, bendizer seu matrimônio.

Maria me olhou fixamente, sorriu com tristeza, e me disse com dulcíssimo tom:

– Padre Germano, o senhor me disse muitas vezes que a mulher sempre é mãe quando sabe sentir e perdoar, quando sabe pedir pelo culpado, quando balança o berço das crianças órfãs. Eu amo muito a humanidade, muitíssimo; me interessam todas as dores, me comovem todos os infortúnios, me atraem todos os gemidos, e encontrando-me tão disposta ao amor universal, creio que seria egoísta de minha parte, se me consagrasse unicamente a fazer a felicidade de um homem.

– Mas, você vive feliz?

– Não sei.

– Creia-me, Maria, eu também amo a humanidade. Bem sabe que mais de uma vez expus minha cabeça para salvar a vida de um infeliz, mas depois de amar a todos os homens em geral, a alma necessita (ao menos neste planeta) de algo singular. Sem um amor íntimo não se pode viver e você não tem esse amor, Maria.

– Sim, eu o tenho, padre, eu o tenho.

– Ah! Também tem guardado segredos para mim?

– O mesmo que o senhor. Nunca me havia dito até agora que amava a menina dos cachos negros. Eu já o sabia, e me compadecia do senhor com toda minha alma, e para não aumentar suas dores, não quis contar-lhe as minhas; mas, confissão por confissão, lhe direi que eu tenho sonhado, como sonham todas as mulheres, e encontrei a realidade de

MEMÓRIAS DO PADRE GERMANO | 163

meu sonho, mas me é tão impossível me unir ao amado de minha alma, como o foi para o senhor unir-se com a menina pálida, a de coroa de jasmins brancos.

– Ele tem outros laços?

– Sim, tem outros laços que aprisionam o corpo, mas que deixam livre a alma, assim é que me ama, ainda que não me tenha dito, mas seu pensamento está sempre fixo em mim. E eu o amo com esse amor do espírito, desprendido de egoísmo, e exclusivamente terrenal; esse amor que aceita o sacrifício e se encontra disposto a fazer progredir o ser amado e saberei cumprir com meu dever como o senhor cumpriu o seu. Aprendi com o senhor. Por isso, quando me dizia no cemitério que me devia muito, lhe disse que mais devia eu, porque lhe devo a tranquilidade de minha consciência, e lhe deverei o progresso de um espírito muito enfermo. Creia-me, o cura de uma aldeia é o padre espiritual de uma grande família, e em seu bom exemplo aprendem seus filhos; de minha parte, aprendi com o senhor.

– Não, Maria, não; você trouxe já boníssimos instintos. Me lembro quando não tinha mais que cinco anos, e estando uma noite na Reitoria, me chamaram atribuladamente, e entrou um pobre homem com um menino coberto de farrapos. Você, ao vê-lo, lhe acariciou, e o levou consigo, e quando ninguém olhava para você, se desnudou, e pôs seu vestido no menino, e se envolveu com seus farrapos. Um ano depois vieram alguns pobres titeriteiros, e às crianças que eles traziam, lhes deu toda sua roupa.

– Concordo que eu tivesse bons instintos, mas meu sentimento se despertou observando suas ações; e como eu o via dar sua roupa, dizia: "como ele o faz, todos lhe devemos imitar." A criança, em geral, não tem grande iniciativa; ela executa o que vê o outro fazer; por isso é tão necessário tentar ser bom, não só por nós mesmos, mas principalmente pelos outros. O homem é um espelho no qual se miram as crianças.

– Pois pelo mesmo motivo que tão bem compreende a missão do homem na Terra, eu queria que você formasse uma família, porque seus filhos seriam um modelo de virtude.

– Desista de seu empenho, padre Germano, não pode ser, ademais que nos planos que tenho, se logro realizá-los, não terei filhos de meu corpo, mas sim de minha alma, porque fundarei hospitais para anciãos, casas de saúde para crianças, colégios de correção para as pobres jovens abandonadas no lamaçal do vício, asilos para os cegos, e quando deixar a Terra, irei buscar-lhe para perguntar-lhe se está satisfeito comigo.

– Filha minha, sua missão é muito grande, e, verdadeiramente, os que vêm como você, não vêm para ser intimamente felizes, porque a felicidade terrena tem muito de egoísta.

– Eu não sei a que vim, padre Germano, mas posso lhe dizer que sempre sonhei em fazer o bem, que lhe quis bem, porque sempre o vi disposto a sacrificar-se pelos outros e me propus secundar sua grande obra. Algumas vezes, como se sonhasse, via olhos grandes fixos em mim. Um dia, este povoado chorava sua ausência, chegou um homem e corri a seu encontro para pedir-lhe sua liberdade. Eu o olhei e ele fez o mesmo, e vi que os olhos daquele homem eram os que eu via em meus sonhos, e desde aquele instante, me dei palavra de ser mãe sem filhos do corpo, e que todas as crianças órfãs que eu conhecia seriam os filhos de minha alma. O senhor me disse muitas vezes que o homem não tem mais alegria que aquela que conquistou em vidas anteriores. O senhor e eu, sem dúvida, ontem miramos com criminosa indiferença o santuário do lar doméstico, e por isso, hoje, consumiu sua vida, e eu consumirei a minha sonhando com essa existência divina, com esse olhar embriagante de uns olhos amantes que prometem uma eterna felicidade.

– Tem razão, Maria, temos o amanhã.

E sentindo-me fatigado, voltei à Reitoria, dando-me muito em que pensar a confissão de Maria, pois se bem eu havia compreendido o rei a amava e ignorava que ele fosse a realidade de seus sonhos, e vejo neste amor mútuo um algo providencial. Este amor não é de hoje. A alma de Maria é grande, muito grande, e a do rei é pequena, muito pequena, e não podem se fundir estes dois espíritos em um, puramente pela atração atual. Como? Se são duas forças que se repelem na atualidade? O amor dela não pode ser impossível ao homem, será mais sua compaixão ao espírito. É que neste mundo, como não se vê mais que a parte infinitesimal das coisas, a tudo se lhe dá o nome de amor; e quantas vezes as paixões daqui não são mais que expiações dolorosas, saldos de contas, e obsessões terríveis nas quais o espírito quase sempre é vencido na prova, sendo a mulher a que mais sofre, porque é um ser sensível, apaixonada, compadece-se prontamente e olvida muito tarde. Por isso não tenho dúvidas em afirmar que a mulher sempre é mãe, porque a mulher sempre ama. Quando criança é mãe de suas bonecas; quando jovem é mãe das flores e das aves que cuida amorosamente; e quando ama é mãe do homem, porque, por ingrato que este seja, ela sempre lhe desculpa, e quando reconhece sua falta, compadece-se dele e o perdoa. Conheço tanto a mulher!... No confessionário se sabe de tantas e tantas histórias!... E, mesmo a contrafeita, fui confidente de tão íntimas dores, e vi mulheres tão bondosas, que não é estranho que, às vezes, o sacerdote seja débil.

Que contrassenso! Que anomalia! Que insensatez! Eles nos dizem: Fuja da mulher! E ao mesmo tempo, apodere-se de sua alma, dirija seus passos, desperte seus sentimentos, leia em seu coração como em um livro aberto, abstenha-se de amá-la, porque é pecado. E o impossível não pode formar leis, por isso tem existido e existirá o abuso; e enquanto as mulheres se confessem com os homens, enquanto exista esta intimidade, será dificílimo o progresso de umas e o avanço dos outros.

Não peçamos aos homens que deixem de sentir se desenvolvendo o sentimento, que nada são os hábitos nem os votos ante a doce confidência de uma mulher.

Leis absurdas! Vocês criaram o escândalo porque quiseram truncar as leis inamovíveis da natureza!

Quanto se escandalizaram com a teoria das tentações! E quantas existências se esgotaram em favor de um sacrifício estéril...!

Desunir o homem e a mulher, quando são dois seres que devem amar-se e regenerar-se com seu amor!

Oh! A mulher... a mulher é sempre mãe; porque a mulher... a mulher sempre é bondosa!

16

O MELHOR TEMPLO

SENHOR! SENHOR! QUANTO SE abusa de teu santo nome! O nome de Deus é uma mina que todos os sacerdotes do mundo vêm explorando a seu bel-prazer!

Desde a noite dos tempos mais remotos serve o nome de Deus para atemorizar os crédulos, para atrair os incautos ao jugo sacerdotal, para dominar os ignorantes e quase nunca para demonstrar a verdade.

O que é a história religiosa? Uma coleção de fábulas. Que são as religiões? A princípio tudo são lagos de águas cristalinas, que depois se convertem em charco lamacento, porque entre a exploração das misérias humanas e a ideia maior, fica reduzido a uma lenda milagrosa, a uma história de aparecidos, e uma imagem que pede um templo quase sempre próximo de um manancial. Este é o resumo de todas as religiões e esta soma total representa um algarismo sem valor algum, todos são zeros sem uma unidade que forme quantidade, nada de nada!

Oh!, Senhor! Se eu não te adorasse em tua imensa obra, e eu ao contemplar o espaço, não sentisse bater meu coração, e em minha mente não germinassem os pressentimentos da imortalidade de meu espírito; se eu, ao admirar a esplêndida natureza, não te servisse irradiando na Criação como irradiam os sóis nos espaços infinitos; se não sentisse teu hálito divino na torrente que cai e no suave perfume da flor silvestre; se

168 | AMÁLIA DOMINGO SÓLER

não compreendesse que se existo é porque o Senhor me criou, eu perderia a fé que me alenta quando recebo instruções de meus superiores.

****

A ÚLTIMA CARTA QUE recebi gelou o sangue em minhas veias. Entre outras coisas, me dizia o seguinte:

"Estamos muito contrariados com você, porque a igreja militante nada lhe deve, você é um soldado inútil para o sustento da grande causa. A única coisa que você fez foi fazer entrar no redil algumas ovelhas desgarradas, mas também é certo que esta aldeia nada lhe deve. Quando entrou nela sua velha igreja caía aos pedaços, e você ajudou em sua total demolição; pois você é um mau sacerdote, porque a primeira coisa que deve procurar um vigário de Cristo é embelezar a casa de Deus; se a igreja é de ladrilhos, procurar que se faça de pedra, e se for possível, que se empreguem em sua construção, mármores dos mais finos, colunas de jaspe e estátuas de alabastro para embelezar suas capelas, e a estas casas de oração se lhes procure uma renda, que em nada melhor podem empregar os fiéis suas economias, que no culto e serviço de Deus. E, lhe repetimos, estamos muito descontentes com você, porque não escuta nem as vozes dos homens, nem os avisos do Altíssimo.

"Você tem um manancial milagroso perto da igreja, e essas águas salutíferas são um chamamento que Deus lhe faz, para que reedifique sua casa, que a indiferença dos homens (inclusive a sua) deixa cair, e converte em ruínas o lugar sacrossanto da oração, o asilo sagrado dos pecadores, o refúgio bendito dos atribulados, o único porto dos aflitos.

"Sua igreja está caindo, suas velhas paredes denunciam ruína, e você a deixa, porque não ama Deus; mas em consideração a que peca talvez sem saber, se você quiser voltar à nossa consideração, faça um chamamento a seus paroquianos, diga-lhes (e não mentirá) que os inspiradores de Deus os ordenam reedificar a casa do Altíssimo, e diga-lhes também (que é conveniente) que você teve uma revelação, e que nela lhe fizeram uma promessa: que o manancial da Saúde dará alívio a todos os enfermos dessa aldeia e a quantos cheguem em peregrinação ao santuário que reedificará, porque Deus dá cento por um quando d'Ele se lembram...

"Deste modo você servirá a Deus e ao mundo, porque dará vida a esta aldeia que em lugar de peregrinação se converta em local de recreio, e, à sombra protetora da religião, os desertos se transformam em jardins, em oásis os terrenos baldios, porque a graça de Deus abranda as pedras, e as rochas duras se transformam em terra macia.

"Faça como mandamos, pois do contrário nos veremos obrigados a declará-lo um mau servo de Deus, nome que em realidade merece, porque nada faz em proveito da Santa Causa."

Que nada faço em proveito de tua Santa Causa, Senhor, me dizem meus superiores, mas acaso Tu necessitas do auxílio dos homens, ou os homens não podem viver sem o teu auxílio?

O Autor de toda a criação precisa do homem para glorificá-lo, ou para glorificar seu próprio trabalho?

Toda carta exige resposta, e eu respondi a meus superiores o que transcrevo a seguir:

"Senhores: Vocês me acusam de ser mau servo de Deus, e lançam um princípio falso, pois apenas os tiranos têm servos, e como Deus ama a todos os seus filhos sem exceção, não pode ter servos aquele que nunca foi tirano. Deus não quer os homens de joelhos em inação beatífica; Ele os quer de pé, de olhos postos no infinito!

"Vocês dizem que deixo que a velha igreja de minha aldeia comece a sentir a enfermidade da decrepitude, e que seus negros muros tremem com o frio de centenas de invernos.

"Dizem-me que não cuido da casa do Senhor...! E acaso o Senhor necessita destas escuras cabanas, quando tem por casa o Universo?

"Qual melhor templo querem que a Criação?

"Por lâmpadas existem sóis.

"Por altares existem mundos.

"As aves entoam o hino de louvor.

"As flores são os belos incensários que lhe oferecem seu doce perfume.

"O verde musgo é a mais bela almofada.

"As margens dos mares são os melhores lugares de oração.

"O oceano é o melhor monastério, porque os navegantes são os monges, que mais se acercam de Deus.

"De que lhe servem as casas de tijolo comparado ao que tem sua casa nos inumeráveis mundos que giram eternamente nos espaços infinitos?

"Templos da Terra, frágeis como todo o terreno! Não darei um passo para reedificá-los, porque sob suas abóbadas o homem sente frio!

"Cristo escolheu os cimos dos montes e os frágeis barcos para suas pregações, e com isso nos quis provar que a catedral do Espírito Santo não necessitava se levantar em nenhum lugar privilegiado; que para anunciar aos homens o reino da verdade na época da justiça, bastava que houvesse apóstolos do Evangelho: não há necessidade de casas de pedra nem locais de oração, o que falta são homens de fé, que tenham fogo no coração e faíscas de amor em sua mente; mas esses espíritos são úteis a si mesmos, não a Deus.

"Deus em nada necessita dos homens.

"Quando alguma vez a luz reclamou apoio da sombra?

"Quando o Oceano pediu às nuvens uma gota de orvalho?

"Quando os mundos necessitaram do apoio de um grão de areia?

"Como, pois, Deus, que é maior que toda a criação, há de necessitar que o homem da Terra lhe dê sua adoração forçada?

"Àquele que é tudo, não lhe falta nada de ninguém. Não peçam casas para Deus, que vocês se assemelham ao louco que queria guardar em um grande cesto os revigorantes raios de sol.

"Não esperem que eu dê um passo para reedificar minha velha igreja; me ocupo de levantar outros templos mais duradouros. Sabem quais são? São os espíritos de meus paroquianos, as almas destes simples aldeões, que haverão de voltar à Terra tantas vezes quantas necessite o progresso de seu espírito.

"Ensino-lhes a amar a Deus acima de todas as coisas, e ao próximo como a eles mesmos; lhes preparo para a vida espiritual, lhes falo desse mais além, não esse que supõe a Igreja, mas o que nos dita a razão.

"Inicio-lhes nos mistérios da imortalidade, lhes falo da vida do espírito, dessa formosa realidade. Ensino a rezar nos vales, nas coli-

MEMÓRIAS DO PADRE GERMANO | 171

nas, no fundo dos abismos, quando se reúnem em torno de seus lares, quando alimentam seu corpo, quando se entregam ao repouso, quando se despertam para o trabalho, lhes faço pensar constantemente em Deus, e minha pequena grei não reza com os lábios, ora com o pensamento sempre fixo no bem, por isso meus paroquianos não necessitam ir à igreja para rezar, porque cada qual tem um templo em seu coração.

"Creiam-me, senhores; a missão do sacerdote é educar o homem para o porvir, não para o presente. Nós o sabemos, somos os iniciados, porque nossa vida contemplativa e estudiosa nos permitiu escutar as vozes dos que se foram, e sabemos que as almas vivem, e que os templos de pedra não são os lugares prediletos do Senhor.

"Deus não tem preferência, cria a humanidade para o progresso, e a deixa livre para progredir.

"Os tempos estão chegados! Os espíritos de luz encarnarão na Terra, e nós, os vigários de Cristo, somos encarregados de preparar os homens para a nova Era. Nós temos a luz; não a escondamos sob o alqueire, que amanhã nos pedirão conta do mau uso que fizemos de nossos conhecimentos.

"Querem que faça passar por milagroso o humilde manancial que existe em minha aldeia; vocês me propõem uma torpe impostura, e eu não sirvo para tão nobre causa com meios tão imorais!

"Eu deixarei a minha aldeia pobre, muito pobre; mas seus moradores me bendirão quando eu deixar este lugar de trevas, e se encontrarão serenos e tranquilos ante a eternidade.

"Eu, se puder, antes de ir-me deste vale de lágrimas, erguerei uma casa, não para Deus, porque este não a necessita; a quero para os pobres, para os mendigos atribulados, para as crianças órfãs, os idosos enfermos, para todos aqueles que tenham frio na alma e decadência no corpo.

"Creiam-me senhores; vocês não vão por um bom caminho: o verdadeiro sacerdote deve instruir o povo, deve iniciá-lo nos mistérios da vida, deve apresentar-lhe a eternidade como esta é. Eu estou decidido a cumprir minha missão, e nem a rogativa nem a ameaça me farão desistir de meu nobre empenho.

"Façam o que quiserem, destruam meu corpo, que é tudo que podem fazer; porém, restará meu espírito, e não me faltará com quem comunicar-me na Terra, para seguir dizendo aquilo que lhes digo hoje: que o melhor templo de Deus é a Criação."

****

DISSE-LHES ISSO. QUE FARÃO de mim? Não sei. Se me tiram a vida, quase me farão um bem. Assim a verei mais logo! A menina pálida, a de cachos negros!

Perdoa-me, Senhor, sou egoísta; me esqueço dos pobres de minha aldeia...! Que ingrato é o homem! Não quer viver mais que para si mesmo, quando deve viver para os outros.

17

UMA VÍTIMA A MENOS

GRAÇAS, SENHOR, GRAÇAS MIL por ter-me permitido salvar uma menina de uma vida de suplício...! Inocente criatura! Que culpa tem ela dos devaneios e desacertos de sua mãe? As faltas dos pais não caem sobre a quarta e quinta geração, não. Deus é justo, Deus é maior.

Manuscrito querido, amigo inseparável de toda minha vida, única herança que deixarei para o mundo! Se o conteúdo de suas folhas amareladas serve de algum ensinamento, me darei por satisfeito de haver depositado em você as impressões de minha alma.

Velho livro, meu companheiro! Você é meu confessor; a você conto tudo o que faço, tudo o que penso; você é o espelho de minha existência, assim é que devo confiar-lhe nova história à qual dei desenlace.

****

HOJE COMPLETAM OITO MESES que, estando eu no cemitério, chegou então o velho Miguel a dizer-me que uma senhora e uma jovem me esperavam na igreja. Me dirigi ao templo, e saiu ao meu encontro a dama que me aguardava. Olhei-a, e reconheci nela uma antiga pecadora que vinha de vez em quando para me confessar seus pecados, que sempre fazia propósito de corrigir-se, e sempre reincidia, pois o que na infância se aprende nem na velhice se esquece.

174 | Amália Domingo Sóler

Olhei para ela, que me disse:

– Padre, hoje estou determinada a corrigir minhas faltas, tenho que falar com o senhor por um longo tempo.

– Disseram-me que não veio sozinha.

– Não, Angelina me acompanha, e enquanto nós conversamos, não queria que ela estivesse na igreja. Ela poderia ouvir o que não é conveniente que saiba.

– Se a senhora quiser, iremos todos ao horto. Sua companheira pode ficar passeando, e nós subimos aos meus aposentos, onde ficaremos tranquilos, sem que ninguém nos escute.

– Muito bem pensado – disse a condessa (que minha interlocutora pertencia à mais antiga nobreza). – Venha, Angelina.

Esta, que estava prosternada ante o altar maior, se levantou apressadamente, e veio reunir-se conosco. Se parecia tanto, tanto com a condessa, que o mais tolo haveria conhecido o íntimo parentesco que as unia. Não havia mais dúvida que Angelina era um anjo que ainda conservava suas asas, e sua mãe era uma Madalena sem arrependimento, afogada no lamaçal do vício.

Saímos os três da igreja, e entramos no horto. Chamei Miguel, lhe encarreguei de separar-nos de Angelina, e subi com a condessa a meu aposento, a fiz sentar-se, me sentei frente a ela e lhe disse:

– Falemos.

– Começarei por pedir-lhe perdão de ter demorado tanto tempo em vir.

– Já lhe disse outras vezes que não há homem algum no mundo que tenha direito nem de perdoar nem de condenar. Deus não tem na Terra nenhum delegado visível; o último que teve, já se foi há alguns séculos.

– Desde logo posso ver, padre, que segue sendo tão original como de costume, negando aos sacerdotes as atribuições que Deus lhes concedeu.

– Os sacerdotes têm as mesmas atribuições que os demais homens: têm obrigação de cumprir com seu dever, isto é tudo. Podem aconselhar, e isso farei com a senhora. Sempre que vier lhe aconselharei, e lhe direi minha opinião, e logo a senhora, em uso de sua livre vontade, seguirá a trilha que melhor lhe pareça, que não vem fazendo outra coisa desde que a conheço, e por certo que já há muitíssimos anos.

– É verdade, padre, é verdade, e quem dera houvesse seguido seu conselho na primeira vez que vim vê-lo!

– É certo. Se tivesse me obedecido, não haveria vindo ao mundo Angelina, ao menos, sendo a senhora sua mãe. Pobre menina!

– Como? Que diz? Quem lhe falou?

– Quem me haveria de dizê-lo? Se bem que eu já o sabia; ela mesma, em seu precioso semblante leva sua fé de batismo.

– Oh! Está certo, e acredito que é uma fatalidade, porque isso me obriga a me separar dela e fazê-la professar, por mais que esse estado ela o rejeite em absoluto, toda a ousadia de suas ideias, e até mesmo a sua saúde, mas, que remédio. As falhas dos pais recaem sobre os filhos, e ela, finalmente, como filha do pecado, é até justo que se ofereça como uma vítima propiciadora.

– Não, em tal caso, a senhora deve se oferecer, que foi quem cometeu o pecado, pois na justiça de Deus, não pagam os justos pelos pecadores, mas deixemos agora este assunto e diga-me o que pensa fazer.

– Já sabe que em minha juventude sucumbi, porque amei, e posso dizer que o pai de Angelina foi meu único amor.

– Não profane o amor, senhora; o amor é maior que um desejo satisfeito. Na senhora nunca existiu mais que o desejo. O marquês, sim, a amou.

– Com loucura, é verdade.

– E ele continua na Corte, como sempre?

– Sim, está na Corte.

– Se casou?

– Não; permanece solteiro.

– Falam-se de vez em quando?

– Quando não há outra solução, mas ele me odeia.

– Não é estranho, a senhora foi tão infiel... E não tentou ver Angelina?

– Crê que está morta.

– Como?

– Era-me conveniente separar-lhe completamente de mim; essa menina seria uma arma muito poderosa se houvesse estado em seu poder, que isso era o que ele queria, mas eu cortei todos os elos de ligação e a fiz passar por morta, encerrando Angelina em um convento, e faz um ano que saiu da clausura, porque segundo pude observar, ali haveria morrido de estiolamento. De nenhuma maneira pretende voltar ao convento, parte-me o coração escutá-la, mas não há outro remédio. Tem que ser monja. E falei: o melhor é que se lhe leve ao padre Germano. Ele a convencerá e conseguirá com doçura o que eu não quero conseguir pela violência, porque me disse que se mataria se eu voltasse a encerrá-la, e como já outras sombras me perseguem... não quero que a alma de Angelina me persiga. Por isso, padre Germano, que aqui lhe trago uma carta de doação em toda regra de meu castelo e aldeia de São Laurêncio, estendida a seu favor, que justo é que eu pague por tão destacado serviço. Faça com que Angelina professe, que se o senhor se empenhar, ela professará; o senhor é minha última esperança. Meu marido e meu irmão voltam de viagem à Terra Santa. Angelina me atrapalha, e é preciso tirá-la de seu meio.

– E a senhora diz que ela não quer a vida monástica?

– Não, não quer, mas que se pode fazer? A honra de meu nome reclama um novo sacrifício. Aqui lhe deixo (e pôs sobre a mesa) a carta de doação.

– Bem. Desde hoje fica Angelina comigo.

– Ah, sim! Eu me vou sem lhe dizer nada.

– É o melhor, e não volte por aqui até que eu a avise.

A condessa se levantou dizendo-me: "O senhor é meu salvador!", e saiu precipitadamente de meu aposento. Se foi em bom tempo, porque minha paciência e minha dissimulação já estavam se acabando. Como sofro quando falo com malvados! E a condessa é uma mulher sem coração: em sua história há grandes crimes, e o último que quer cometer é enterrar em vida uma pobre menina que deseja viver e amar; que em seus olhos irradia o sentimento, e em seu rosto se adivinha uma alma apaixonada.

Quando entrei no horto e viu que vinha sem a condessa, com a rapidez do raio compreendeu tudo que havia ocorrido, e tomando de minhas mãos, me disse com tom suplicante:

– Padre, padre, o senhor tem aparência de bom. É verdade que não

MEMÓRIAS DO PADRE GERMANO | 177

me obrigará a professar? Tenha piedade de mim! Sou muito jovem ainda para morrer! – e Angelina irrompeu em lágrimas com tão profundo desconsolo que me inspirou uma viva compaixão. Apressei-me em tranquilizá-la o quanto pude, mas a pobrezinha me olhava com certo receio. Então senti correr pelas veias esse algo desconhecido que se infiltra em meu ser quando tenho que convencer ou impactar algum pecador; correntes de fogo envolveram minha cabeça, meu corpo encurvado se ergueu com majestade, tomei uma mão de Angelina e lhe disse:

– Menina, escute-me, ouça-me bem. Há sessenta anos que estou na Terra e a mentira nunca manchou meus lábios. Eu prometo velar por você, prometo fazê-la feliz, tão ditosa quanto pode ser uma mulher no mundo. Eu lhe darei família! Darei dias de glória! Dias de liberdade! Confie e espere, pobre alma enferma, que já sofreu neste mundo por tempo suficiente.

– Ah! Se soubesse, padre, quanto tenho sofrido...! – exclamou Angelina com voz vibrante – que me parece um sonho ouvir uma voz amiga. Tenho vivido sempre tão só! E não sei como não perdi a razão. De noite sonhava que estava fora do convento e era tão feliz... andava a cavalo, muitos cavalheiros me seguiam, mas eu sempre corria mais que todos e logo... ah! Que horrível era meu despertar...! Quando me levantava e me via prisioneira naquela sombria fortaleza, vendo passar ante mim aquelas mulheres com seus hábitos negros, seus rostos cadavéricos, sem que um sorriso se desenhasse naqueles lábios secos... me dava um medo tão horrível, que saía fugindo como uma louca, gritando: "Deus meu, Deus meu, tenha piedade de mim...!" E Deus se apiedou de meu sofrimento: a condessa me tirou dali e me levou ao castelo de São Laurêncio, e ali tenho sido quase feliz por seis meses. Passava o dia no campo, subindo os montes; outras vezes percorrendo com meu cavalo as imensas planícies que rodeiam o castelo. Eu tinha sede de vida... e ali a satisfiz em parte, mas me durou pouco a felicidade. A condessa começou a dizer-me que a fatalidade pesava sobre meu destino, que os filhos espúrios devem evitar de contagiar a sociedade, que eu era a vergonha de uma nobre família, e eu lhe respondia com meu pranto, e assim vivi outros seis meses, até que ontem me disse:

"Te levarei a conhecer um santo, para que aprenda a amar a Deus." O senhor, sem dúvida, é o santo.

– Não, filha minha, disto muito da santidade, mas lhe repito: Deus te trouxe a esta pobre morada, para que nela encontre o repouso que tanto necessita sua alma. Em breve conhecerá uma mulher muito bondosa que não veste hábitos negros, e que a amará como uma terna irmã. Dentro de poucos minutos a conhecerá, pois todas as tardes vem para regar o horto.

Assim foi. Chegou Maria, e em breves palavras a pus ao corrente do que se passava, e a nobre jovem abraçou Angelina com tanto carinho, e lhe falou com tanta ternura, que a pobre menina dizia:

– Deus meu! Se estou sonhando não quero despertar de meu sonho.

Mas ao fim se convenceu de que não sonhava, quando Maria a levou para sua casa, que era onde deveria permanecer até que eu realizasse meu plano. Sem perda de tempo, saí imediatamente acompanhado de Rodolfo, à cidade vizinha e pedi para falar reservadamente com o pai de Angelina, homem nobre e infeliz, que havia tido a fraqueza de amar a condessa com esse amor que só se sente uma vez na vida, mas sua paixão nunca teve correspondência, porque a condessa era uma mulher sem alma e sem coração: rameira com pergaminhos, que são as piores rameiras.

O marquês me conhecia, porque é íntimo amigo de Rodolfo, e ele foi, se assim se pode dizer, o que mais lhe aconselhou a que viesse à aldeia para começar uma vida nova.

Quando me viu, o marquês se surpreendeu um tanto, muito mais quando lhe disse:

– Necessito falar-lhe durante algum tempo.

– Comigo?

– Sim, com o senhor. Peça licença ao soberano, se é que está em serviço oficialmente.

– Não necessito pedi-la. Há mais de um ano, que por motivos de saúde viajo como quiser, se precisar de mim, posso fazer alguma viagem.

– Sim, seguirá viajando, e se puder ser fora do reino, melhor. Vou confiar-lhe a custódia de uma jovem que tem poderosos inimigos que querem que ela se torne freira, e ela prefere a morte a encerrar-se em

MEMÓRIAS DO PADRE GERMANO | 179

um convento; assim é que sua vida corre perigo, e é preciso que o senhor se dedique a guardá-la e a preservá-la de toda tentativa infame.

– Que mistério encerram suas palavras? Que jovem é essa que confia a meus cuidados? Sou tão confiável assim para o senhor?

– O senhor tem toda a minha confiança. Não se acha capaz de respeitar uma moça pura como um anjo, a quem seu pai acredita morta e sua mãe a deixa de lado?

O marquês me olhou e não sei o que leu em meus olhos que tomou meu braço, dizendo com frenesi:

– Será possível? Onde está? O senhor diz que ela vive?

– Venha comigo, está em minha aldeia.

– Pobre filha minha! – murmurou o marquês. – Quantas vezes me recordei dela e me arrependi de não havê-la roubado a essa mulher sem entranhas que nem satanás a quis no inferno!

Pusemo-nos a caminho e lhe inteirei de todas as circunstâncias; procuramos entrar de noite na aldeia, e em meu aposento viram-se pela primeira vez o marquês e sua filha. Como fui feliz naqueles momentos! Em particular quando a nobre menina, fixando em seu pai seus formosos olhos, lhe dizia com dulcíssimo tom:

– O senhor me defenderá, não é verdade? Me querem enterrar em vida... E eu tenho um desejo imenso de viver...!

– E viverá, filha minha – dizia o marquês com voz apaixonada. – Sairemos da França, iremos à Espanha, que ali sempre há sol, e há flores, e lhe farei tão ditosa que esquecerá seus anos de martírio em meio a sua imensa felicidade.

O marquês não perdeu tempo; em poucos dias fez seus preparativos para a viagem. Angelina se disfarçou com um traje de pajem, e os dois se foram, acompanhados por dois escudeiros, dirigindo-se à Espanha.

Descrever o júbilo de Angelina é impossível. Quando ela se viu vestida de homem, quando se convenceu de que havia partido sua corrente, quando olhou a nobre figura de seu pai, em cujo rosto se desenhava a expressão da mais pura satisfação, se voltou a mim, e me disse:

– O senhor cumpriu sua palavra comigo; me fez ditosa, me deu uma felicidade com que nunca havia sonhado. Bendito seja! Nem um só dia de minha vida deixarei de bendizê-lo, e se chego a criar uma família, o primeiro nome que pronunciarão meus filhos será o seu.

Horas de sol, momentos sagrados de felicidade desfrutamos Maria e eu, acompanhando até longa distância a Angelina e seu pai. Quando estreitei em meus braços pela última vez a nobre menina, quando o marquês me disse profundamente comovido: "Nunca o esquecerei", então me pareceu ver uma sombra branca coroada de jasmins que me olhava sorrindo com um sorriso celestial.

Maria e eu, com os olhos fixos no caminho, estivemos mirando os viajantes, até que se perderam na distância. Depois nos miramos e exclamamos de uma só voz:

– Graças a Deus, uma vítima a menos!

Alguns dias depois, avisei a condessa para que viesse, e esta não se fez esperar. Ao chegar a conduzi aos meus aposentos, e lhe disse:

– Precisamos conversar.

– E Angelina professará?

– Não quer ser freira.

– Ah! É preciso que seja.

– Pois não o será.

– Como? Que diz? Pois não ficamos acordados que eu lhe faria doação do castelo de São Laurêncio, com a condição de que Angelina tomasse o véu?

– A senhora quer pagar com um casarão mais ou menos grande a vida e o porvir de uma mulher?...

– Ah! Se lhe parece pouco, peça que eu lhe darei.

– Que haveria de me dar, se nada quero de sua parte? Aqui está o título de doação, pode vê-lo? – e lhe mostrei o pergaminho. – Pois bem, veja para que o quero – e o rompi em mil pedaços.

– Que está a fazer? Acaso está louco? Pois não fez um acordo comigo?

– Eu nunca faço acordos para cometer crimes; e fazer professar a sua filha era mil vezes pior que assassiná-la, porque seria matá-la pouco a pouco, e eu fiquei com ela, e aceitei, ao parecer, sua infame doação, porque era necessário salvar uma vítima; por isso lhe fiz crer que me havia comprado, mas tenha em conta que nunca me vendi nem me

MEMÓRIAS DO PADRE GERMANO | 181

venderei, porque não há bastante ouro nas minas da Terra para comprar a consciência de um homem honrado.

– E que foi feito de Angelina?

– O que devia fazer: dar-lhe proteção e amparo.

– De que modo?

– Não lhe importa; que direito tem sobre ela? Nenhum.

– Como?

– O dito. Reclame-a em nome da lei, diga que se esqueceu de algo que uma mulher nunca se deve esquecer. Não queria afastá-la de seu ambiente? Não lhe era um estorvo? Pois bem, ela se foi, mas livre, feliz; a senhora queria assassiná-la lentamente; queria que ela perdesse a razão, e eu lhe dei a felicidade, porque lhe devolvi a um pai que tantos anos chorava sua morte.

– Está com ele? O que fez? O senhor me perdeu!

– Não tema. O marquês nunca a incomodará, ele está demasiado feliz para pensar na senhora. Nem ele nem Angelina se lembrarão da senhora, que a vingança das vítimas é esquecer seus verdugos, como sua lembrança lhes causa horror, para não sofrer eles a olvidarão. Ele chorou como uma criança ao ver sua filha tão jovem e tão bonita. Mulher sem coração! Não se lastimou de que tanta juventude, tanta vida, tanto amor, ficasse sepultado no fundo de um claustro, pelo único capricho de sua vontade! Pobre menina! Como a martirizou! Mas já está livre! Graças a Deus, uma vítima a menos!

A condessa me olhava, e mil paixões encontradas lhe faziam sofrer e empalidecer. O ódio animava seus olhos. Eu me levantei, olhei para o seu marco e a fiz tremer, dizendo-lhe:

– A senhora é um réptil miserável, e pensa em jogar sua baba venenosa em mim. Faça o que quiser, já que sua filha está salva. Mas ai da senhora se a perseguir! Então o confessor se tornará juiz, e eu lhe entregarei ao rei; sabe que eu conheço toda a sua história, que por certo é sórdida.

– Oh! Misericórdia! Misericórdia! – a condessa exclamou, aterrorizada.

– Tranquilize-se, pobre mulher! Segue sua vida de agonia, que é bem digna de compaixão, que não há na Terra um ser que lhe possa bendizer. Siga levantando casas de oração, mas tenha claro que as orações que paga não servem para o descanso de sua alma. Sua alma tem que gemer muito, porque aqueles que a ferro matam a ferro morrem.

A condessa me olhou espantada e saiu precipitadamente do aposento, enquanto eu recolhia tranquilamente do solo, os pedaços do pergaminho rasgado, que acabei de destruir, e como uma criança os atirei ao ar pela janela. Os pedacinhos de papel esvoaçaram como borboletas, e ao fim se perderam na poeira do caminho. Então não pude menos que sorrir com melancólica satisfação, ao considerar que meu espírito, desprendido das misérias terrestres, entregava as riquezas mal adquiridas em poder do vento, à mercê da brisa, que matreira, balançava as partículas do pergaminho, e me horrorizava ao pensar se aquele documento houvesse caído em outras mãos.

Angelina, pobrezinha! Tão jovem, tão bela, tão ávida de viver e ser feliz, a haveriam sepultado no fundo de um claustro, e ali a pobre haveria se tornado louca, negando a existência de Deus! E agora que diferença! O marquês me escreve e me diz que é o mais feliz dos homens, que sua filha é um anjo, e Angelina me diz ao final: "Padre Germano, quanto sou venturosa! Quanto bem o senhor me fez! Meu pai me adora, me cerca com um luxo deslumbrante; um jovem espanhol diz que me ama, e se for possível iremos receber sua bênção. Que linda é a vida! Eu pressentia a vida, sonhava com a felicidade. Às vezes sonho que estou no convento, as mulheres com hábitos negros me seguram, e eu começo a dar gritos chamando meu pai e o senhor, e minhas governantas me despertam, e ao despertar-me, choro de alegria, porque me encontro nos braços de meu pai. Oh! Eu lhe devo tanto, padre Germano! A gratidão de toda uma vida não é suficiente para pagar um benefício tão imenso!"

****

AH! NÃO, ESTOU AMPLAMENTE recompensado. A satisfação que sente minha alma, a tranquilidade do espírito que cumpriu com seu dever é o justo preço que Deus concede ao que pratica sua lei. Ao considerar que por obra minha há uma vítima a menos, como sou feliz, Senhor!

Quanto te devo, porque me deste tempo para progredir, para reconhecer tua grandeza e render-te culto com minha razão a tua verdade suprema!

Tu deste luz a minha mente conturbada pelos desacertos de passadas vidas. Bendito és Tu, luminar dos séculos, Tu que tornas o espírito imortal!

18

O VERDADEIRO SACERDÓCIO

VINTE E CINCO ANOS completo hoje, quão jovem eu sou! Isto é, meu corpo é jovem, mas minha alma, meu eu, meu ser deve contar centenas de séculos, porque vejo muito longe no horizonte da vida, e tenho vivido muito pouco, porque o tempo que vivi neste mundo me fez prisioneiro. O que eu tenho visto? Um grande sepulcro, porque um convento é um túmulo. Homens negros me cercaram mudos como o terror, sombrios como o remorso, e esses homens de neve me iniciaram em uma religião de gelo, e sinto em mim todo o fogo do amor sagrado.

Eles me entregaram vários livros e me disseram: "Leia, mas leia como as crianças leem: não olhe mais do que a letra. Ai de você, se penetra no espírito!" E eu li, li com entusiasmo, e entendi que aqueles livros não eram mais do que o ABC da religião, e pedi, implorando, implorei a meus superiores que me deixassem ler quantos volumes guardavam. Eles olharam para mim do alto da cabeça aos pés, e me disseram secamente:

– Você quer avançar muito, muito quer subir; tem cuidado para não cair.

Li, estudei, analisei e em pouco tempo os monges me disseram:

– Sabemos que você pode ser útil para nós e tem que sair desta casa. Talento você tem; adquiriu audácia e dentro de pouco tempo faremos com que se sente na cadeira de São Pedro; observe que a tiara

186 | Amália Domingo Sóler

pesa muito, mas você tem a cabeça para sustentá-la. Você já sabe: não pertence a você mesmo, é um instrumento da Ordem. Ai de você se esquecer quem é!

Não respondi nada; o que eu queria naqueles momentos era deixar meu confinamento, e saí acompanhado pelo meu jovem e fiel companheiro, meu Sultão, cuja inteligência impressiona.

Cartas valiosas de recomendação serviram como salvo-conduto para entrar nos arquivos antigos, onde eu encontrei livros muito antigos que meus olhos devoraram com velocidade vertiginosa, e por um ano eu não fiz nada além de ler, ler dia e noite, e meditar no pé das montanhas na hora do crepúsculo da noite.

Onde está Deus? Eu perguntei às estrelas e elas me responderam: Está cego? Não vê o reflexo do seu olhar em nosso brilho? Onde a luz irradia, existe Deus.

Onde está o Todo-Poderoso? Eu perguntei aos pássaros; e eles piando, amorosamente me disseram: Aqui está Deus!

Onde encontrarei o Ser Supremo? Eu perguntei às nuvens; e uma pequena chuva me respondeu: em nós, com o nosso orvalho, fertilizamos a terra.

Onde posso sentir a respiração do Criador? Eu perguntei às flores; e elas me disseram: Em nosso perfume, porque nossa fragrância é o sopro de Deus.

Quão linda é a natureza! Não é verdade que quando a primavera sorri, o coração se dilata, e a imaginação sonha com o amor? Eu também sonho, eu também amo, sou tão jovem...! E depois que pronunciava estas palavras, emudecia, inclinava meus olhos e os fixava em meu negro hábito que, como barreira fatal, me separava dos prazeres íntimos da vida.

Hoje tenho que me resolver, meus votos estão já pronunciados, sou um sacerdote. E que é um sacerdote? É o homem dedicado e consagrado para fazer, celebrar e oferecer os sacrifícios a Deus, o ungido, o ordenado, o sábio em todos os mistérios, o homem exemplar que, como espelho vigilante, há de atrair a seu centro os raios luminosos de todas as virtudes.

O que me ensinaram as religiões? Dois grandes princípios, duas verdades eternas: Não há mais que um Deus, como não há mais que um culto, fazer o bem pelo próprio bem. Ainda que tarde, sei que a religião a que me afiliei mortifica o corpo sem elevar a alma, porque pede o absurdo, o impossível, o truncamento das leis naturais; pede um sacrifício superior às débeis forças do homem, pede isolamento, completa solidão. Que horror!

O homem digno, o homem livre, deveria protestar. Eu protestaria, mas... me assusta a luta, e compreendo perfeitamente que vim à Terra para defender exclusivamente meus direitos; melhor ainda, creio que vim para reclamar os direitos dos outros. Olho para mim mesmo e não vejo em mim um homem como os outros, não encontro em mim estas condições de vida; meu espírito, como se estivesse desprendido do corpo, olha a este com uma espécie de compaixão, contempla com tristeza os prazeres da Terra, e diz, contemplando seu organismo: Isso... não é para mim; eu não vim para os prazeres, eu não nasci para viver; meu trabalho, meu dever é outro, que por algo sem dúvida nasci no ministério, cresci na sombra, e sem consciência de mim mesmo me consagrei ao serviço de Deus.

Nada sucede por acaso, já que meu espírito, livre como o pensamento, amante da luz como as mariposas, amoroso como as pombas, veio a este mundo sem família. No seio da comunidade, que não tem a menor ideia da liberdade individual, eu devo demonstrar que o homem em todas as esferas da vida pode e deve ser livre, tão livre que nada lhe domine, começando por suas paixões. Há maus sacerdotes, porque são vítimas de seus desejos carnais e de suas ambições, e o homem deve ser superior a todos os seus vícios, que para isso Deus lhe dotou de inteligência. A religião a que pertenço, sublime em sua teoria, e pequena e absurda em sua prática, necessita de dignos representantes, verdadeiros sacerdotes, e estes..., desafortunadamente, escasseiam, porque não se pode pedir aos homens o impossível. Nem todos os espíritos vêm à Terra dispostos a progredir; a maior parte vem para viver, ou seja, para passar o tempo; não têm pressa em se aperfeiçoar, porque a indiferença é o estado habitual do espírito, enquanto não sofreu muito. Mas quando o homem cai e se fere, e volta a cair, e se torna mais funda sua ferida; quando todo seu ser é uma chaga cancerosa, então não vem à Terra por passatempo. Vem para trabalhar, para instruir, para lutar, não necessariamente com os homens, mas sim consigo mesmo; e eu compreendo que venho para lutar comigo. Eu sei que o espírito vive eternamente, não nos céus, nem nos infernos das religiões positivas; deve viver nos inumeráveis mundos que eu contemplo na noite silenciosa, cujos clarões luminosos me dizem que nestas apartadas regiões, a abundância da vida tem sua fonte. Como é grande a Criação! É uma gota de água, e em um planeta, há seres que se agitam, que vivem e se amam.

Eu agora quero lutar com minhas imperfeições para viver amanhã. Vivi ontem? Sim, e devo ter vivido muito mal; por isso hoje escolhi uma mãe sem amor, uma família sem sentimento, uma religião absurda que nega ao homem tudo, que não lhe deixa mais do que dois caminhos: ou a apostasia ou o sacrifício, ou cair em todos os vícios, ou viver no isolamento; o sacerdote de minha religião vem a este mundo para buscar duas coroas: uma é de flores, a outra é de espinhos; ganha a primeira todo aquele que satisfaz seus desejos, todos aqueles que consideram as religiões como meios úteis para viver, e empregam seu talento e audácia em impor-se aos demais, revestindo-se de púrpura e arminho, e vivem, mas apenas vivem aqui.

Na Terra ficam as honras, os bens, seus afetos impuros, tudo fica aqui, e para a eterna vida do espírito não conseguiram adquirir nada, não fizeram mais que perder alguns anos na comodidade e hipocrisia; e eu sou mais avaro que tudo isso, eu quero, ao sair da Terra, levar algo comigo, eu cingirei em minha cabeça a coroa de espinhos, e as gotas de sangue que brotarem de minhas feridas serão o batismo sagrado que regeneram meu ser.

Eu pedi para ser sacerdote, e é justo que cumpra com meu sacerdócio; mas... olho meu porvir e sinto frio na alma, muito frio. Que sozinho vou viver, Deus eterno! Eu não tenho mãe, não tenho irmãos, não terei esposa, não terei filhos!... Filhos!... Quanto haveria amado meus filhos! Eu haveria velado seu sono! Teria participado de brincadeiras com eles! Eu lhes teria mirado nos olhos! Teria escalado o céu, se eles me tivessem pedido uma estrela!

Uma mulher! Viver ao lado de uma mulher amada seria viver em um paraíso. Eu algumas vezes sonho com uma mulher que nunca vi. Que linda é ela! Branca como a neve, tem os olhos negros como meu porvir, e está triste, muito triste. É tão bela! Quão bem viveria eu ao seu lado! Mas... é impossível. O sacerdote da religião a que eu pertenço tem que viver só, é uma rama seca no jardim da vida. O voto que o homem faz deve ser cumprido, e eu cumprirei o meu, eu viverei para os outros, o verdadeiro sacerdócio é cumprir cada qual com seu dever. Senhor, Senhor! Concedei-me forças para cumprir fielmente os grandes deveres que me impus a mim mesmo. Dá-me o ardor da caridade, o delírio da compaixão, a febre do amor universal!

Eu te prometo, Senhor, que não amarei nada para mim mesmo; não me reservarei nem um átomo de felicidade, que não exigirei a nenhum ser que me ame. Eu quero iluminar como o sol o faz; quero rescender o perfume do sentimento como as flores rescendem seu aroma; quero fecundar alguns corações com o orvalho de minhas lágrimas. Te peço, Senhor, mas Tu dás ao que te pede, Tu respondes ao que te chama, Tu és Deus, Tu és a fonte da eterna vida, e vida te peço eu.

****

COMO ESTOU SÓ! MEUS superiores se encolerizaram contra mim, e tudo por quê? Porque lhes escrevi clara e simplesmente, dizendo-lhes que estava decidido a progredir, e para dar início a minha regeneração, cumpriria em tudo e por tudo com o verdadeiro sacerdócio; que eu amaria aos pequeninos, que serviria de bordão aos anciãos, que consolaria os aflitos e aconselharia os atribulados, que não quereria nada para mim, nem faria nenhum esforço para o engrandecimento da Ordem; que queria ser um sacerdote de Cristo, pobre e humilde, pois às ricas vestimentas as traças devoram, e as virtudes são como o aloés, em cujo tronco os insetos roedores não se aninham.

Dizem que eu trema, que me prepare para sofrer todo o rigor de suas iras. Insensatos! Eu não tremerei jamais, eu saberei sofrer porque sei esperar. Que é para mim uma existência, quando sei que é minha toda a eternidade?

Já sei que se me preparam grandes lutas, e eu dei início a elas, prin-

190 | AMÁLIA DOMINGO SÓLER

cipiando por sofrer os horrores da miséria. Meus superiores me sitiam através da fome. Como me conhecem mal! Me enviaram um emissário para tentar-me, um homem opulento. Um dos grandes magnatas da Terra me pediu pouco menos que, de joelhos, fosse o preceptor de seus filhos e confessor de sua esposa, e me obrigou a aceitar sua esplêndida hospitalidade, dizendo-me que eu teria uma família. Uma mulher jovem, pálida e triste se sentava junto a mim, e carinhosamente me perguntava:

– Padre Germano, o que o senhor quer, que doce, que fruta o agrada mais?

E com esse prestígio que tem a religião, quatro crianças submissas me diziam:

– Peça, padre, peça – e um homem sem dupla vista, dócil instrumento de seu confessor, me repetia:

– Padre, ao senhor encarrego a direção de minha família.

Eu lhe disse um dia:

– Você faz muito mal; um homem em sã consciência não deve abdicar de seus direitos em favor de homem nenhum.

– É que você é um sacerdote – disse-me ele – e aos ungidos do Senhor pertence a direção espiritual da família.

– E para que você está no mundo? – repliquei – acaso não é bastante um pai para guiar seus filhos e um marido para aconselhar a sua mulher? Que confessor pode ter a mulher melhor que seu esposo? Quem compreenderá as crianças melhor que seu pai? Que pensa ser um sacerdote? É um homem como os demais, e creia-me: não lhe associe a sua família, que o sacerdote é um ramo seco, que se lhe enxerta em uma árvore saudável, este absorverá sua seiva.

A mulher pálida me olhou fixamente, depois mirou seu esposo, e seu rosto se enrubesceu. E continuei dizendo:

– Serei professor de seus filhos, mas sem viver nesta casa; minha permanência nesta morada como chefe da família não me convém; não quero a chefia, porque não quero afetos que não me pertencem; como simples preceptor de seus filhos, minha estância aqui se parece muito à servidão: e eu não vim ao mundo para servir aos ricos, mas sim para servir aos pobres. Deixe-me livre como as pombas do céu, deixe-me correr pela Terra buscando os infortunados, que para eles pedi eu a Deus para ser sacerdote.

– Você é um infeliz – me disse o magnata em tom furioso.

– Sou um homem que não quer prazeres que lhe estão vedados; aqui viveria exclusivamente para mim, e o verdadeiro sacerdote deve viver para os outros.

Naquela mesma noite abandonei o palácio, e ao cruzar uma de suas galerias, a mulher pálida saiu ao meu encontro chorando silenciosamente, e me disse:

– Padre Germano, não se vá sem ouvir minha confissão.

– Faça sua confissão com seu esposo, senhora.

– Ele não me entende.

– Diga então seus pesares a seus filhos.

– Pobres anjos! São tão pequenos!

– Pois conte-os a Deus, senhora; e creia-me, ame a Deus acima de todas as coisas, e renda-lhe culto cumprindo fielmente seus deveres como mãe e esposa.

A pobre jovem afogou um gemido, e me inspirou piedade, porque é uma alma muito enferma: a pobre vive só, seu esposo nem a compreende, nem a ama, e eu fugi dela, porque sei que tem sede de amor e felicidade, e os que têm sede de carinho não é conveniente que estejam em relação e contato com os que estão sedentos e carentes de ternura.

Quando me vi na via pública, seguido de meu fiel Sultão, respirei livremente, me vi em meu centro, no seio da pobreza, melhor dizendo, da miséria, pois meu protetor, em vingança de minha rebeldia (como ele dizia), me disse:

– Bom, você se vai, mas sem levar consigo dinheiro algum: os rebeldes não são dignos do pão de cada dia.

Muitos são os seres que não têm mais patrimônio que a Providência, e esta, entenda bem, não desampara a nenhum de seus filhos.

Saí alegremente de um lugar onde eu tinha laços triplos, e tranquilo e sereno me dirigi ao campo para falar com Deus. A lua me acompanhava. Me reclinei em uma colina e me entreguei a meus pensamentos.

Por um longo tempo estive meditando, e como minha consciência dizia, "você agiu corretamente", um sonho benéfico fechou minhas pálpebras, e quando acordei, a pálida luz da aurora pintava o horizonte de cor-de-rosa, e antes de coordenar minhas ideias, me pareceu ouvir gemidos afogados. Me levantei, e ao notar que um grupo de amigos e aldeãos escutavam atentamente os gritos que uma mulher lançava em uma cabana, precipitei-me adentro desta e vi o quadro desolador: uma mulher jovem, esfarrapada, com o selo da morte em seu rosto, estava em um penoso processo de parto. Uma anciã estava assentada a seus pés. Tomei uma mão da enferma entre as minhas, e a mendiga, ao ver-me ficou assombrada. Eu a olhei com profunda pena, porque recordei-me de minha mãe, que nunca havia visto, e pensei: quem sabe se eu também não vim ao mundo sob tão tristes auspícios...!

Um grito feriu meus ouvidos, um menino chorou lamentando sem dúvida ter nascido; a anciã o envolveu em seus farrapos, a mãe me olhou com esse olhar profundo dos moribundos, no qual se lê toda uma história; depois de alguns momentos articulou trabalhosamente esta palavra: "Padre!"

– Pai serei para seu filho – disse-lhe – morre tranquila, pois o verdadeiro sacerdote é o pai dos infelizes. Como se chama?

– Madalena.

– Leva o nome de uma pecadora; que seu arrependimento seja sincero como o da mulher que adorou a Jesus.

Tomando da criança, coloquei-o contra meu peito, e o semblante da moribunda se iluminou com um sorriso divino.

– Você crê em Deus? – perguntei-lhe.

– Ele o enviou até aqui – contestou-me. E envolvendo-me com um amorosíssimo olhar, estendeu sua destra até seu filho, como se quisesse abençoar-lhe, e expirou.

O último olhar daquela mulher não esquecerei jamais. Saí da cabana, e as mulheres me cercavam, tomando-me o bebê, pois todas queriam criá-lo. Eu fixei minha atenção em um jovem que nada dizia, mas por cuja tostada face resvalavam lágrimas silenciosamente.

– Tem família? – perguntei-lhe.

– Sim, senhor, tenho minha esposa e dois filhos.

– Quer por agora ter um filho a mais, que eu, passado seu período de jactância, recolherei?

– Bendito seja, senhor! Esses eram meus desejos; minha mulher fazendo o bem é ditosa.

E duas horas mais tarde deixei o recém-nascido nos braços de sua nova família. Quando vi que aquele inocente estava amparado, que seres carinhosos disputavam a chance de acariciar-lhe, senti uma emoção agradabilíssima, me senti tão feliz, apesar de não possuir nem duas moedas, que disse em minha mente:

"Obrigado, Senhor! A vida do sacerdote não é triste, enquanto pode praticar a caridade."

****

COMO PASSA O TEMPO! Já tenho trinta anos! Quantas peripécias em cinco invernos! De quantas calamidades tenho sido vítima, e quantas dores tenho sofrido na expiação! Mas minhas penas se acalmam quando contemplo meu pequeno Andrés. Pobre criança! Quando lhe falo de sua mãe, chora, e Sultão, quando lhe vê chorar, lhe distrai com suas carícias. Como se entendem bem as crianças e os cães!

Hoje me encontro muito comovido. O magnata que queria me confiar a educação de seus filhos faleceu, deixando-me tutor e curador de seus filhos, encarregando-me principalmente de velar por sua jovem esposa; e como o melhor modo de velar os homens pelas mulheres é não tratá-las, nunca falei a sós com ela, muito mais sabendo que a ela devia o retorno a minha pátria. Ela falou com o rei, articulou grandes relações, e conseguiu que seu próprio esposo respondesse com sua pessoa a minha lealdade.

A tantos favores eu devia corresponder afastando-me quanto era possível dela, não permitindo nunca que nos víssemos a sós, mas sempre acompanhados de seus filhos. Que alma desafortunada! Quão só tem vivido! Ontem me chamou, e como o coração nunca se engana, me cuidei para que nosso encontro tivesse alguma testemunha, que ao condenado a morte se lhe concede tudo o que deseja no último dia de sua existência. Por isso concedi àquela mártir falar a sós comigo.

Quando me viu sorriu tristemente e me disse com voz fraca:

– Padre Germano, me vou.

– Eu já o sabia.

- Vou-me sem ter vivido...

- Isto é um erro; vive todo aquele que cumpre com seu dever, e a senhora o cumpriu como mãe e esposa.

- Não, padre, não; guardo um segredo, e é necessário que lhe diga.

- Fale, escuto.

- Eu amei um homem mais que a minha vida, e o amo ainda... e esse homem... não é o pai de meus filhos.

- E esse amor foi correspondido?

- Não, está encerrado em meu peito como a pérola em uma concha.

- Melhor para a senhora; o amor que não traspassa os limites do silêncio, como é um sacrifício, purifica o espírito.

- E o senhor acredita que não foi condenável?

- Condenável é todo aquele que busca fora de seu lar o belo ideal de sua alma.

- Então Deus me perdoará?

- Deixará a senhora de perdoar a seus filhos?

- Obrigada, padre Germano – e a enferma me olhou com um destes olhares que encerram todo um poema de amor.

- Se a senhora compreende que se vai – disse-lhe eu gravemente – De que encargos tem que me incumbir?

- Que seja um pai para meus filhos. Pobrezinhos! Como ficarão sós! E também queria... que... – e seu rosto pálido se enrubesceu; fechou os olhos e emitiu um gemido.

- Que quer? Diga! A senhora já não pertence a este mundo. Seu espírito se desenlaça de seu invólucro, sua expiação felizmente está cumprida.

- Queria – disse a enferma – que dissesse a esse homem quanto... quanto lhe amei, para que, por gratidão pelo menos, rogue por mim! Aproxime-se, lhe direi seu nome ao seu ouvido.

Mirei-a fixamente, com um desses olhares que são uma verdadeira revelação, e lhe disse com tom compassivo:

- Não é necessário que o pronuncie, pois faz seis anos que vi escrito em seus olhos; por isso abandonei seu palácio, por isso me distanciei da senhora, para que ao menos, se pecava em pensamento, não pecasse na prática, mas como o cumprimento de meu dever não me obriga a ser ingrato, agradeci seu carinho, e me alegro que deixe seu envoltório porque assim deixará de sofrer. Ame-me em espírito, ajude-me com seu amor a suportar as misérias e as provas da vida. E agora, adeus, até logo. Vou chamar seus filhos, porque seus últimos olhares devem ser exclusivamente para eles.

A moribunda se sentou com uma força fictícia, me estendeu sua mão gelada, que por um segundo descansou entre as minhas; chamei seus filhos, e meia hora depois quatro órfãos me abraçavam chorando... e eu também chorei, já que também ficava órfão como eles.

Agora venho do cemitério, e tenho desejos de chorar, de chorar muito, pois me impressionou muito a visão de seu cadáver. Naquela cabeça inerte, ontem perpassavam ideias, ontem havia um pensamento, e este pensamento estava fixo em mim.

Não é ela a mulher de meus sonhos. A mulher de meus sonhos, a quem não encontrei ainda, é uma menina pálida, cuja testa está coroada de cachos negros; mas a alma agradece o afeto que inspira em outro ser, e sempre tenho agradecido profundamente o amor deste espírito. Porque o agradecia, fugi de seu lado, que não há seduções ante o cumprimento sagrado de um dever.

****

INSPIRA-ME, SENHOR! DÁ-ME FORÇA de vontade para seguir pela senda da virtude.

Nas tentações da vida não quero cair, não quero ceder ao influxo de nenhuma paixão, quero ser um instrumento da caridade. Há muitos falsos sacerdotes, há muitos ministros de Deus que profanam seu credo religioso, e eu não quero profaná-lo, quero praticar dignamente meu verdadeiro sacerdócio.

19

CLOTILDE!

PARECE-ME UM SONHO... MAS um sonho horrível...! Minha mão treme convulsivamente, minhas têmporas latejam com violência, meus olhos se nublam com o pranto; e choro, sim; choro como um menino, choro como se houvesse perdido todas as ilusões de minha vida, e bem considerado, em realidade, que me resta delas? Nada! Eu também tive meus sonhos, que quando me consagrei ao Senhor, acreditei firmemente que cumprindo sua santa lei seria grato a meus superiores, que me amariam e me protegeriam, e me direcionariam ao bem.

Acreditava então que a religião e as religiões formavam um só corpo. Para mim a religião era o tronco da árvore do progresso; e as religiões formavam as ramas frondosas, em cuja sombra podia descansar tranquila a humanidade, mas ainda não havia um mês que havia pronunciado meus votos, e já me havia convencido de meu erro: a religião é a vida, mas as religiões produzem a morte.

Sim, a morte; e já não há remédio, tenho que morrer envolvido em meus hábitos, que é meu sudário, pois verdadeiramente veste um corpo morto; eu não posso viver neste mundo, eu me asfixio entre tanta iniquidade. Senhor, Senhor! Que dolorosa é a vida neste planeta! Eu tremo cada vez que um infeliz vem me pedir que escute sua confissão, e quisera não saber nada, quisera até fugir de mim mesmo, porque minha sombra me causa medo.

Perdoe-me, Senhor. Eu deliro porque estou louco de dor. Vai ser grande a minha loucura quando eu rejeitar o meu progresso! Mas sofro tanto, e o homem é tão fraco, que eu creio, grande Deus, que é perdoável meu abatimento!

Tenho ante mim um trabalho imenso, superior em muito a minhas gastas forças. Como poderei vencer? Impossível! Mas não, não há nada impossível diante da firme vontade do homem. Neste momento sinto que corre por minhas veias uma corrente de fogo, minha cabeça arde, mil ideias luminosas vêm a minha mente, e vejo crescer e agigantar-se minha figura, e me contemplo grande e potente, e escuto alguém que me diz: "tu vencerás"; e minha razão responde: "vencerei."

****

ESTA MANHÃ, UMA MULHER de meia idade se aproximou de mim na igreja, e me disse:

– Padre, tenho que falar com o senhor urgentemente.

– Pois diga – respondi-lhe.

– Aqui não – disse a mulher assustada – vamos bem distante daqui.

Saímos da igreja e andamos um longo trecho. Quando de repente, ela parou, e deixando-se cair sobre uma pedra, cobriu seu rosto com as mãos e chorou amargamente, dizendo com a voz entrecortada:

– Filha minha! Quanta miséria sofre! O que acontece com a senhora? – perguntei-lhe.

– Estou louca, não sei o que se passa comigo, e se o senhor não me ampara, meu mal não tem remédio – e a mulher chorava com verdadeira desesperação.

Apoiei minha destra em sua testa e lhe disse com voz imperativa:

– Acalme-se, enxugue estas lágrimas, pois com soluços não se salva ninguém, mas com explicações e pensamentos sim – e acrescentei, sentando-me a seu lado: – fale, fale firmemente, convencida de que se a solução está em minhas mãos, cessará sua agonia.

– Sei disso, padre, eu sei; por isso vim. O senhor não se lembra de mim, em consequência não me conhece.

– Não, mas que importa? Todos os infelizes são meus filhos.

– Eu sei, padre, eu sei. Eu o conheço há mais de vinte anos; sou a ama de Clotilde, a filha dos duques de São Lázaro. O senhor batizou esta menina, a quem amo mais que a minha vida – e a mulher começou a soluçar de novo.

– Faz bem em amá-la; é um anjo – e tive medo de seguir perguntando, porque pressentia algo terrível. Ela prosseguiu:

– Clotilde não devia ter nascido filha daqueles pais. Já sabe que o duque de São Lázaro é capaz de tudo; ultimamente era o chefe de uma conspiração que fracassou, porque Clotilde, indignada ao ver as perversas intenções de seu pai, sem delatar o autor, nem a nenhum de seus cúmplices, avisou ao rei para que ficasse à espreita, porque alguns descontentes queriam atentar contra sua vida. Assim, o rei mandou prender alguns revoltosos, mas não suspeitou do duque de São Lázaro, por ser este mais desonesto que os outros. Tudo isto me contava minha Clotilde, que eu sempre fui sua única confidente, pois sua mãe é tão infame como seu pai. Este, que havia tido grandes desavenças com sua filha, desconfiou que esta poderia ser a que houvesse avisado ao rei, e uma noite (não quero me recordar), entrou no oratório onde rezávamos Clotilde e eu, e tomando sua filha pelo braço, sacudiu-a brutalmente, dizendo-lhe: "Já sei que você foi quem avisou ao rei." "Fui eu – disse a menina – porque amo demasiado a meu pai e não posso tolerar que seja um assassino." Ao ouvir estas palavras o duque ficou cego e se não fosse por mim, ele teria matado naquela noite a minha amada Clotilde; mas de nada me valeu salvá-la então, se eu a perdi depois, que passados alguns dias eles a levaram, e voltaram sem ela. Eu me lancei aos pés da duquesa perguntando-lhe pela filha de minhas entranhas, e o duque disse: "Pode dar graças a Deus que você não teve a mesma sorte, que você é tão culpada como ela. Já saberá minha filha quem é seu pai, que não se me frustram os planos impunemente; já lhe ensinarão os penitentes negros a obediência que lhe deve a minhas ordens." Não sei por que fiquei muda, não respondi nada, e automaticamente me dirigi a meu quarto, recolhi todo o dinheiro que tinha, pensei em meu confessor, e logo me lembrei do senhor, e disse: "Aquele é mais bondoso." Saí do palácio e tomei o caminho, e aqui estou, para suplicar-lhe em nome do que mais ama neste mundo, que averigue onde está minha Clotilde. Uns dizem que o senhor é bruxo, outros que é santo. Eu creio que é muito bom, e que não deixará morrer uma desditosa criança; lembre-se de que o senhor a batizou. É um anjo! Se soubesse! É tão bondosa!

E a infeliz chorava de um modo que me fazia estremecer.

Tão comovido me senti que nada respondi; apoiei minha testa entre as mãos e me entreguei a tão profunda meditação, que não sei quantos minutos permaneci naquele estado. Finalmente, despertei, e me encontrei banhado em suor. Olhei em volta e vi a mulher que me fitava com ansiedade, dizendo-me:

– Padre! O que o senhor tem? Está pálido como um defunto. Está enfermo?

– Sim, estou enfermo, mas da alma. Mas não se preocupe, tranquilize-se que ou perderei o nome, ou Clotilde voltará para seus braços.

E logo me levantei e me senti forte; experimentei aquela estranha sensação que tenho sempre que preciso entrar em alguma luta. Vi diante de mim sombras aterradoras, e exclamei: "Já sei quem são vocês, eu os conheço: são as vítimas dos penitentes negros. Já sei como deixaram este mundo. Vocês me ajudarão, não é mesmo? Vocês terão compaixão por aquela pobre menina... É tão jovem!... Ainda não viu a geada dos vinte invernos, e já lamentará em um escuro calabouço. Ajudem-me, irão me ajudar?" E as sombras se inclinaram em sinal de assentimento.

– Padre – disse a mulher – que está dizendo? Fala não sei com quem e não vejo ninguém.

Aquelas simples palavras me fizeram voltar à vida real, me deixei cair sobre a pedra e me pus a refletir, porque se existe o impossível é, sem dúvida, o arrebatar uma vítima aos penitentes negros, associação poderosíssima, apoiada pelos soberanos, terrível em suas sentenças, misteriosa em seus procedimentos, cujos agentes estão em toda parte. Ai do miserável que cai em suas garras!

Mais de uma vez nos vimos frente a frente, seus primeiros chefes e eu. Disse-lhes o que ninguém nunca lhes disse, e a última vez que me entendi com eles, me advertiram:

– Se tiver outra vez a ousadia de sair de sua aldeia para espiar nossas ações, saiba que será a última, não fará mais excursões, e não se esqueça que os penitentes negros cumprem o que prometem. Que fazer? Que fazer? Lutar, e na luta, morrer ou vencer. E voltando-me para a mulher, que chorava em silêncio, lhe disse:

– Não chore, espere em Deus, espere em sua justa lei; o que falta neste mundo são homens de vontade. Você a tem e eu também; trabalhemos, pois, em prol da humanidade. Hoje reflexionarei, e amanhã começaremos a trabalhar.

****

E AQUI ME TENS, Senhor: a ama de Clotilde já está na casa de Maria, onde deve permanecer esperando os acontecimentos, e eu a sós contigo, manuscrito querido, me perco em um mar de confusões.

Quanta iniquidade, Senhor! Quanta iniquidade! Essa comunidade religiosa, esses penitentes negros, a quem a generalidade crê uns humildes servos do Senhor, que vêm a velar o enfermo, que ajudam ao trabalhador em suas rudes tarefas, e ao grande político em suas negociações de Estado, que a esses capitães em suas estratégicas operações, esses homens, que parecem os enviados da Providência, são os verdugos invisíveis da humanidade. Onde a ambição decreta a morte de um rei, eles dirigem o braço do assassino; onde se combina uma vingança de família, eles acendem a teia da discórdia até que consigam a consumação do ato; onde há ouro, ali estão eles para explorar a mina da credulidade, e enquanto uns obrigam aos moribundos a firmar a carta de doação de uma vultosa fortuna em favor da Ordem, outros enterram os mortos pobres, e eles mesmos cavam sua sepultura, dizendo que assim praticam a fraternidade universal...

Quanta hipocrisia! Quanta falsidade! Isto os tornam invencíveis; não há ninguém que possa crer que os penitentes negros são uns exploradores, que são os primeiros egoístas das religiões. Como fazer com que o povo possa compreender sua fraude, se este os vê em toda parte, busca-lhes para que enterrem seus mortos, ou lhes ajudem a lavrar suas terras? Impossível! No entanto, é verdade. E o pior é que para lutar com eles não se pode combater frente a frente, que é o que mais me dói: para fazer o bem terei que trabalhar cautelosamente, terei que urdir minha trama na sombra, quando sou tão amante da Luz.

Como lastimo Clotilde! Quem teria imaginado o infortúnio por que passas quando te trouxeram para que te batizasse, quando em anos sucessivos entravas na igreja e te lançavas em meu colo dizendo:

"Padre, minha mãe diz que não me ama porque sou má; diga-lhe que sou bondosa, para que me ame...!" Que pena tenho! Ainda a vejo, branca, loira e delicada, bela como a primeira ilusão, sorridente com a felicidade, e hoje estará em um sombrio e hediondo calabouço. Conheço muito o duque de São Lázaro, dócil instrumento dos penitentes negros. Eles lhe terão dito: "Dá-nos tua filha, que merece um exemplar castigo por sua delação." Ele, ébrio de ira, lhes terá entregue Clotilde, sem saber que firmou sua sentença de morte, porque vejo claramente o plano da Ordem.

Conheço tanto os penitentes...! Farão com que o rei faça um exemplo com toda a família do nobre rebelde; se apoderarão da grande fortuna de Clotilde; dizendo que são os tutores da órfã, lhe farão firmar a esta, uma doação em toda regra... e depois... Que horror! E ainda duvido? E ainda tremo...? E ainda não pedi ao Senhor que me inspire para evitar um novo crime? Perdoa-me, grande Deus! Mas Tu me vês, meu corpo decai. Vigoriza-o, que o necessito. Adeus, manuscrito querido; passarão alguns dias, antes que possa comunicar-te minhas impressões. Adeus, tranquila aldeia, você guarda a tumba da menina dos cachos negros! Senhor! Concedei-me poder voltar a este lugar, onde quero que meu corpo se rompa à sombra dos carvalhos que se inclinam sobre esta sepultura que encerra a felicidade de minha vida.

Três meses se passaram... Que dias tão sombrios! Quanto tive de lutar! Me parece mentira quando considero tudo que consegui! Obrigado, Senhor! Como és bom para mim! Quantos obstáculos me amenizas! Se não fosse por teu poder, eu não poderia vencer! Tu permites que alguns seres não tenham esquecido os benefícios que lhes fiz um dia, e como a gratidão em ação é o primeiro motor do universo, eu pude obter, auxiliado por um homem agradecido, o que cem reis com seus exércitos não teriam podido alcançar!

Um nobre, um magnata poderoso, me devia, há muitos anos, a

MEMÓRIAS DO PADRE GERMANO | 203

vida, e mais que a vida, a honra e a consideração social, que a mim me valeu profundos desgostos, produzidos por infamantes calúnias. Eu a tudo calei para que ele ficasse livre. Companheiro de minha infância, lhe amava com toda minha alma, e lhe dei provas de meu carinho quando tive ocasião propícia. Felizmente, ele não foi ingrato, acaba de demonstrá-lo.

****

CHEGUEI À CORTE SEM saber a quem me dirigir, porque os penitentes negros têm espias em toda parte e em todas famílias; se parecem com o vento: não há lugar onde eles não entrem. Me lembrei de César, e fui a seu encontro. Me recebeu com os braços abertos, e quando se inteirou da causa que me obrigava a pedir-lhe auxílio, não me ocultou seu triste assombro, dizendo-me:

– Pede pouco menos que um impossível, e, sobretudo, pede sua sentença de morte e a minha; mas... tenho uma grande dívida contraída consigo, e é muito justo que a pague. Como se não fosse nada, há muitos anos que se vivo é por você. Se agora me vou, sempre terei devido a você mais de vinte anos de vida.

E durante dois meses, César e eu trabalhamos desesperadamente; revolucionamos todo o orbe, até conseguir saber onde estava encerrada Clotilde. Tudo aconteceu como eu imaginava: os duques de São Lázaro e seu filho morreram no cadafalso para punição dos traidores, e Clotilde não teve igual sorte porque o general da Ordem dos penitentes negros pediu misericórdia para ela, e o rei a concedeu por consideração ao demandante.

Quanta iniquidade! Isto é pérfido! O assassino pediu misericórdia para sua vítima... Como sofri, Senhor, como sofri! Mas César me dizia:

– Tem paciência; se nos impacientamos, perderemos tudo; pense bem: nos vence o número. Essa associação é como a Hydra da fábula, que de nada serve que lhe combata uma cabeça, porque se reproduzem outras mil. O que necessitamos, creia-me, é de muito ouro; de outra maneira nada conseguiremos.

Eu, pobre de mim, não tinha ouro, mas Rodolfo sim, que graças aos céus, entrou no bom caminho, e pôs à disposição de César seus vultosos tesouros, e ao fim, uma noite pudemos entrar em uma sombria fortaleza, César, vinte homens armados e eu. Cada homem daqueles havia exigido uma fortuna para sua família, porque entrar em uma das prisões dos penitentes negros é o mesmo que jogar a cabeça com todas as possibilidades de perdê-la.

Depois de percorrer vários subterrâneos, debaixo do depósito de água, em um lugar lamacento, devido às contínuas infiltrações, distinguimos um pequeno vulto contra a parede. Ao inclinar-nos, me custou um grande esforço reconhecer naquele esqueleto de mulher, a Clotilde. César foi o primeiro que a reconheceu. Eu tomei uma de suas mãos, dizendo-lhe:

– Clotilde, filha minha, vem que sua ama a espera!

A infeliz me olhou com espanto, olhou meu traje, e ao ver meu hábito negro, me rechaçou com as poucas forças que lhe restavam, dizendo:

– Acabe de matar-me, mas não conseguirá que eu vá consigo, monstro execrável! Quer atormentar-me como na outra noite? Quer que morra novamente de vergonha e dor? Odeio-o! Entende-me? Odeio-o! Maldito seja! – e a infeliz chorava e ria ao mesmo tempo, e não era possível convencê-la.

César lhe falava, ela lhe escutava por um momento, mas logo me olhava e lhe dizia:

– Mente! Se não mentisse, não viria com esse homem de negro.

E afogando seus gritos, temendo a cada momento que seus gemidos nos perdessem a todos, ao fim saímos da prisão e fomos deslizando como sombras ao longo do bosque, até sair no vale, onde nos esperavam fortes cavalos que a galope veloz nos conduziram à casa de um guarda-parque, fiel servidor de César. Ali colocamos Clotilde sobre um leito e a deixamos aos cuidados da mulher do guarda, que se encarregou de trazê-la de volta à vida, porque a infeliz, dominada pelo terror, emudeceu, e se não perdeu o sentido, ficou sem movimento. César e eu estávamos em uma casa contígua, escutando atentamente o que se passava no quarto de Clotilde.

Ao fim a ouvimos soluçar, depois falou, e por último pediu para

MEMÓRIAS DO PADRE GERMANO | 205

ver seus libertadores. Entramos em seu aposento, César e eu, e a menina, ao ver-me, uniu as mãos, dizendo:

– Perdão, eu estava louca, perdoe-me!

Infortunada criatura! Parece incrível que um corpo tão frágil como aquele haja podido resistir a tantos tormentos: suas revelações foram horríveis, a pena cai de minha mão, e não tenho coragem para fazer um relato delas.

Estivemos naquele retiro alguns dias, para que Clotilde se reanimasse um pouco. Logo se disfarçou de aldeã, e tomamos o caminho de minha aldeia. Chegamos à meia-noite. Rodolfo, avisado de antemão, nos esperava na rua de seu castelo, acompanhado de Maria e da ama de Clotilde, que ao ver sua amada menina, sentiu tal alegria que chegou ao delírio, e até me pareceu que estava louca. Clotilde, por sua parte, se reclinou em seus braços, e se deixou conduzir até o interior do palácio. Quando ficamos tranquilos, convencidos de que nada de mal poderia acontecer-lhes, nos separamos das três mulheres, e chamando a atenção de César e Rodolfo, dissemos a este último o seguinte:

– Rodolfo, graças aos céus, antes de morrer começo a ver sua regeneração. Se não fosse por seu generoso desprendimento, Clotilde teria morrido na mais terrível agonia. Hoje ela está livre. Mas de que maneira? Como ave sem ninho. Em minha casa não pode ficar, porque os penitentes negros não me perdoariam a jogada que lhes fiz. César vive na Corte, e não pode tê-la a seu lado. O único que pode cuidar dela é você. Eu a entrego a você, e sua consciência me responde de sua segurança em todos os sentidos.

– Juro que lhe servirei de pai – disse Rodolfo solenemente – e o senhor ficará feliz comigo. Clotilde e sua ama ficam sob meu amparo, e como sua vultuosa fortuna está em poder dos penitentes, seria loucura fazer reclamações, pois creio que neste assunto o melhor é esquecer, eu adotarei a órfã. Está contente comigo?

Minha resposta foi estreitá-lo contra o coração; via realizado meu sonho, e naqueles momentos fui feliz.

Com quanto prazer contemplo Clotilde reclinada no ombro de sua ama! Quando me lembro de como a encontrei... e a vejo agora, amparada, protegida por um homem poderoso que me diz:

– Padre, que bom é ser bom! Já não escuto aquela maldita gargalhada, já não vejo a montanha com a senda de erva seca; Clotilde trouxe a paz ao meu lar, minha esposa a ama até o ponto de velar seu sono. Tudo sorri em torno de mim!

Quando escuto estas palavras minha alma também sorri, e sou tão feliz quanto se pode ser nesta Terra; mas turvam minha alegria as negras nuvens que vejo acumular-se à distância. O general dos penitentes, estou seguro que virá ao meu encontro: não tardará, não, pois os batidos de meu coração anunciam sua chegada; sinto um ruído: alguém chega, vejamos quem é.

Volto a suas páginas, manuscrito querido, depois ter tido uma entrevista com quem esperava: o general da Ordem dos penitentes, acompanhado de vinte familiares, entrou em minha pobre igreja, e Miguel, tremendo como se já me visse prisioneiro, se jogou em meus braços, dizendo:

– Fuja!

– Fugir? – redargui-lhe – Está louco; os criminosos são os que fogem.

E desci para encontrar meu inimigo. Nos vimos e nos entendemos, e sem dizer-nos uma palavra, subimos a meu aposento, o general e eu. Indiquei-lhe um assento, e me assentei em minha velha poltrona, dizendo-lhe:

– O que deseja? Como deixou seu palácio para vir até aqui?

O general me olhou do alto da cabeça até os pés e me disse com voz irritada:

– Já faz tempo que nos conhecemos, é inútil a dissimulação: apenas um homem poderia ter no mundo bastante ousadia para entrar nos santuários dos penitentes. Onde está Clotilde? Não sabe que essa infeliz devia ser severamente castigada por seus crimes, e logo consagrar-se a Deus?

– E que crime cometeu esta menina?

– Delatou a seu pai.

– O senhor mente. Não foi ela quem lhe delatou. Recorda muito oportunamente que há tempo nos conhecemos: por conseguinte, é inútil a dissimulação entre nós. Ela deu o aviso, o rei mandou que se fizessem algumas prisões, mas sobre o duque de São Lázaro não recaiu a menor suspeita. Como? Se era seu favorito; mas a Ordem dos peni-

Memórias do padre Germano | 207

tentes queria a imensa fortuna do duque, e foi o senhor que o delatou ao rei, o que aconselhou que para punição de traidores, matasse os três indivíduos da família rebelde, deixando Clotilde refém, para que firmasse a doação de sua herança; e depois... se coroa a obra desonrando a sua vítima... que por último morre... porque os mortos não falam.

– Nem o senhor falará também, miserável! – disse o general, agarrando-me pelo pescoço.

Mas eu então, com uma força hercúlea, estranha em mim, lhe peguei pelos ombros e o fiz sentar, permanecendo de pé ante ele e olhando-o tão fixamente que teve que fechar os olhos, murmurando:

– Sempre o mesmo! Sempre há de exercer sobre mim um poder misterioso!

– Não há mistério que valha; lhe domino porque a luz domina a sombra, porque ainda que esteja vestido de púrpura, se arrasta pela terra como os répteis. Eu, ao contrário, sou muito pobre, mas tenho a profunda convicção de que muitos homens chorarão quando me for deste mundo. Se lembra? Desde criança nos conhecemos; juntos fizemos a carreira do sacerdócio; o senhor quis o poder e o crime, eu a miséria e o cumprimento de meu dever; e como a verdade não tem mais que um caminho, hoje pode ser dono de um mundo, mas não é dono de si mesmo; sua consciência o acusa; sabe que os mortos vivem. E é verdade que vive horas terríveis? É certo que olha com temor o além da sepultura? O senhor e eu temos visão do além, sabe muito bem como eu, vê neste momento sombras ameaçadoras que apontando-lhe com sua destra, todas lhe dizem: "Assassino...!"

O general tremeu convulsivamente e fechou os olhos.

– Inútil precaução – continuei dizendo – que importa que feche os olhos do corpo, se ainda restam os olhos da alma? Em vez de vir a pedir-me contas, perguntando o que fiz de Clotilde, deveria bendizer a Deus, porque não o deixei acabar de consumar um novo crime; essa associação maldita está farta de crimes, que em detrimento da verdadeira religião, sustém a ignorância dos povos; mas... o senhor cairá, e não como as folhas secas no outono, que na primavera voltam a renascer, não; não cairá como a árvore centenária que o lenhador corta; suas profundas raízes se arrancarão do seio da terra, se queimarão, e as cinzas se espargirão no vento, e nada restará do senhor, nem na superfície nem na profundidade da Terra.

– Cale-se, cale-se! – disse o general – razão têm em dizer que o senhor é bruxo, e que satanás tem parte consigo, eu creio nisso.

– Mente como um velhaco; bem sabe que satanás não existe; o que existe é a eterna relação entre vivos e mortos; bem sabe que o homem nunca morre.

– Quem sabe! – murmurou o general.

– Ímpio...! Será capaz de negar a Deus?

– E se Deus existe, como permite tantos horrores?

– Ele nos permite no rudimentar sentido que se tem concedido a esta palavra; ele cria o homem e lhe deixa dono de si mesmo: o progresso é a lei eterna, e os espíritos progredirão quando a experiência lhes ensinar que o mal é a sombra, e o bem é a luz.

– E crê firmemente que existe uma vida além da morte? – perguntou-me o general com voz apenas perceptível.

– Se creio? Miserável! Como pôde duvidar disso por apenas um segundo? Não se lembra quando juntos víamos aqueles quadros tão horríveis, e escutávamos aquelas vozes distantes?

– E se tudo isso tiver sido uma alucinação?

– A alucinação pode-se ter uma vez, mas não toda a vida; eu estou convicto de que os mortos se relacionam com os vivos. O começo de todas as religiões, a que se deve? Às revelações das almas. Que são os grandes sacerdotes? Que são os profetas? Que são os Messias, senão intermediários entre os espíritos e os homens?

– O senhor disse *os espíritos*, não disse *Deus*. Logo, pouco mais ou menos, está de acordo que Deus não existe – e o general sorriu com amarga ironia.

– Disse intermediários entre os espíritos e os homens, porque eu não personalizo a Deus; não creio que Deus, a alma dos mundos, possa ter a forma que a ignorância lhe tenha querido dar; eu vejo Deus na Criação, eu O sinto em minha consciência, eu O adivinho em minha aspiração a um além da vida, eu vivo n'Ele, e Ele vive em mim; mas não me fala; é como o sol: me dá sua luz, seu calor, sua vida; deste modo compreendo eu a Deus.

– Ou seja, que não tem a menor dúvida de que depois da sepultura existe algo.

– Está em tudo, acredite em mim. Sabe o que é a vida, essa emanação da suprema sabedoria? Quereria encerrá-la nos estreitos moldes de uma existência cheia de crimes...! Acaso crê que se pode nascer uma só vez para viver como vive, e como vivem milhões de seres entregues aos desenfreados vícios? Impossível, uma única existência seria a negação de Deus. Renascer é viver, porque renascer é progredir; e renasceremos. Acredita que a Terra será sempre uma mansão escabrosa? Não; as humanidades se sucederão como se sucedem as ondas, e chegará um dia em que a religião verdadeira fará desaparecer todas as religiões impostoras.

"Nós assistiremos a essa renovação, veremos amontoadas as pedras dos altares, e os ídolos rotos nos recordarão o que somos hoje, ou seja, o que são vocês. Eu tenho me antecipado a este renascimento, eu levo alguns séculos de adiantamento em relação a vocês, e sou um dos sentinelas de avançada. Não creia que por isso me tenha nem por sábio, nem por virtuoso, não; mas tenho chorado muito, o senhor sabe, pois desde crianças nos conhecemos, e tenho visto tal desequilíbrio em minha vida, que não pude menos que pensar e dizer: Eu não nasci agora, eu venho de muito longe e quero ir mais além; por isso, no que posso, implanto na Terra a religião da verdade, e por isso lhe digo: "Penitentes negros! Vocês se afundam no caos; vocês querem ouro, poder; querem ser os donos do mundo, mas não podem deter o passo da morte, e quando seu corpo cair na terra, o que restará de vocês? Uma memória maldita, nada mais. Quanto os lastimo, pobres cegos! Poderiam fazer tanto bem! São tão poderosos!... Manipulam como querem os monarcas, as minas de ouro lhes oferecem seus mananciais, muito se lhe têm dado, e apesar de tudo, serão, por muito tempo, os mendigos dos séculos.

– Não o serei eu – exclamou o general, pondo-se de pé – é preciso que continuemos nos vendo, necessito convencer-me do que dizes. Que horas tem disponíveis?

– As noites são o melhor horário para mim.

– Combinado; confesso que vim com intenções muito distintas das quais levo ao partir.

210 | AMÁLIA DOMINGO SÓLER

– Eu sei; são muitos os que desejam minha morte, mas são muitos mais os que rogam por mim, e estou plenamente convencido de que se minha vida tem sido um prolongado gemido, minha morte será um inefável sorriso, meu porvir uma era de paz.

– Feliz do senhor se abriga tal crença.

– Não a abrigarei! Deus concede a cada um segundo suas obras! Eu tenho tratado de cumprir com meu dever: tenho amparado aos órfãos, evitado a consumação de alguns crimes, difundido sempre a voz da verdade. Como quer que eu espere viver em trevas se as sombras não existem? O homem é quem as forma com suas iniquidades.

– De forma que, se eu quiser, poderei dizer um dia o que diz hoje?

– Alguma dúvida? Deus não faz redentores, todos os espíritos nascem iguais; somente o trabalho e a perseverança no bem dão alguma superioridade moral a alguns seres, mas esse privilégio não é alcançado pela graça, mas obtido pela justiça.

– Eu a obterei algum dia.

– Assim seja.

O general me estendeu sua destra, e por um segundo nossas mãos estiveram em contato, e confesso: estremeci de horror ao considerar que aquela mão havia firmado mais de uma sentença de morte.

****

JÁ ESTOU SÓ. OBRIGADO, Senhor! Os temores que me assaltavam desapareceram de minha mente, como desaparece a névoa ante os raios de sol. Este homem tremeu, sentiu medo de seu futuro, sua conversão é segura.

Quanto tenho que agradecê-lo, Senhor! Que me concedeu tempo para progredir e eu consegui atrair para mim a proteção espiritual, porque se não estivesse cercado de espíritos fortes, como poderia, pobre de mim, fazer o que faço? Burlei a vigilância dos chefes dos penitentes; entrei em suas prisões, lhes arrebatei mais de uma vítima, e quando o general da Ordem vinha disposto a estrangular-me, lhe dominei com meus olhos, consegui que me escutasse, e confio que este Caim não voltará a sacrificar nenhum de seus irmãos.

E Clotilde recobrará sua perdida jovialidade e saúde, pois lhe darei um esposo para que possa formar uma família. Como é bom difundir o bem! Como consola deixar o pensamento que, como livre avezinha, voe de recordação em recordação, e ali veja uma família ditosa, mais além um pecador arrependido, a outro lado uma casa de órfãos, onde os pequeninos sorriem entre flores; e de todo este bem, de toda esta felicidade, haver sido o motor... Oh! Considerada sob este prisma, que bela é a vida! Quero viver, quero progredir e progredirei.

20

RECORDAÇÕES!

QUE GRANDE MISTÉRIO É o homem! Parece incrível que na pequena cavidade de um crânio caibam tantas ideias, se alberguem tantas memórias, que permanecem mudas anos e anos, e às vezes o mais ínfimo incidente as desperta.

De minha primeira idade, guardava uma perfeita lembrança; e sem saber o porquê, sempre preferi pôr uma pedra sobre os primeiros anos de minha vida; e neste manuscrito, única herança que deixarei para a posteridade, afirmei que não sabia quem era a minha mãe, pois a minha piedade filial não queria reconhecê-la na infortunada mulher que eu recordava perfeitamente; mas hoje, impressionado por uma cena que vi, como se me houvessem tirado uma venda, meus olhos contemplaram novos e dilatados horizontes. Vi claramente, muito claro, e creio cumprir com um dever, deixando transcritas todas as recordações que se agitam em minha mente.

Muitos são os mendigos que vêm a esta aldeia, porque sabem que nunca lhes falta generosa hospitalidade; e ontem, entre os que vieram, chegaram um homem, uma mulher e um menino de aproximadamente quatro anos. Não sei por que, quando os vi me impressionei. O menino, em especial, me inspirou profunda compaixão; bonito, muito bonito, e em seus olhos azuis, há escrita toda uma história. Maria, tão boa e tão compassiva como sempre, acariciou o pequenino e me apresentou-o, dizendo:

214 | Amália Domingo Sóler

– Padre Germano, que pena que este inocente tenha que ir rodando pelo mundo! Se o senhor visse como é esperto!

A mãe do menino, ao ouvir estas palavras, trocou com seu companheiro um olhar de inteligência, e exclamou com voz gelada:

– Se a senhora gosta tanto de meu filho, pode ficar com ele, se quiser. Bem ou mal, eu tenho que me desprender dele, porque se vê que não nasceu para ser pobre: se anda muito se cansa, se não come fica doente, desta forma, como diz seu pai, nos é um estorvo. Deus faz mal em dar filhos aos pobres, porque sendo como este de nada nos servem.

Maria, contentíssima, aceitou a proposta daquela mulher, sabendo que o menino saía do inferno para entrar na glória; e sem derramar uma lágrima, aqueles dois seres sem coração seguiram seu caminho sem dirigir ao filho um único olhar de despedida. Diferente do pequenino, que correu atrás deles, mas seu pai se voltou, levantando o grosso cajado em que se apoiava, e o menino, ante sua atitude ameaçadora, retrocedeu e se refugiou em meu hábito chorando amargamente.

Eu, como de costume, não admoestei aqueles pais desnaturados; eles me causavam a mesma impressão que os répteis venenosos, dos quais se foge às vezes sem querer examinar, pois causam tal horror, produzem invencível repugnância, que se prefere sua própria desaparição a tudo, até a satisfação de dar-lhes a morte; e aqueles dois seres me fizeram tanto mal, me feriram com flecha tão certeira, que a intensidade de minha dor não me deixou forças para exortar-lhes e aconselhar-lhes para que mudassem de rumo. Deixei-os partir sem dirigir-lhes um único reproche. Maria me olhou com espanto, e pela primeira vez, fugi de seus olhares, lhe entreguei o garoto e lhe disse:

– Você crê que esses infelizes sejam os pais deste inocente? Não terão roubado?

– Não, senhor, – respondeu-me Maria. – Este pobrezinho tem o mesmo rosto de seu pai, é seu fiel retrato, e ela me disse coisas que não me deixam dúvidas de que é sua mãe.

– Logo, há pais que, depois de ver seu filho andar, de ter recebido seus primeiros sorrisos, ter escutado suas primeiras palavras, de ter sentido o calor de seus beijos e o contato de seus braços; depois de ter vivido de sua mesma vida, os abandonam... Oh! Então, há seres racionais inferiores às feras. Lançar uma criança para longe de si no momento em que sai do claustro materno é cruel, mas é uma crueldade mais refinada, depois de tê-lo visto sorrir. Ai, se o homem da Terra fosse a última obra de Deus, eu renegaria meu Eterno Pai! Que impiedoso é o homem, Maria!

E por medo de delatar meu segredo, me separei da nobre jovem e do inocente órfão, pretextando uma ocupação urgente, e me encerrei em meu quarto, porque necessitava estar só, só com meu passado perdido, só com minhas lembranças, só com minha dor!

Tudo me foi negado na vida, tudo...! Fui tão pobre que não tive nem mesmo o carinho de minha mãe, apesar de que esta deve ter escutado minhas primeiras palavras e visto meus primeiros passos... Me envergonho de mim mesmo...! Até os criminosos em geral têm uma mãe para chorar por eles quando sobem ao patíbulo, e se eu tivesse subido... minha mãe não teria chorado por mim... Mas para que continuar escrevendo? Mais vale emudecer. Sou tão velho que já ninguém se lembra de minha infância e meu segredo morrerá comigo. Mas não: eu vim à Terra para ensinar a pura verdade; vim para demonstrar o que os homens ainda tardarão alguns séculos para compreender; e é porque cada ser se engrandece por si mesmo.

Não somos salvos pela graça, não. Jesus Cristo não veio para nos salvar, veio unicamente para recordar-nos nosso dever. Morreu para imortalizar sua memória, para deixar gravadas na mente da humanidade as pregações de seu Evangelho. E tal foi a magia de sua doutrina, que as gerações que lhe seguiram lhe aclamaram como primogênito de Deus, e ainda acreditaram que na união com seu divino Pai regia os destinos do mundo.

Os homens se julgaram redimidos por terem derramado o sangue de um inocente. Ah! Se pelo derramamento de sangue vertido injustamente se salvasse a humanidade, os homens da Terra poderiam estar seguros de habitar o Paraíso; porque a justiça humana é cega. Mas não, ninguém se salva pelo sacrifício de outro. Cada um tem que comprar sua manumissão pagando em boa moeda, na moeda das boas obras, dos grandes sacrifícios, olvidando as ofensas e amparando o fraco.

Cada um cria seu patrimônio, e por mais ínfima que seja a classe do homem, quando este quer engrandecer-se chega a ser grande, muito grande, se se compara relativamente com seu nascimento e usa todas as forças que pode dispor. Em mim tenho a prova, Senhor, em mim vi resplandecer sua misericórdia. Quem menor que eu? Quem mais desprezado? Apesar disso, os monarcas da Terra escutaram meus conselhos, e os Sumos Pontífices disseram que tenho pacto com satanás, porque descobri todas suas tramas, e mais de uma vez lhes desbaratei seus iníquos planos. Eu... eu, tão pobre, que são mais os dias em que senti fome do que os que fui me deitar farto...! Querer é poder. A vida, a grandeza da vida não é um mito!

O que se necessita é vontade. Eu sempre tive esta vontade, por isso tenho vivido livre, por isso me fiz superior a todas as contrariedades que me têm acometido; e agora... dominando certo rubor, quero dizer quem sou a esta humanidade que amanhã lerá estas páginas, quero fazer os homens compreenderem que uma alma forte não se abate pelas atitudes de ingratidão, nem se vende por nenhum preço.

Antes de viver entre os homens de hábito negro, recordo perfeitamente que, sendo eu muito pequeno, vivia em um povo de escassos habitantes, e morava em uma cabana velha e miserável, em companhia de uma mulher jovem, que me repreendia frequentemente, à qual nunca chamei de mãe, se bem que ela me fazia compreender que eu era seu filho; mas eu não gostava de seu procedimento.

Uma noite entrou um homem em nossa casa, dando gritos e golpeando os poucos móveis que ali havia. Minha mãe me apresentou a ele, dizendo-me para abraçar a meu pai, mas eu resistia a isso, e ele, por sua vez, me afastou com um gesto brusco. Permaneceu conosco até o dia seguinte, no qual partiu. Pouco tempo depois voltou, e falou muito, e acaloradamente com minha mãe, e por último me chamou:

– Olha, os filhos dos pobres têm que ganhar seu pão; já cumpriste cinco anos, de modo que busca a tua vida.

E o mesmo me empurrou até que saí à rua; minha mãe quis deter sua ação, mas ele a apartou com violência, fechando a porta com estrondo, e aquele ruído me impressionou mais que a ação vilã de meu pai. Por mais que pareça impossível, à tenra idade de cinco anos, eu já pensava e reflexionava, e mirava com pena a mulher que me levou em seu seio;

quando a via embriagada, o que era frequente. Assim é que ao ver-me fora daquela cabana negra e sombria, onde nunca havia recebido um gesto de carinho, mas ao contrário, maus-tratos, especialmente em palavras, não experimentei pena alguma. Me distanciei tranquilo e me fui a meu lugar favorito, à beira-mar, onde passava longas horas.

Aquele dia olhei o oceano, que estava em calma, sentindo uma sensação desconhecida, mas agradável; parecia que examinava meus domínios, e tive de satisfazer minha contemplação, por que recordo que me sentei na praia e me entreguei à minha ocupação favorita, que era formar pirâmides de areia. Ao anoitecer, fui para um dos barcos velhos que havia na praia, dormindo tranquilamente. Por cerca de dois anos vivi à beira-mar, entre os pobres pescadores, que sem lhes pedir nunca esmolas, partiam comigo seu negro e escasso pão. Os autores de meus dias abandonaram o povoado e não sei em que paragem descansam seus restos.

Os pescadores me chamavam de pequeno profeta, porque lhes previa quando teria tormentas, e minhas previsões nunca falhavam, ainda que se tratassem de coisas que nem eu mesmo entendia.

Um ano depois de encontrar-me só no mundo, vieram cem penitentes negros para estabelecer-se na velha abadia que coroava a montanha, gigantesca atalaia, cujas maciças torres sempre estavam envoltas em um manto de bruma. Algumas vezes os pescadores me enviavam ao monastério com os pescados que mais agradavam à Comunidade, e sempre que entrava naquela mansão sombria, sentia uma espécie de repulsa. Quando saía, corria como se alguém me perseguisse, e então os pais de meu fiel Sultão, que eram dois lindos cães Terranova, me acariciavam ao entrar e ao sair; mas, apesar de tão poderoso chamamento, podia mais minha aversão aos homens de negro, e eu fugia deles.

Mas um dia, (nunca o esquecerei) me equivoquei no caminho, segui um corredor em lugar de outro, e entrei em um grande salão, rodeado de estantes, onde havia muitos livros, muitos maços de papel amarelados, pergaminhos e vários rolos de papiro: dois monges estavam lendo, e eu, ao vê-los ler, como se aquilo fosse para mim uma verdadeira revelação, me aproximei do mais idoso, lhe toquei o ombro, e sem temor algum, lhe disse:

218 | AMÁLIA DOMINGO SÓLER

– Eu quero ler como o senhor lê. Quer me ensinar? Eu aprende-rei logo.

O ancião me olhou, e seu companheiro lhe disse:

– Este é o menino abandonado por seus pais de quem já lhe falei mais de uma vez.

– Não há abandonados no mundo, porque a religião é a mãe de todos – respondeu o ancião. – Menino – disse, olhando-me fixamente: – Deus lhe guiou, sem dúvida, fazendo-o chegar até mim. A madre Igreja o acolhe em seu seio. Desde hoje viverá na Abadia.

– Deixe-me despedir de meus benfeitores – disse-lhe.

– Já irá – redarguiu.

E desde aquele momento deixei de fazer minha vontade. Meus professores ficaram satisfeitos comigo, ainda que nunca me demons-trassem; jamais me demonstraram carinho, nem me castigaram; minha vida era triste, e de uma monotonia insuportável. Sentia um frio na alma, que me doía muitíssimo, e apenas recuperava o alento quando León e Zoa apoiavam sua inteligente cabeça sobre meus joelhos. No-bres animais! Eles eram os únicos que me proporcionavam carinho, e demonstravam alegria em ver-me; os demais moradores do convento jamais me dirigiram uma palavra carinhosa.

Mais de uma vez me lembrei dos pobres pescadores, que em meio a sua rudeza me amavam e me escutavam como a um oráculo; mas eu tinha sede de ciência, eu queria ser um grande sábio, e em minha juven-tude o homem não tinha mais que dois caminhos para engrandecer-se: o campo de batalha ou a religião; as artes estavam mortas. Já virão tempos melhores em que o homem poderá escolher à sua vontade. Mas então o saber estava nos conventos, e eu queria ser sábio a todo custo, assim devorei em silêncio minha solitária infância e minha austera juventude.

Todo meu afã era ler, ler sempre, e quantos livros havia na biblio-teca do convento, todos cheguei a saber de memória. E ainda fiz a crí-tica de todos eles, e aos dezesseis anos pronunciei um discurso refu-tando todos os silogismos teológicos, o que me valeu uma duríssima repreensão de meus superiores e a ameaça de horríveis castigos, se assim me rebelasse contra a madre Igreja, que me havia acolhido em seu seio quando não tinha mais que o pão da caridade.

No ano seguinte, por regulamento do ensino, tive que pronunciar um novo discurso, que me valeu um ano de encerramento, alimentar-me durante seis semanas com pão e água, e privação temporal de subir à Cátedra sagrada.

Poucos dias antes de celebrar, pela primeira vez, o sacrifício da missa, o ancião a quem lhe pedira que me ensinasse a ler, quando criança, me chamou à sua cela, e me disse:

– Germano, eu lhe quero muito bem, ainda que nunca lhe tenha demonstrado, porque a estreiteza e a austeridade da Ordem a que pertencemos não permite expansões ao coração, e temos que sufocar todos os sentimentos, e é o que quero que faça. Você é uma alma nobre e generosa, extraviada pelas dores da juventude. Lembre-se de que se não refrear seu caráter, poucas auroras brilharão sobre você; por outro lado, se serve à Igreja que lhe serviu mãe, não esqueça que para você está reservada a Cadeira de São Pedro. Não se proclame livre, porque será uma folha seca no mundo, e submisso aos mandatos da Igreja, todos os soberanos da Terra se prostrarão ante você.

– Eu serei fiel à Igreja sem trair meus sentimentos.

– Tem em conta que agindo deste modo sua vida será o caminho do calvário, sendo estéril seu sacrifício.

– Agradeço seus conselhos; eu amo a Igreja, e porque a amo, quero retirá-la do pântano em que vive.

– É um pobre visionário, e me inspira profundíssima compaixão. Quem é você para reformar uma instituição que os séculos têm respeitado?

– Quem sou, o senhor me pergunta? Sou um espírito amante da luz, decidido partidário do progresso.

– Trata de não promover um cisma.

– Eu não farei mais que predicar a verdade, que é a essência do Evangelho.

O idoso me olhou fixamente e me disse baixinho:

– Germano, filho meu, está muito próximo do fogo. Cuidado para não se queimar.

Entraram outros monges na cela, e eu me retirei à minha para começar minha preparação, e alguns dias depois, com inusitada pompa, se adornou o templo da Abadia. Os primeiros magnatas e as damas mais nobres da Corte compareceram para ouvir minha primeira missa, e quando subi ao púlpito, o general da Ordem, ao dar-me a bênção, me disse:

– Você sobe por seus pés; procure descer do mesmo modo.

Quando ocupei a tribuna sagrada, vi que nela não estava só. Um monge, de joelhos e com as mãos cruzadas, parecia entregue à profunda meditação. Ao ver-lhe senti frio, compreendi as instruções que tinha, e me prostrei no chão para que a multidão pensasse que me entregava à oração, e o que fiz foi medir o fundo abismo onde havia caído. Havia pronunciado todos os meus votos, estava separado da grande família humana, consagrado a uma igreja, cujas bases se afundavam sob meus pés, porque das pedras de sua fundação brotava uma água avermelhada.

Examinei seu credo e vi que seu voto de pobreza era mentira, e que sua humildade era uma máscara de hipocrisia. Me levantei, mirei em torno de mim e contemplei o templo, que apresentava um aspecto verdadeiramente deslumbrante. Torrentes de luz, nuvens de aromático incenso! Homens e mulheres envoltos em seus melhores trajes, altos dignitários da Igreja, todos estavam ali reunidos para escutar a palavra do ungido do Senhor; e aquele homem que a multidão acreditava sagrado, tinha a seus pés um assassino, o qual tinha ordens de feri-lo no momento em que falasse algo que não estivesse de acordo com as instruções que seus superiores lhe haviam ministrado.

Aquela horrível farsa destroçou meu coração; me haviam dado como tema, que descrevesse a missão do sacerdote, e a imperiosa necessidade que havia de que a sociedade se submetesse a seus mandatos, posto que os sacerdotes eram os eleitos do Senhor.

Ao ver a grande multidão, parecia que línguas de fogo caíam sobre minha cabeça; um suor gelado entumeceu meus membros. Depois, uma súbita reação revigorou meu ser, e sem dar-me conta do que fazia, estendi minha destra sobre a cabeça de meu mudo companheiro, e este estremeceu, me olhou, e a contrafeita, se deixou cair contra a parede, fechou os olhos e perdeu a vida ativa: ficou sem vontade. Eu então me senti mais tranquilo e comecei minha prédica, que se alongou por mais de três horas. Que dia aquele, jamais o esquecerei!

Aguardando minha palavra, as mulheres da corte levantavam-se de seus elevados assentos; os homens falavam uns com os outros, os monges me enviavam com seus olhos todas as ameaças do inferno; e eu falava, falava sem interrupções, pois sentia-me forte e corajoso. Foi a única vez em minha vida que tive a meus pés todas as classes sociais. Estava verdadeiramente inspirado! Falei da família, do sacerdócio, da mulher, e, por último, do que eram os sacerdotes. Oh! Então todos os monges se levantaram ameaçadores, mas eu olhei-os, estendi sobre eles minhas mãos, que pareciam de fogo, porque das pontas de meus dedos saíam chispas luminosas, e exclamei com voz estrondosa:

– Humanidade, está vivendo um engano. Crê que os sacerdotes são homens distintos dos demais, que estão iluminados pela graça do Senhor, e não há tal graça, nem tal predestinação. Um sacerdote é um homem como outro qualquer, e às vezes com mais vícios que a generalidade. Sabem quem sou? Sabem a quem estão escutando? Já sei a fábula que circula sobre mim, já sei que dizem que dormi em leito majestoso, e que a revelação do espírito santo caiu sobre minha cabeça, e abandonei meu posto opulento para vestir o burel do penitente.

"Acreditam-me um eleito... e eu quero que saibam toda a verdade, toda a verdade. Fui um mendigo! Fui um deserdado que aos cinco anos se encontrou só no mundo, e durante dois anos vivi da caridade! Depois vi livros, vi homens que os liam e quis ser sábio. Por isso entrei na Igreja, sedento de sabedoria, não de santidade, porque a santidade não existe, a santidade é um mito, do modo que vocês a compreendem. O homem sempre sentirá as tentações da carne, porque de carne é seu corpo. Por muito que macere e destroce seu organismo, sempre lhe restará uma fibra sensível à qual cederão, em um momento específico, todos seus propósitos de emenda; e não o acusem, não o recriminem. A natureza tem suas leis, suas leis imutáveis, e opor-se a seu cumprimento é opor-se à marcha regular da vida; e a vida é um rio que desaguará sempre nos mares da eternidade.

"O corpo sacerdotal se encontra de tal modo constituído, que não se faz feliz nem a si mesmo, nem exerce a alegria daqueles que tudo esperam dos santos conselhos do sacerdote, pois este vive fora da lei natural, e sobre todas as leis dos homens está a lei da vida. Contemplem todas as espécies; que fazem? Unir-se, completar-se um nos braços do outro, receber o pólen fecundante que oferece a natureza. E o sacerdote, que faz, entretanto? Truncar com os cilícios e suas aberrações a lei inviolável, ou suscitar escândalos, cedendo às demonstrações da mais desenfreada concupiscência. Para que pronunciar votos que não podem cumprir, senão à custa de duros sacrifícios?

"Por que o sacerdote não pode criar uma família dentro das leis morais? Ah, Igreja, Igreja! Quer ser a Senhora do mundo, e se rodeia de escravos! Não pode ser a esposa de Jesus Cristo, porque Jesus Cristo amava a liberdade, e a Igreja quer a escravidão! Porque todos os seus vivem oprimidos, uns pelas escandalosas violações de seus votos, outros por entregar-se ao aturdimento; aqueles por serem dóceis instrumentos de bastardas ambições; nenhum sacerdote vive livre e usufruindo desta liberdade, desta gentil calma que nos brinda uma vida simples dentro do estrito cumprimento do dever.

"Na Igreja tudo é violência. Domina, mas domina pela força. Os sacerdotes são donos de todos os segredos; mas, de que maneira! Penetrando cautelosamente no lar doméstico, surpreendendo com suas perguntas à menina crédula, à jovem confiada, à anciã frágil. Ah! Eu sonho com outro sacerdócio. Eu serei sacerdote, sim; mas não perguntarei a ninguém sobre seus segredos. Eu amo a Igreja que me estendeu seus braços, e em memória de ter-me educado, serei fiel a seu credo, por mais que este seja absurdo em muitos conceitos, pelas adições e emendas que os homens lhe fizeram.

"Eu demonstrarei que a religião é necessária à vida como o ar que respiramos, mas uma religião lógica, sem mistérios nem sacrifícios horríveis. Eu serei um dos enviados da religião nova, porque, não duvidem, nossa Igreja cairá, cairá... sob o imenso peso de seus vícios! Veem esses pequeninos que agora dormem nos braços de suas mães? Pois esses espíritos trazem em si o germe divino da liberdade de consciência; eu serei sacerdote dessa geração que agora começa a sorrir. Sim, nada quero de suas pompas; fiquem com suas mitras e suas tiaras, seus bordões de ouro, seus bonetes e mantos de púrpura.

"Eu vou predicar o Evangelho entre os humildes de coração; eu prefiro sentar-me em uma rocha a ocupar a cadeira que vocês atribuem a São Pedro. E já que meu destino me negou uma família, já que me afiliei a uma escola que nega a seus adeptos o prazer de unir-se a outro ser com o laço do matrimônio, já que hei de viver honrado, hei de viver só. Como quero ter minha consciência muito tranquila, me cercarei de crianças, porque as crianças são o sorriso do mundo. Sempre direi como disse Jesus: – Venham a mim os pequeninos, que são limpos de coração!"

Quando pronunciei estas palavras, algumas crianças, que estavam nos braços de suas mães, uniram-se e voltaram-se para mim, mas o que mais atraiu a minha atenção foi uma menina de cerca de três anos de idade que descansava nos braços de uma senhora da nobreza, que levantou seus pequenos braços em minha direção. Eu silenciei alguns momentos, fascinado pelos gestos da menina, que fez esforços para vir até mim. Ela conversou com a mãe, gesticulou, apontou onde eu estava e naquele momento eu esqueci de tudo, tudo! Entre aquela multidão compacta, eu vi apenas uma mulher e uma garotinha.

Que mistérios guarda a vida! Essa mesma moça foi quem dez anos depois me perguntou, antes de se aproximar da mesa do Senhor pela primeira vez: "Padre, amar é pecado?" Aquela criatura terna, que em sua inocência queria vir ao meu chamado, era a que dez anos mais tarde, se prostrou ante meu confessionário, e o perfume do jasmim branco que coroava sua testa perturbou minha razão por um momento. Aquele anjo que estendeu os braços para mim era a garota pálida, aquela com os cachos negros, em cujo coração, desde pequena, minha voz encontrou o mais doce eco.

Quão longe eu estava, então, de pensar que o túmulo desta menina seria meu santuário! Vendo que as crianças respondiam ao meu apelo, senti uma alegria inexplicável, e segui dizendo:

– Vocês veem? Veem como os pequenos já escutam minha voz? É porque pressentem que eu serei para eles um enviado de paz. Sim, sim; os meninos, os puros de coração, serão os amados de minha alma, para eles será o mundo de amor que guarda meu espírito. Religião, religião do Crucificado, religião de todos os tempos, é verdade quando não se encerra nos monastérios nem nas pequenas igrejas...!

E falei tanto, tanto, e com tão íntimo sentimento, que dominei por completo o meu auditório, e até os penitentes negros deixaram de olhar-me com aversão.

Quando deixei de falar, a multidão tomou da escada do púlpito e me aplaudiu frenética e delirantemente. Me aclamou como enviado do Eterno, porque a voz da verdade sempre encontra eco no coração do homem.

E quem era eu? Um pobre ser abandonado por seus próprios pais... Quem mais pobre que eu? Mas em meio a minha extremada pobreza sempre fui rico, muito rico, porque nunca me torturou o remorso, nunca tive a face ruborizada pela recordação de uma má ação, sempre olhei dentro de mim mesmo, e vi que não era culpado.

Obrigado, Senhor! Meus pais deste mundo me abandonaram, mas não há órfãos, porque Tu nunca abandonas teus filhos; estes sim se esquecem de Ti, e vivem na orfandade de seus desacertos.

Pobre menino! Trouxe à minha memória as recordações de minha primeira infância, me fez escrever neste manuscrito os acontecimentos que durante muitos anos eu procurei afastar de minha mente; e hoje, ao contemplá-lo, ao ver que outro ser entrava como eu na vida pela senda do infortúnio, me senti mais forte, e disse: "Não só eu fui maldito por meus pais; este menino é bonito, seus olhos irradiam o amor, e em sua testa a inteligência, e também para ele foi negado o amor maternal. Já não fui o único; então, por que ocultar estes primeiros episódios de minha vida, quando encerram um ensinamento útil? Pois neles fica demonstrado que o homem é grande somente por si mesmo. Eu pude sentar-me no primeiro assento do mundo e aos cinco anos me vi só na Terra, e só do modo mais triste, pela ingratidão daqueles que me deram a vida; mas, em meio a meu abandono, senti que em mim havia faíscas da divindade; quando vi como os homens se faziam sábios, eu almejei sê-lo, e refleti: se você não possui nada, por esta mesma razão, deve adquirir sabedoria..."

Quis viver e tenho vivido, quis ser livre e tenho sido, porque as paixões não me têm dominado. Sempre acreditei que a felicidade não é um sonho, e é certíssimo que não o é. Ninguém tem reunido menos elementos que eu para ser feliz, e no entanto, tenho sido. Ao lado de uma tumba encontrei a felicidade; o homem não é feliz porque não vê mais que o

MEMÓRIAS DO PADRE GERMANO | 225

tempo presente; mas aquele que crê que o tempo não tem fim nem medidas, que se chamam passado ou futuro, aquele que pressente o infinito da vida, para esse não existem as sombras; por isso não existiram para mim, porque sempre tenho esperado por um dia sem crepúsculo, porque sempre ouvi vozes distantes; muito distantes... que me disseram: "A vida não se extingue nunca! Você seguirá vivendo... porque tudo vive na Criação!"

E ante a certeza da eternidade, todas as lembranças tristes se apagam de minha mente, vejo a luz do amanhã, e as sombras de meu passado se dissipam ante o sol esplêndido do porvir.

21

A ÁGUA DO CORPO E A ÁGUA DA ALMA

VOCÊS, MULHERES FELIZES, QUE tiveram a felicidade da fertilidade! Vocês, homens afortunados, que viram-se renascer em seus filhos! Nunca os forcem a ser sacerdotes, nem sequer pensem em dizer-lhes: "Consagra-te à Igreja!" Porque a Igreja não é mãe, é apenas madrasta, e o sacerdote que quer cumprir seu dever é profundamente desditoso. Eu sei disso por mim.

O homem ou mulher que se consagra à Igreja romana comete um suicídio, aplaudido pela sociedade, porque a sociedade em massa se assemelha à multidão do povo em dia de revolução, que grita porque ouve gritos e pede por que ouve pedir; mas não sabe por que grita, e não entende o que pede; da mesma maneira, quando uma mulher entra no convento, se diz: "Que feliz mulher! Ela já deixou a fadiga deste mundo!" Seus idiotas! Fadiga, saudade, ânsia, o espírito traz consigo, é seu patrimônio; o espírito tem que viver, e o mesmo sente, em meio às multidões, que no recôndito obscuro de uma cela, não há jejum, não há penitência, não há cilício que esgote as forças da alma. Isso é poderoso, enquanto se conservam em perfeito equilíbrio suas faculdades mentais.

Se as paredes dos conventos falassem...! Se suas pedras deterioradas pudessem ir a um lugar onde as multidões viessem para ouvir o que as pedras dos mosteiros diziam, pareceria que a trombeta do juízo final havia soado e que os dias do Apocalipse haviam chegado! Tudo seria confusão e medo! Que dramáticas revelações! Que relatos interessantes e patéticos! Que episódios catastróficos e que resultados verdadeiramente trágicos...!

A mulher! Formosa flor da vida que cresce louçã na estufa do lar doméstico.

A mulher! Nascida para amamentar o filho, para cercar-lhe de ternos cuidados, para aconselhar-lhe em sua juventude, para consolar-lhe em sua velhice... Um ser tão útil por vontade de Deus... E tão inútil se torna no seio de algumas religiões... Condenando à esterilidade a que é a fonte da reprodução!

E o homem... um ser tão forte e bravo, que leva consigo a emanação da vida, que atravessa os mares, cruza os desertos, que sobe o cimo das montanhas, que domina as feras, que com seus inventos e descobrimentos utiliza tudo o que lhe oferece a natureza, esse ser tão grande que diz com legítimo orgulho: "Deus me fez a sua imagem e semelhança.", a que vê reduzido todo seu poderio quando se prostra ante um altar e põe em seus lábios a hóstia consagrada, e bebe o vinho que simboliza o sangue de Cristo? O que é aquele homem? É um autômato, é um escravo, não tem vontade própria; o último mendigo da Terra tem mais direitos para ser feliz.

Ele tem que olhar as mulheres, que são a metade de seu ser, como elementos de tentação; ele tem que ouvir-se chamar padre sem poder estreitar seu filho contra seu coração; sem poder dizer: "Veja, que bonito ele é! Já me conhece! Quando sente meus passos ergue a cabeça e se volta para olhar-me." Estas alegrias supremas, estas graças divinas, estão negadas para o sacerdote. Se ele cede à lei natural, tem que ocultar seus filhos, como o criminoso oculta o objeto roubado, deixando cair sobre a face daqueles inocentes a mancha de um nascimento espúrio, pois a sociedade tem suas leis, e aquele que vive fora destas faz mal.

O prazer ilícito não é prazer, é a febre da alma, e o calor enlanguesce o corpo e fadiga o espírito. O sacerdote, usufruindo das expansões da vida, infringe a lei que jurou, e nunca se encontra na infração a base desta felicidade, desta felicidade nobre, santa e pura, que engrandece o espírito, que lhe cria uma verdadeira família no mundo espiritual... Oh, o verdadeiro sacerdote é imensamente mal-afortunado! Igreja, Igreja, que mal compreendeu teus interesses! Cercou-te de árvores secas, tuas comunidades religiosas se assemelham a bosques arrasados por um incêndio, cujas raízes calcinadas não têm seiva para alimentar a seus rebentos.

Tu infringiste a lei natural, tu martirizaste os homens, tu estacionaste o espírito, tu te chamas a senhora do mundo... Mas teu povo não serve para sustentar teu trono. Teus vassalos se dividem em duas frações: os bons são autômatos, convertidos em dóceis instrumentos, são coisas; e os maus são impostores, hipócritas, são sepulcros caiados.

Ah! Por que me afiliei a ti? Por que fui tão cego? Porque a solidão é muito má conselheira; e eu tenho vivido tão só...! Abandonado de minha mãe, busquei na Igreja o carinho maternal; mas esta segunda mãe também me rechaçou quando lhe disse o que sentia, quando me proclamei apóstolo da verdade. Ela me chamou de filho espúrio, me qualificou de apóstata, e me expulsou de seu seio como uma prostituta expulsa o filho que a estorva. Sem dúvida, em outras existências, eu terei sido um mau filho, agora nesta vida sou condenado a viver sem mãe.

E eu amo a Igreja; sim, a amo. Porque a amo quisera vê-la despojada de suas ricas e perecíveis vestes. E não queria ver seus sacerdotes com trajes de púrpura e em marmóreos palácios; preferiria que habitassem em choupanas; que fossem venturosos cercados de uma família amorosíssima, e que à face do mundo pudessem dizer seus indivíduos: "Este é meu pai, e aquela é minha mãe." E porque disse meus desejos a meus superiores, porque no dia de minha primeira missa, me apresentei dizendo a verdade, no dia seguinte da cerimônia, me disse o general dos penitentes negros: "Vai-te, foge, porque tua palavra está inspirada pelo inimigo de Deus! Tu recebes inspirações de Luzbel, e não podes estar entre os servos do Altíssimo; mas porque não se diga que tua madre, a Igreja, te abandona, irás ocupar a vaga de um vicariato em um povoado."

Antes de ir a meu destino, sofri o desterro, a fome, a calúnia, e sem saber por que, quando chegou o momento de ir tomar posse de minha pequena igreja, senti frio. Cheguei ao lugarejo, o qual estava situado em um vale cercado de altíssimas montanhas, e não se via mais que um pedaço de céu sempre coberto de espessa bruma. Ali a natureza não falava à alma, não havia paisagens belas que elevassem o espírito, e o conduzissem à contemplação do infinito; mas, ao contrário, havia lindíssimas mulheres que guardavam em seus olhos toda a cor azul que faltava no céu.

Receberam-me com palmeiras e oliveiras, e vieram pressurosas a confiar-me seus segredos, todas as jovens daqueles vales, e ao escutá-las, ao ver como o fanatismo as dominava, que diziam a um homem jovem, que não conheciam, o que lhes dava vergonha de confiar a suas mães; ao ver aquela profanação que o costume autorizava; ao ver-me jovem, depositário de tantas histórias, sem mais direito para desempenhar um cargo tão delicado como ser um homem como os outros, cheio de paixões e desejos, que tremia emocionado ante aquelas mulheres jovens e belas, as quais abriam o livro de seus corações e me diziam: "Leia...!". Quando eu calculava todo o absurdo, todo o comprometimento daquelas confidências, dizia: "Senhor, isto não está em tua lei, impossível! Tu não podes pedir que se converta em pedra um coração de carne!"

Por que me deu juventude? Por que me deu sentimentos? Por que me deu vida, se me havias de condenar à morte...? Isto é insuportável...! Isto é superior às débeis forças do homem. A confissão, se existisse o demônio, diria que este a inventou. Falar com uma mulher sem reticência alguma, saber um por um de seus pensamentos, sem que se lhe oculte seu menor desejo; dominar sua alma, regular seu método de vida... e depois... depois ficar só... ou cometer um crime, abusando da confiança, da ignorância de uma mulher, ou ver passar os prazeres e as alegrias como visão fantástica de um sonho.

Eu creio firmemente que a religião, para ser verdadeira, deve proceder em todos seus atos em harmonia com a razão, e a confissão não está, especialmente em indivíduos de ambos os sexos, em cuja testa não haja deixado os anos, copos de neve.

Naquele reduzido lugar eu me sufocava; os costumes deixavam muito a desejar; adoravam a um Deus de barro, lhes cegava o fana-

MEMÓRIAS DO PADRE GERMANO | 231

tismo, e compreendi que eu não devia viver entre eles. Eu temia cair, eu duvidava de minhas forças, e na dúvida, eu me abstive de lutar; eu queria engrandecer meu espírito, queria purificar a minha alma, e para isso eu necessitava de mais solidão, menos incentivos; porque enquanto o nosso ser se agita, se torna mais fácil dominar e superar um desejo do que resistir a uma tentação contínua.

Não quero a solidão dos anacoretas, porque o isolamento absoluto estaciona o homem, mas tampouco quero lutar contra os inimigos cujo número possa vencer-me; para sair do risco é necessário dominar a situação, conservando com o máximo cuidado o perfeito equilíbrio de nossos sentidos. Pedi a meus superiores para que me trasladassem; mas pelo mesmo que pedi me foi negado; e eu então, como se algo me dissesse "Vai-te!", decidi abandonar aquela paragem onde lutavam em toda sua efervescência as paixões, a ignorância e a juventude.

Quando minha grei soube que os deixava, empregaram todos os meios que seu carinho lhes pôde sugerir para me deter. Me amavam, especialmente algumas mulheres me amavam demasiado; me chamavam de seu salvador, seu anjo da guarda! Mas eu ali não ficaria, necessitava de mais pureza, mais simplicidade, mais céu, mais luz, ar e vida! Aquelas montanhas eram demasiado áridas; a vegetação daqueles vales, nos quais apenas chegavam os raios do sol, e isso após longuíssimos intervalos, era fraca e enfermiça; e fugi, porque estava sedento, e naquele lugar não havia encontrado nem água para o corpo nem água para a alma. Miguel e Sultão me seguiram, e ambos me olharam, dizendo-me com seus olhos: "Aonde iremos?". E eu lhes dizia: "Ali onde encontre água, porque tenho muita sede."

Caminhamos dias e dias, detendo-nos nas aldeias, mas em parte alguma me encontrava bem, e dizia a meus companheiros:

– Sigamos adiante; o homem tem obrigação de viver, e para viver eu necessito de ar, espaço e luz.

****

UMA MANHÃ SUBIMOS EM uma montanha, e ao ver-me no alto desta, lancei um grito de admiração: por uma parte, o mar murmurava a meus pés sua eterna hosana, o sol cobria a móbil superfície das ondas com uma chuva de deslumbrantes diamantes, e por outro lado, vales floridos, verdes ribas, alegres riachuelos que serpenteavam entre as colinas; mansos rebanhos pastavam sem suas margens, e um grupo de crianças, disputando sua ligeireza e agilidade com os cabritinhos, corriam uns atrás dos outros, lançando exclamações de júbilo às quais contestavam os inumeráveis pássaros que se alojavam entre a folhagem.

Aquela paisagem encantadora me impressionou tão profundamente, que durante longo tempo permaneci submerso em extática meditação. Sultão se lançou a meus pés, Miguel se entregou ao repouso; tudo em torno respirava amor e paz. Ao fim, exclamei, dirigindo-me a Deus: "Senhor, se Tu me permites, eu gostaria de permanecer neste lugar, pois aqui encontro este algo inexplicável que me faz viver." Uma voz distante pareceu ter-me dito: "Permanecerás...!" E eu, alvoroçado, disse a meus companheiros:

– Vamos, vamos percorrer essa planície. Naquelas casinhas que eu vejo à distância, me parece que vivem seres virtuosos.

E começamos a descer a montanha. À metade de nosso caminho, sentimos o agradável ruído que produz a água de um abundantíssimo manancial, que formava uma artística cascata, porque nada tão artístico como a Natureza. Ficamos agradavelmente surpreendidos, e todos bebemos afanosos o melhor líquido que se conhece no mundo: a água, que brotava de uma rocha, coroada de samambaias e de musgo; me sentei ao pé daquela formosa fonte formada pelas mãos de Deus, dizendo a Miguel:

– Beba, esta é a fonte da saúde. Desde que a bebi me encontro melhor. Repousemos aqui.

Sultão, enquanto isso, reconhecia o terreno.

Meia hora havia passado entregue a meus pensamentos, quando vi chegar um homem coberto de farrapos, que se apoiava em um menino, cujo rosto estava desfigurado pelos estragos que a lepra lhe havia causado; ao tê-lo perto de mim, vi que o mendigo era cego. Infelizes! Quanta compaixão me inspiraram! Chegaram ao manancial e beberam com avidez, voltando a empreender seu caminho.

MEMÓRIAS DO PADRE GERMANO | 233

Eu lhes segui, e iniciei uma conversa com o mendigo, que me disse que ia à aldeia vizinha, onde sempre lhe davam abundantes esmolas, tanto que, às vezes, daquilo que lhe sobrava, dava a outros companheiros de infortúnio, pois ali, até as crianças eram caridosas. Ao ouvir tão consoladoras palavras, não pude menos que exclamar:

– Bendita seja esta aldeia! Aqui se encontra água para o corpo e água para a alma!

E como se algo providencial respondesse a meu pensamento, um grupo de crianças nos obstruiu o passo, e dirigindo-se ao cego, um deles exclamou:

– Como você demorou, bom Tobias! Há mais de duas horas esperamos. Tome, tome que trouxemos muitas coisas boas.

E se apressaram em colocar nos alforjes do pedinte grandes pães, queijos e frutas, e o que mais me comoveu, foi que o maior dos meninos disse ao mendigo, com voz carinhosa:

– Eu levarei sua carga, para que descanse, e apoie-se em mim, para que seu filho fique livre, e possa brincar, até que cheguemos a minha casa.

O pequeno leproso não se fez de rogado, deixou seu pai, e começou a brincar com os meninos e com Sultão, que logo se fez amigo de todos; e em tão agradável companhia, entrei na aldeia, onde permaneci trinta e sete invernos, e Deus, somente, sabe quantos anos estarei ainda.

Quando me viram, seus habitantes me trataram todos com o maior afeto, como se me conhecessem desde há muito tempo; e um ancião me disse:

– Em que momento tão oportuno chega, senhor...! O cura desta aldeia está em estado de saúde muito grave, e quando vier a falecer, sabe Deus os meses e até anos que estará este rebanho sem pastor. Somos tão pobres, que nenhum abade quer vir até aqui. Jesus amou os humildes, mas seus ministros não querem seguir suas pegadas.

Aquela mesma noite, o bom cura do lugar deixou a Terra. Eu recebi sua última confissão, e a poucos seres vi morrer com tanta serenidade. Nada mais consolador que a morte do justo!

Com que tranquilidade deixa este mundo! Que sorriso tão doce anima seu semblante! Aquela morte me fez pensar muito, porque parecia um sucesso providencial. Eu olhava em torno de mim e via seres carinhosos, expansivos, mas não fanáticos ou ignorantes, e me pareceu impossível que eu pudesse viver em uma paragem onde havia encontrado água para o corpo e para a alma. Eu pensava, e dizia:

– Senhor! Serei egoísta se ficar aqui?

Mas uma voz distante, muito distante, repetia em meus ouvidos:

– Não, não é egoísta. Em relação a bens materiais, viverá aqui tão pobre, que será enterrado por esmola; não é egoísmo querer praticar o bem, e é prudência fugir do perigo, fugir do abismo, onde se tem a certeza de cair.

O homem deve sempre procurar viver em uma atmosfera que não lhe asfixie, mas sim que lhe brinde com paz e alegria; o espírito não vem à Terra para sofrer, porque Deus não lhe criou para o sofrimento. Vem para exercitar suas forças, para progredir, mas não para sustentar esses pugilatos que as religiões absurdas exigem. Faça o bem, e no bem viverá. A Terra não é um deserto estéril; há mananciais de água cristalina para saciar a sede que sente o corpo, e também há torrentes de virtudes para saciar a sede que sente a alma.

Não tenho a menor dúvida de que os espíritos do Senhor falavam comigo, porque sempre duvidei de mim mesmo, e sempre vozes distantes, muito distantes, mas suficientemente perceptíveis, me fortaleceram, me aconselharam e dissiparam todas as minhas dúvidas.

Minha única aspiração tem sido ser bom. Eu renunciei à felicidade que as paixões terrenas me oferecem, porque meu credo me negou criar uma família; por outro lado, graças ao Senhor, pude viver em um lugar onde encontrei a água do corpo e a água da alma.

Entrei em um mundo sedento de amor, e o amor dos infelizes saciou minha sede.

22

NA CULPA ESTÁ A PUNIÇÃO

SENHOR, SE FOSSE POSSÍVEL para a humanidade viver longos anos sem reproduzir-se, sem renascer em seus filhos, como seria triste viver no mundo se não houvesse filhos, se não se pudesse olhar para aqueles rostos cor de rosa, animados por olhos brilhantes, coroados por cachos abundantes e iluminados por um sorriso celestial...!

Esqueceríamos da harmonia celestial se não ouvíssemos as vozes argentinas das crianças. Que agradável é conversar com os pequeninos! Quanto nos instruem!! Porque suas perguntas repetidas nos colocam na necessidade de respondê-las, e às vezes elas nos fazem observações tão profundas que somos forçados a pensar, porque dizemos, "Esta criança vence-nos na argumentação"; e como o amor próprio nos domina, não queremos que seja dito que um garotinho sabe mais do que nós, e nos apressamos a estudar o assunto que nos perguntou, para servir-lhe de professor.

Poderoso incentivo tem sido eles para mim, e lhes devo meus mais profundos estudos em geologia, mineralogia, astronomia, agricultura, horticultura e floricultura, porque suas perguntas incessantes me encorajaram a perguntar à Natureza.

Quanto eu amei e ainda amo as crianças...! E este amor tem a sua razão de ser! Como vivi sozinho...! Nada tão amargo como os primeiros anos de minha vida...! Nunca a sua memória foi apagada da minha mente. Ainda me vejo sentado à beira-mar, olhando para a água e o céu, sem que uma mãe amorosa viesse me buscar, mas eu sim era quem saía ao encontro dos pescadores, e oferecia-lhes os meus serviços para que eles em troca me dessem um pedaço de pão preto. Como eu sei com quanta inveja olham as crianças aos seres felizes, por isso tenho procurado sempre ser o pai amoroso de todos os pequeninos que ficaram órfãos, ou que a rudeza de sua família não lhes oferece essa ternura, esse afeto, que faz a felicidade daqueles que começam a viver.

Ao meu lado não permiti que alguma criança sofresse. É por isso que eu sempre fui cercado pelos pequeninos: eles foram e ainda são minha escolta. Os habitantes de outras aldeias, quando veem muitas crianças reunidas, dizem sorrindo: "Padre Germano não deve estar muito longe." E não estou, de fato; os mendigos e as crianças são meus melhores amigos. Desta forma, os pequeninos, ao verem um mendigo, correm para me buscar, acompanhados de Sultão, e ao vê-los não preciso perguntar-lhes o que eles querem, pois sei que um necessitado reclama minha ajuda, e lhes digo: "Guiem-me, meus filhos." Como eles são felizes quando me deixo conduzir por eles!

Um me toma do braço, o outro quer minha capa, e como se eu não soubesse palmo a palmo todo o terreno que rodeia a aldeia, meus guias dizem para mim, "Por aqui é mais perto." "Por lá é mais distante", "Mais adiante não é um bom caminho." E essas precauções infantis e carinhosas me fazem sorrir. É tão gratificante ver-se amado, e especialmente ver-se querido por almas boas...! Porque há poucas crianças que sejam maldosas! A ambição, a profunda avareza, não se desperta nos primeiros anos, e as demais paixões que apequenam o homem não se desenvolvem antes da juventude.

A infância é o símbolo da pureza, excetuando-se os espíritos rebeldes; mas a generalidade das crianças são as formosas flores da vida; o delicado aroma de sua alma purifica a atmosfera deste mundo, tão infestado pelos vícios e crimes dos homens.

As horas mais tranquilas de minha existência, devo-as às crianças. A terníssima confiança que eles tinham em mim me dava alento para sacrificar-me pelo bem da humanidade. Eu dizia: "Se eles fixam seus olhos em mim, é preciso que eu lhes dê um bom exemplo", e lutava para dominar minhas paixões, e ao vencer-me, ao dominar-me, me apresentava a eles tão contente, porque assim inoculava em seus ternos corações a seiva da verdadeira vida. A vida sem virtudes é um suicídio lento, e em contrapartida, enobrecida pelo cumprimento do dever, santificada pelo amor universal, é o instrumento mais precioso que o espírito possui para seu aperfeiçoamento indefinido.

****

OITO ANOS HAVIAM PASSADO desde minha chegada à aldeia, e durante este tempo havia conseguido criar uma grande família; os anciãos vinham pedir-me conselho, os jovens me contavam seus problemas, e me confiavam a história de seus amores; os pequenos, se eu não presenciava seus brinquedos não estavam contentes; por conseguinte, havia realizado meu belo ideal, havia formado as sólidas bases da religião que eu ensinava, havia convertido minha velha igreja em um ninho de amor e esperança.

Uma tarde estava eu estudando, quando vi entrar em meu oratório Sultão, que veio, como de costume, apoiar sua inteligente cabeça sobre meus joelhos. Depois ele me olhou e lançou um uivo queixoso, fechando os olhos. Dois meninos vinham com ele, e ao ver que abriu e fechou os olhos várias vezes, se puseram a rir, e o maior me disse:

– Padre, não entende o que lhe disse Sultão? Ele lhe disse que encontramos uma pobre cega. Venha, padre, venha! Esta sim necessita do senhor, porque está blasfemando, está dizendo, aos gritos, que não há Deus. Que má deve ser esta mulher! Verdade, padre, que deve ser má?

Sem saber por que, as acusações daquele menino, me atingiram, e eu lhe disse:

– Veja bem, filho meu, ninguém tem direito de julgar os outros.

– Mas ela disse que Deus não existe – respondeu o garoto – vamos ver, vamos ver.

Saí com meus infantis companheiros, e nos dirigimos à fonte da Saúde, onde encontrei o seguinte quadro: Dez ou doze pequeninos rodeavam uma mulher que estava quase desnuda, com os cabelos soltos, os olhos fundos, mas abertos, rodeados por um círculo violáceo; tinham uma fixação aterradora. Apesar de estar muito magra (pois parecia um esqueleto), no rosto daquela infortunada se via as marcas de sua beleza perdida; seu perfil conservava o selo da perfeição. Olhei-a atentamente e parecia que uma voz murmurava a meus ouvidos: "Olhe-a bem! Não se lembra? Volte seu olhar para trás." Eu em minha mente ia evocando todas as recordações, e a voz me dizia: "Mais distante...! Ainda mais distante...!" E fui retrocedendo até a pobre cabana onde passei os primeiros anos de minha existência. "Aqui? – perguntei. – Devo deter-me aqui?" A voz misteriosa não respondeu a minha pergunta, mas os apressados batidos de meu coração me disseram que entre aquela mulher e eu havia um íntimo parentesco; entre a infeliz blasfemadora e o padre das almas havia um laço, o laço mais forte que une os seres entre si.

Eu era carne de sua carne! Eu era osso de seus ossos! Aquela desafortunada era minha mãe...! Não me restava a menor dúvida. Era ela! Sim; e caso alguma dúvida me restasse, começou a maldizer de modo tão horrível, que me fez estremecer, porque me lembrou minha primeira infância. Sem poder dominar-me, um tremor convulsivo se apoderou de mim, e as lágrimas de fogo afluíram a meus olhos para depois desviar-se de seu curso e cair como lava fervente sobre meu coração. Chorava de pena e de vergonha ao mesmo tempo, pois me envergonhava de que aquela mulher fosse minha mãe.

Há momentos na vida, nos quais se sente tão diversas emoções, que é de todo impossível conhecer e precisar qual é o sentimento que mais nos domina; mas a pergunta de um menino me fez voltar a mim. Entre os que me acompanhavam havia um que teria de quatro a cinco anos, de grande inteligência, que mais de uma vez me havia deixado surpreso com suas inesperadas observações. Se acercou de mim, e mirando-me fixamente, me disse:

– Padre, que faria se sua mãe fosse como esta mulher?

– Amá-la-ia, meu filho – lhe respondi. – A mulher que nos levou em seu seio sempre se lhe deve ver como um ser sagrado.

– E se blasfemasse como esta?

MEMÓRIAS DO PADRE GERMANO | 239

– Do mesmo modo devemos amá-la; e ainda mais, porque os enfermos são os que necessitam de médico.

O garoto, ao ouvir minha resposta, me olhou docemente, desenhando em seus lábios um sorriso divino, e sempre acreditei que, naquela ocasião, o pequenino foi intérprete de um espírito do Senhor, que tendo piedade de meu desvario, me enviou um de seus anjos para recordar-me de meu dever.

Acerquei-me de minha mãe, que lançava gritos ferozes; apoiei minhas mãos em sua cabeça, e a seu contato, se estremeceu. Quis fugir, mas não conseguiu: suas pernas fraquejaram, e estava a ponto de cair, quando a sustive, e a sentei em uma pedra.

– Quem me toca? – perguntou com tom irado.

– Um ser que se compadece da senhora e que deseja lhe ser útil.

– Pois, olhe, – me disse, suavizando a voz – leve-me a um deserto onde se possa morrer de fome e de sede, porque quero morrer, e não consigo.

– E por que quer morrer?

– Para não sofrer, e para não cometer mais crimes.

As palavras de minha mãe pareciam flechas agudas envenenadas que se cravavam em meu coração, e eu teria querido que nem as árvores a houvessem escutado; por isso me apressei em dizer-lhe:

– Tem forças para andar?

– Por quê?

– Para levá-la a um lugar onde possa descansar.

– Mas eu não quero descansar, eu quero morrer, porque me atormentam meus filhos.

– Que seus filhos a atormentam?

– Sim, sim. Aqui estão, aqui...! Leve-me, leve-me onde eu não os veja!

E a infeliz mulher se levantou espantada, mas sem dúvida, a debilidade produzida por jejum prolongado a impediu de dar um único passo. Eu a sustentei entre meus braços e mandei as crianças correrem até a aldeia para buscar homens que trouxessem uma maca para colocar nela a pobre cega. Todos correram, mas como a fonte da Saúde dista muito da aldeia, tardaram muito para voltar, e tive tempo para torturar minha mente com os mais horríveis pensamentos.

Minha mãe ficou submersa em uma profunda letargia. Reclinei sua cabeça sobre meus joelhos, cobri seu corpo com minha capa, e me dizia: "Aqui estão as consequências de um crime. Se esta mulher tivesse sido bondosa, se me houvesse amado, eu lhe teria amado tanto... tanto...! Minha mãe! E aprendendo uma arte ou um ofício, a teria mantido com o produto de meu trabalho, e criado uma família, meus filhos teriam sido a alegria e o alívio de sua velhice. Pelo contrário, com seu abandono, eu me condenei a viver morrendo; e ela... Quanto deve ter sofrido...! Quantos desacertos terão atraído sobre sua cabeça enormes responsabilidades! Como se compreende bem que na culpa está o castigo! Eu fiquei mais desamparado no mundo que ela, e no entanto, à custa de sacrifícios, me cerquei de uma numerosa família, sou ministro de uma religião e difundo a moral de Cristo. E ela...! Não há que se perguntar como tem vivido, pois seu tristíssimo estado o demonstra. Ah, Senhor, Senhor, inspira-me! Eu quero perdoar como Tu perdoaste, quero amar a esta infeliz para devolver mal por bem, pois somente praticarei tua lei."

Que hora tão solene é a hora do crepúsculo vespertino! A Natureza diz ao homem: "Ora!", e a alma mais rebelde sente uma emoção inexplicável, e se não pensa em Deus, pensa em seus mortos, e roga por seu eterno descanso.

Ao fim voltaram as crianças, acompanhadas de vários homens, que transportaram minha mãe à aldeia, e a levaram a uma casa que servia como hospedaria para os mendigos e hospital para os enfermos, particularmente para as mulheres, pois os homens costumavam hospedar-se na Reitoria e em meu oratório, porque nunca permiti que se acomodasse ali nenhuma mulher.

Minha pobre mãe, após quinze dias, estava outra mulher: seu corpo, perfeitamente limpo, estava bem abrigado; seus emaranhados cabelos estavam cuidadosamente penteados e recolhidos dentro de uma touca mais branca que a neve, muito bem alimentada, repousava tranquila, apesar de que, em intervalos, ela se exasperava, e pedia que a levassem a um deserto para morrer de fome e de sede.

As boas mulheres que cuidavam das enfermas, sem dúvida lhe devem ter falado muito bem sobre mim, e devem tê-la aconselhado que fizesse uma confissão geral para descarregar sua consciência, porque uma manhã a vi entrar na igreja guiada por um menino. Saí a seu encontro, e me pediu que a escutasse. Levei-a a meu oratório, a fiz sentar em minha poltrona, e lhe disse:

– Já pode começar.

– Tenho medo de falar.

– Por quê?

– Porque fui muito má, e quando souber quem sou, me expulsará daqui, e apesar de que às vezes queira morrer, agora me encontro tão bem... que temo perder este abrigo. Havia tanto tempo que não dormia sob um telhado...!

Como sofria ao escutar suas palavras! Mas me refiz e lhe disse:

– Não tema perder a franca hospitalidade que encontrou aqui. Eu, como sacerdote, tenho uma obrigação sagrada de amparar os desvalidos, e ninguém mais desamparado que um cego reúne, como a senhora, a cegueira do corpo e da alma. Eu juro que em nenhum dia, enquanto estiver na Terra, sofrerá fome ou sede. Fale, pois, sem temor.

Então minha mãe falou... e seu relato foi tão pavoroso, que ainda que haja passado muito tempo, tanta impressão me causa recordá-lo, que não tenho coragem para transferi-lo para o papel. Apenas direi que tive dez irmãos, e todos foram abandonados, alguns ao nascer, outros quando ainda não podiam andar. Eu fui o mais afortunado de todos. Ao saber que outros seres haviam dormido no mesmo claustro materno onde passei as primeiras horas de minha existência, tratei de ver se poderia encontrar a algum deles, mas tudo foi inútil, pois minha mãe não se recordava nem de lugares ou datas. A única de que se recordava era a de meu nascimento, como se a Providência quisesse apresentar-me todas as provas, a fim de que não duvidasse de que aquela desditosa era minha mãe. Ao falar de mim, dizia:

– Padre, ele se chamava como o senhor: Germano. Que haverá sido dele? Pobrezinho! Era muito humilde e sofrido; ainda que tivesse fome, nunca me pedia pão. Não era rancoroso nem vingativo, e eu lhe atormentava, por que não lhe amava. Padre, por que será que a esse não vejo e aos outros dez vejo continuamente, que me ameaçam e se convertem em répteis que se enroscam em meu corpo? Aqui estão... aqui...!

E começou a chorar com tão profundo desconsolo, lançando gemidos tão desoladores, que meu coração se desmanchava em pedaços, e não pude menos que aproximar sua cabeça contra meu peito e chorar com ela. Eu lhe teria dito:

"Abrace-me, sou seu filho!", mas temi dar-lhe uma emoção demasiado violenta, e, ademais, me parecia escutar uma voz distante, que me dizia: "Espere... espere...!", e esperei.

Que luta tão violenta sustentei durante meses! Pus minha mãe na residência de alguns aldeãos, onde a tratavam com o maior carinho, e onde ela, quando se viu saudável e forte, começou a fazer grandes abusos, que serviram de motivo de escândalo para os moralistas habitantes da aldeia. Se embriagava diariamente, cometia toda classe de excessos, pervertendo a vários jovens. Os anciãos vieram dar-me conta daqueles escândalos, nunca vistos naquela localidade. Eu admoestava minha mãe, mas nunca me atrevi a falar-lhe com dureza, e aquele espírito necessitava da energia contundente para obedecer. Quando lhe falava com ternura, seu pensamento vicioso deu à minha tolerância a interpretação mais fatal; e quando via aquele ser tão impuro, desesperava-me e dizia para mim mesmo:

"Maldita, maldita seja a hora que dormi em seu seio!" Mas imediatamente me dizia: "Perdoa-me, Senhor! Quando Tu me deste por mãe, me impuseste a obrigação de respeitá-la, de protegê-la, de amá-la, de dar-lhe carinho. É minha mãe! Eu não tenho direito de repreendê-la", e a admoestava, mas com a maior doçura. Ela me escutava, e às vezes conseguia comovê-la, e chorava, e me chamava de seu filho Germano. Eu, aproveitando um dia seu enternecimento, lhe indiquei que sabia algo de seu filho. Inventei uma história dizendo-lhe que seu filho era companheiro meu, que também era sacerdote, e que se ela corrigisse sua conduta, o teria em seus braços algum dia. Essa promessa produziu, por algum tempo, um resultado favorável. Algo falou em seu coração, e me dando um abraço apertado, ela me prometeu não beber mais; mas esse espírito, dominado pelos instintos mais grosseiros, caiu novamente na mais aterradora e escandalosa degradação, e até mesmo às crianças fazia proposições vergonhosas.

Minha incomum tolerância causou a mais profunda surpresa a todos, porque eles estavam acostumados com minha severidade e minha justiça, e minha pobre mãe ficou tão odiosa por sua imoralidade, que eu entendi perfeitamente que meus paroquianos começaram a olhar para mim com algumas dúvidas, acreditando que me uni a essa infeliz com afeto impuro. Quanto eu lutei naqueles dias! Houve momentos em que decidi dizer em voz alta: "Esta é minha mãe! É por isso que não posso tratá-la severamente"; mas em seguida via desfazer-se, em um segundo, todo meu trabalho de oito anos. Para impor-se a uma multidão, é preciso apresentar-se superior a ela, e quando esta superioridade desaparece, tudo quanto se faça é inútil.

Depois dizia: "Dado o caso em que me sigam amando e respeitando, e que em consideração a mim tolerem e ainda compadeçam-se de minha mãe, com seus vícios, lhes dou um mau exemplo. Eu poderei tolerar os abusos de minha mãe, mas não tenho direito para modificar, nem escandalizar aos demais com eles. O homem deve dedicar-se a seus semelhantes, não a suas afeições exclusivas. Os habitantes desta pequena aldeia são minha família espiritual, e meu dever é velar por seu repouso. Se minha mão direita lhes traz escândalo, devo cortá--la; porque entre a torpe satisfação de apenas um e a tranquilidade de muitos, sempre se deve preferir a maior soma do bem; nunca deve o homem pensar em si mesmo, senão nos demais. Eu me encontro fraco para corrigir minha mãe. Quando ela vem, e fala comigo, meu coração bate mais rápido, mas me desespero, porque sei que seria capaz de tudo, até de cometer um incesto; porque ao falar-me de seu filho, sempre me pergunta algo que me magoa. Que infortúnio o meu!"

Ao final, não tive outra solução senão escrever a um amigo meu, sacerdote, que tinha a seu cargo a enfermaria de uma associação religiosa, para que, em qualidade de enferma, fosse admitida minha mãe, e fosse submetida a um regime de tratamento, único meio de dominar seus vícios.

Quando minha mãe soube que teria que abandonar a aldeia para ir a uma instituição de tratamento, se exasperou; no entanto, consegui

244 | AMÁLIA DOMINGO SÓLER

acalmar-lhe, falando-lhe de seu filho Germano, e acompanhada por seis homens, saiu da aldeia colocada sobre uma pacífica égua, conduzida por um jovem e vigoroso aldeão. Quando a vi partir, a acompanhei até a fonte da Saúde, e fiquei um longo tempo imerso na mais dolorosa meditação.

Toda minha vida havia suspirado por minha mãe, e quando a encontrei, seus vícios e sua desenfreada libertinagem me impediram de tê-la ao meu lado. Ela fora o espírito mais rebelde que conheci. Eu dominei a homens cujos instintos sanguinários chegavam à crueldade mais inconcebível, mulheres depravadas haviam tremido diante de mim, e de muitas havia conseguido um verdadeiro arrependimento. Mas em relação a minha mãe, a mulher que eu havia querido converter em santa, não tive poder algum. Será talvez um castigo? Terei acreditado, talvez, em um momento de extravio, que eu possuía o poder dos anjos bons? Se tive esse orgulho, justa e merecida foi minha humilhação; mas que humilhação tão dolorosa, Deus meu! Mas não, não é isso; eu sempre reconheci minha pequenez. Ao ver minha mãe, não recordei que aos cinco anos me abandonou, esqueci seus maus-tratos, e disse:

– Esta mulher deu-me o primeiro suspiro, e quando pequenino, quando comecei a sorrir, alguma vez me terá dado um beijo, e me terá dito: "Que lindo és, meu filho!" E ao pensar isto... meus olhos se enchiam de lágrimas, e seguia dizendo: "O filho deve obediência ao pai", e se pudesse, eu lhe haveria servido de joelhos. Às vezes vinha dominada pela embriaguez, e eu, que tanto odiava este vício, ao vê-la, lhe dava um calmante, tratava de apagar os vestígios de seu extravio, e lhe dizia em tom suplicante: "Prometa-me que não o fará mais..." Ela não compreendeu que eu era seu filho porque estava cega; que se seu olhar tivesse se cruzado com o meu... Oh! Então... Minha negativa teria sido inútil; meus olhos lhe teriam dito o que meus lábios calavam. Que luta, Senhor... que luta!

Passaram-se muitos dias, e ao fim voltaram os seis aldeões que haviam ido acompanhar minha mãe. Ao vê-los pressenti uma desgraça, porque se me apresentaram graves e silenciosos, e o mais velho de todos me disse:

MEMÓRIAS DO PADRE GERMANO | 245

– Padre, o senhor já nos conhece, e sabe que suas ordens para nós são um preceito da lei sagrada. Assim pois, atendemos a pobre cega como se fosse nossa filha. Levamos dez dias de viagem, e uma tarde subimos alto ante um desfiladeiro, para repousar um momento, e, coisa rara, a égua Corinda, que era mansa como um cordeiro, se empinou, deu um bote, rompeu as correias e se lançou em um galope veloz, saltando valas e precipícios, e a cega, agarrada à crina, atiçava sua cavalgadura para que corresse. Fomos atrás dela, mas logo nos convencemos de que tudo era inútil, porque desapareceu de nossa vista em muito menos tempo em que o falamos. Quatro dias passamos entre aquelas trilhas escarpadas, mas, como não é possível descer ao fundo daqueles abismos, não pudemos encontrar seus restos. O senhor diz que o demônio não existe, mas o que nos sucedeu parece obra sua.

Não soube o que responder àquele relato. A dor e o remorso me fizeram emudecer, e me obrigaram a deixar-me cair em meu leito, onde permaneci muitos dias entre a vida e a morte. Eu dizia: "Se tivesse permanecido aqui, talvez não tivesse encontrado a morte." Por outro lado, via que era de todo impossível, porque o homem que se consagra ao sacerdócio tem a obrigação de velar pelo povo que está sob seu amparo, e deve evitar tudo quanto seja pernicioso a sua grande família.

Que fazem os padres? Não afastam seus filhos das más companhias? Há prostitutas que encerram suas filhas em conventos para que não se contagiem com o vício de suas mães. Há bandidos que ocultam a seus filhos seu modo de viver, para que estes vivam honrados na sociedade; então... eu cumpri com meu sagrado dever, afastando da aldeia aquela que era motivo de escândalo, pervertendo os jovens e crianças; mas aquela mulher era minha mãe! Eu nunca a havia visto sorrir, mas se me afigura que alguma vez, olhando-me, teria sorrido; e como o sorriso de uma mãe é o sorriso de Deus... eu sonhava ter sido objeto de um destes sorrisos; e chorava, sem saber definir meu sentimento.

Acometeu-me uma melancolia tão profunda, que nem as crianças conseguiam distrair-me, e não sei se teria sucumbido, se um grande acontecimento não houvesse dado um novo rumo as minhas ideias.

Um ano e meio depois da morte de minha mãe, conheci a menina pálida, a dos cachos negros; a que quando era pequenina queria vir ao meu encontro, atraída por minha voz, quando eu dizia:

– Venham a mim as crianças, que são os limpos de coração!

Quando me perguntou: "Padre, é pecado amar?", fechei os olhos e disse: "Por que não vem um raio e nos destrói aos dois?"

Depois abri os olhos novamente, olhei, pensei nos habitantes de minha aldeia, e raciocinei do seguinte modo: "Eles me têm como exemplo, e eu devo cumprir com meu dever; quero fugir da culpa, porque nesta está o castigo." E graças a Deus, minha família universal não há tido esta vez que se envergonhar de seu padre. Tenho sofrido, lutado, tenho despedaçado meu coração, mas tenho vencido, dominando minhas paixões, que é o que o homem deve tratar de dominar primeiro. Se o indivíduo não é dono de si mesmo, não espere ter força moral; esta é adquirida quando se treina o seu poder, dominando seus desejos, por que então as multidões são persuadidas, não com palavras vãs, mas com fatos, que têm a eloquência de uma prova matemática. Os fatos vêm dentro das ciências exatas, sua verdade inegável convence até aqueles que são incrédulos por sistema.

23

A ÚLTIMA CANÇÃO

Meus irmãos, vejo com prazer que leem avidamente as lembranças de um pobre padre que vocês conhecem sob o nome de padre Germano. Vocês admiram o que chamam de suas virtudes, e que na verdade, não eram nada além do cumprimento estrito de seu dever. Não pensem, meus filhos, que fiz algo especial, fiz o que todos os homens devem fazer: dominei minhas paixões, que são nossos inimigos mais ferozes; isso lhes mostrará que vocês são injustos ao dizer que o clero é destituído de boas qualidades. Em todos os tempos houve excelentes sacerdotes: não vou negar que eles foram os menores, e os maiores se renderam às tentações da malícia, ambição, e concupiscência, mas nunca digam que as religiões têm sido prejudiciais à sociedade, porque as religiões, em princípio, são boas, todas levam o homem à abstenção de todos os vícios; que seus ministros não obedeçam aos seus mandatos, é outra coisa; mas o preceito divino é sempre grande.

Tome por exemplo sua liberdade: vocês dizem que a liberdade é a vida, porque é ordem, é harmonia e, não obstante, quanto sangue tem regado a Terra, derramado em nome da liberdade...! Quantos crimes foram cometidos! Quanto se há escravizado os povos! Pois, da mesma forma, as religiões têm sido a tocha incendiária, quando foram criadas para pacificar e harmonizar as raças. Os sacerdotes tiveram a felicidade deste mundo em suas mãos, mas eles foram homens sujeitos a desejos, a veleidades, eles foram seduzidos, eles cederam à tentação, e poucos, muito poucos, souberam cumprir seus deveres.

Eu cumpri todos meus juramentos, não pensem que por virtude, mas porque chega um instante decisivo no qual o espírito, cansado de si mesmo, se decide a mudar de rumo, porque já está (utilizando sua linguagem) crivado de feridas, já não suporta mais, e diz: "Senhor, quero viver." E como querer é poder, o espírito começa a dominar suas paixões, emprega sua inteligência em um trabalho produtivo, e ali têm vocês o começo da regeneração; e quando muitos espíritos em uma nação estão tomados deste grande sentimento, então é o momento quando vêm estas épocas brilhantes de verdadeira civilização, de inventos maravilhosos, de mágicos descobrimentos.

Se um espírito imbuído de um bom propósito pode servir de consolo a centenas de indivíduos, calculem se milhões de espíritos quiserem ser úteis a seus semelhantes, quanto bem poderiam fazer. Então é quando se vê as rochas convertidas em terra cultivável, os desertos em povos cheios de vida, os assassinos em missionários, as rameiras em irmãs de caridade. O homem é o delegado de Deus na Terra, por isso pode transformá-la.

Quando eu estive em seu mundo, havia poucos espíritos investidos de bons ideais. Foi uma época de verdadeira confusão, por isso meu comportamento chamou mais a atenção, e quando de minha morte, me chamaram de "o Santo"; mas creiam-me, estive muito longe da santidade, porque concebo que o homem santo deve viver em uma calma perfeita, sem nunca ter nem uma sombra de remorso; e eu, além da luta que mantive, quando minha pobre mãe esteve na aldeia – luta terrível, indecisão fatal, que ainda às vezes me atormenta – nos últimos meses de minha estância na Terra estive dominado por um remorso, mas por um remorso atroz, e minha última hora teria sido assustadora se Deus em sua suprema misericórdia não tivesse permitido que eu colhesse o fruto de uma das minhas grandes tarefas, que foi a conversão de Rodolfo, um espírito rebelde que amei e amei com um amor verdadeiramente paternal. Se não fosse por ele, nos últimos momentos da minha vida terrena eu teria sofrido espantosamente. Quanto bem ele me fez então!

Eu quero dar-lhes todos esses detalhes, porque quero me apresentar a vocês tal qual sou; não quero que vocês me creiam um espírito superior, pois estive longe disso; e a mãe que eu tive que escolher, por causa das condições dolorosíssimas de minha vida, foi porque eu tinha grandes dívidas a pagar. O que eu tinha na verdade era um desejo verdadeiro de progresso, uma vontade poderosa empregada no bem; essas foram minhas únicas virtudes, se de virtudes podem ser chamadas minhas tentativas de regeneração.

Alguns de vocês chegaram a esse momento decisivo, querem começar a viver e, se precisarem de orientação, darei todas as instruções que me forem possíveis, direi das inefáveis alegrias que me proporcionaram as boas obras que fiz, e os sofrimentos que me ocasionaram o deixar-me dominar um momento por uma certa influência espiritual. Estejam sempre atentos, perguntem-se continuamente se o que vocês pensam hoje está em harmonia com o que pensaram ontem; e se vocês virem alguma diferença notável, devem estar em guarda e lembrar-se de que vocês não estão sozinhos, que o invisível os rodeia e estão expostos às suas armadilhas. Eu já fui fraco, e garanto-lhes que me levou muitas horas de tormento meu descuido fatal.

****

UM ANO ANTES DE deixar a Terra, eu estava na igreja certa manhã, era começo do outono, e estava triste, muito triste; meu corpo se inclinava para o poço, meu pensamento estava desolado, eu via acercar-se a hora de minha passagem, e como durante minha vida não havia feito mais que padecer, sendo vítima de contrariedades contínuas, embora eu tivesse a certeza absoluta da vida eterna e individualidade da minha alma, como na Terra é tão limitado o horizonte que abarca os nossos olhos, eu disse com profunda tristeza: "Eu vou morrer sem ter vivido! Em tantos anos, apenas por algumas horas pude contemplar o rosto de uma mulher amada; mas que contemplação dolorosa...! Ela com as convulsões da morte! Meu amor querendo salvá-la, e meu dever dizendo: "Tome-a, Senhor; afasta de mim esta tentação! Eu que teria dado mil vidas pela sua... Eu tive que me alegrar em sua morte.

Que alegria amarga...! Me resta o infinito; mas agora, agora eu não posso recordar nada que me faça sorrir!" E me sentia desfalecer.

Tenho observado que o espírito se envolve em tétricos pensamentos quando se prepara para cometer uma má ação; e de igual forma, quando pretende fazer algo meritório, tudo lhe parece sorrir. O indivíduo se sente contente sem saber por que, na verdade devido à presença das almas benéficas que nos cercam, atraídas por nossos bons pensamentos.

Quando nos empenhamos em ver tudo negro, atraímos com nossa intemperança, espíritos inferiores; e eu naquela manhã estava triste, muito triste; me encontrava cansado de tudo e queria rezar e não podia; eu queria evocar algumas memórias agradáveis e apenas surgiam em minha mente reminiscências dolorosas. Quando me encontrava mais preocupado, ouvi o som de cavalos parados em frente à igreja, ouvi muitas vozes confusas e, finalmente, vi uma mulher entrar no templo, que se dirigiu a mim; e eu, em vez de sair ao seu encontro, me retirei com um gesto sombrio e me sentei em um confessionário, disposto a evitar todo tipo de comunicação, mas a mulher me seguiu, e estando perto de mim, exclamou:

– Padre Germano, é inútil que se afaste de mim. Eu venho de muito longe para lhe falar. O senhor já me conhece e sabe que quando eu quero alguma coisa eu a consigo, de maneira que sua resistência é em vão – e se ajoelhou diante do confessionário, mas com um gesto hostil e insultuoso, seu corpo curvado pela fórmula pura, já que se sabia disposta a usar a força para realizar seu intento.

A voz daquela mulher contraiu todos os meus nervos, e me irritou de tal maneira, que mudou completamente meu jeito de ser. Eu a conhecia há muitos anos, e sabia que era um réptil que se arrastava no chão e causara mais vítimas do que cem batalhas.

Eu sabia que quando uma mulher desonrava o nome do pai, ou do marido, e sua desonra se fazia visível, chamavam a harpia, davam-lhe um punhado de ouro e ela se encarregava de estrangular o ser tenro, o fruto inocente do amor ilícito; sabia que ela havia seduzido muitas moças e as levara para os braços da prostituição; eu sabia que aquela mulher era pior que Caim; eu sabia tantos detalhes e detalhes tão

Memórias do padre Germano | 251

horríveis de sua existência, quantas vezes ela se havia posto em meu caminho e eu fugira dela, sentindo um asco invencível; e quando a vi tão perto de mim, me exasperei e lhe disse em um tom furioso:

– Eu não me importo se veio de longe. Não quero ouvir nada que se relacione a senhora, nada; me entende bem? Pois, saia daqui e me deixe em paz; sei que irei embora em breve, e tenho o direito de morrer em paz, e sei que falando com a senhora eu vou perder a paz da minha alma.

– O senhor é o santo que dizem, e expulsa os pecadores arrependidos da casa de Deus?

– É que você não vem arrependida; eu sei o que quer. Sem dúvida a senhora me dirá (pois tenho já alguns indícios de seu plano) que deseja reedificar esta antiga igreja e construir um magnífico santuário na fonte da Saúde, que servirá como alojamento de peregrinos. Não é este é o seu projeto? Acha que se levantar templos na Terra, sua alma pode entrar no céu; e pode até me dizer que, cansada das lutas da vida, quer usar o humilde burel do penitente.

– Bem, eles dizem que o senhor é um feiticeiro, e eu acho que isso é uma verdade. De fato, adivinhou meus pensamentos: os anos me dominam com seu peso, temo que a morte me tome desprevenida, e é bom me preparar para a eternidade, se é uma realidade que a alma dá conta de suas ações, e se nada se lembra, é sempre agradável se dar bem com o mundo e deixar uma boa memória que apague aquele traço de alguns erros que cometi, dos quais calúnias se apoderaram e me deram alguma popularidade, com que eu não quero de forma alguma descer à tumba. O ouro compra tudo. Seja razoável, deixe de escrúpulos vãos e façamos um contrato em ordem. Eu lhe darei todo o ouro que pedir e, por sua vez, o senhor fará o que julgar conveniente para minha alma descansar em paz após a morte, e ser lembrada na Terra com respeito, com veneração. Meu pensamento, como pode ver, é bom: quero apagar os vestígios do crime e garantir minha salvação eterna. Dizem que uma boa confissão nos reconcilia com Deus. Eu quero reconciliar-me com Ele. Então o senhor tem que me ouvir porque sua obrigação é atender aos pecadores.

Assim como a serpente fascina suas vítimas, da mesma forma aquela mulher me fascinou com seu olhar diabólico. Eu queria conversar e não podia, e ela, aproveitando meu silêncio forçado, começou a me contar a história de sua vida. Esteve falando por quatro horas seguidas; e eu, mudo, aterrado, sem saber o que estava acontecendo comigo, escutei sem interrompê-la uma vez sequer. Houve momentos em que eu quis falar, mas tinha um nó de ferro na garganta, as têmporas latejavam rapidamente, meu sangue parecia chumbo derretido que, circulando por minhas artérias, abrasava meu ser, e quando terminou de falar, como se uma força estranha se apoderasse de mim, saí do meu entorpecimento, estremeci violentamente, levantei-me com raiva, saí do confessionário, tomei-a pelo braço e a fiz levantar, dizendo-lhe:

– Se eu acreditasse em feitiços, acreditaria que me enfeitiçou, pois tive a paciência de ouvi-la por tanto tempo; mas não, é certo que meu espírito quis convencer-se de sua infâmia, e é por isso que lhe dei atenção, para ter certeza de que é pior que todos caíns e herodes, calígulas e neros que a história nos fala. Para mim não houve pecador em quem não se tenha encontrado um átomo de sentimento, mas na senhora não vejo mais que a ferocidade mais mordaz, mas uma ferocidade inconcebível. Teve prazer em matar as crianças, que são os anjos do Senhor; não se comoveu ao ver seu desamparo; nada lhe disseram os seus olhos, que guardam o resplendor dos céus. Se apoderou delas como uma fera sem entranhas e sorriu quando os viu agonizar; e depois de tantos crimes, depois de ser o opróbrio e o horror da humanidade, quer construir um templo; quer profanar esta humilde igreja, cobrindo-a com mármores comprados com um dinheiro amaldiçoado; quer envenenar a fonte da Saúde, servindo o manancial de Deus para um tráfico maldito; quer comprar o repouso eterno com uma nova traição. Desumana! Sai daqui! Para a senhora Deus não tem misericórdia! Agora, pensa no repouso... e não poderá repousar jamais... tem que ir como o judeu errante da lenda bíblica, percorrendo o Universo; quando pedir água, as crianças que matou apresentarão seu sangue misturado com fel, e elas lhe dirão "Beba e ande!", e a senhora andará, e andará séculos e séculos sem que a luz do sol fira seus olhos, e perto, muito perto, ouvirá vozes contundentes que lhe dirão: "Maldita, maldita seja...!" E eu começo a dizê-lo, eu lhe digo: Sai daqui, que as paredes deste templo sagrado parecem rachar, parece que elas querem entrar em colapso para não servir como abóbada para sua cabeça, a sua hedionda cabeça, onde não germinaram mais do que ideias do crime! Eu, que tinha compaixão por todos e que ocultei a tantos malfeitores, para a senhora eu não tenho nada além do anátema e a excomunhão. Fora daqui, maldita dos tempos! Fora daqui, leprosa incurável! Sai daqui, que o sol está nublado porque não quer ser infectado consigo!

E como se a natureza quisesse me ajudar, uma tempestade de outono irrompeu, o vento assolou, o furacão rugiu, e aquela mulher ficou com medo, tremeu de horror; pensou naquele momento que o julgamento final havia chegado e gritou com verdadeira angústia:

– Misericórdia, Senhor!

– Por quem a sentiu? – eu respondi com tremenda ira. – Fora daqui! Que tal horror me inspira, que se eu mais tempo a contemplasse, eu me tornaria vingador de suas vítimas.

Eu não sei o que meus olhos devem ter revelado, porque ela olhou para mim, deu um grito medonho e fugiu como uma lufada de vento. Olhei alguns instantes para a direção que havia tomado, senti uma dor agudíssima no coração e caí no chão. Quando despertei, soube por Miguel que ficara sem sentido por dois dias. As crianças, com suas carícias, tentaram fazer-me despertar, mas tudo tinha sido em vão.

Os pequeninos voltaram e cercaram meu leito com a mais terna solicitude. Eu olhei para eles com alegria infantil; mas logo me lembrei do que havia acontecido e lhes disse:

– Deixe-me, meus filhos; não sou digno de suas carícias.

As crianças olharam para mim e não entenderam; eu repeti as palavras anteriores, e uma delas disse aos outros:

– Vamos dizer a Maria que o padre Germano está muito mal.

Ela estava certa: eu tinha o corpo doente, minha alma estava ferida.

Desde então, não tive um momento de descanso, nem mesmo no túmulo dela. Às vezes, a menina de cachos negros me aparecia, olhava para mim com tristeza, e eu dizia: "É verdade que não sou mais digno de ti? Eu expulsei um pecador do templo!" A bela me pareceu chorar, e eu, ao ver suas lágrimas, chorava como ela, e exclamava:

– Desventurado! Quem sou eu para maldizer? Aquela infeliz teve medo, e em lugar de dizer-lhe: "Espere, espere que a misericórdia de Deus é infinita!" Disse-lhe: "Saia daqui, maldita dos séculos!" Eu sim é que profanei esta velha igreja! Parece mentira! Eu que sempre soube apenas amparar... Por que rechacei a um infeliz pecador? Por quê?

E fui ao campo sozinho; não queria que os filhos me acompanhassem porque não me considerava digno da companhia deles.

As tardes de outono são muito tristes. Os últimos raios do sol se parecem com os fios telegráficos de Deus, que transmitem ao homem um pensamento de morte. Eu olhava para eles e dizia: "É verdade que vocês me dizem que eu morrerei em breve?" E como se a natureza respondesse ao meu pensamento, as sombras envolviam uma parte da Terra; e vi a figura da judia errante que corria diante de mim, e só me acalmei quando as estrelas me enviaram seus sorrisos luminosos.

Naquela ocasião, Rodolfo me proporcionou um grande conforto. Ele quase nunca me deixava sozinho, parecia minha sombra. Onde quer que eu fosse, ele vinha me procurar e dizia:

– Não seja assim; com uma pecadora o senhor foi inflexível; por outro lado, muitos culpados lhe devem sua salvação; seja razoável; o que pesará mais na balança divina, um ser ou mil? Mais de mil seres salvou do desespero. Agora, está doente; muitas coisas precisam ser levadas em consideração. Vamos, anime-se – e ele me acariciava como a uma criança, e me fez apoiar-me em seu braço.

Por vezes eu me encorajava, mas depois, voltava a cair no meu desânimo. Assim sofri por um ano, sempre pensando por que teria sido tão intolerante com aquela mulher, quando minha clemência era proverbial; certo, era o réptil mais asqueroso que eu já havia conhecido, mas quem era eu para condenar? Tão tenaz ideia me foi minando lentamente, até que caí em meu leito para não me levantar mais.

Rodolfo e Maria foram meus enfermeiros, e todos os habitantes da aldeia cercavam minha humilde cama. As crianças me diziam:

– Não se vá... levante-se!... Vá à fonte da Saúde. Verá que, ao beber essa água, ficará bom.

E eu respondia:

– Meus filhos, a fonte da Saúde que há neste lugar não me é mais útil; eu preciso da fonte da Saúde que está no infinito!

As moças choravam e me diziam:

– Padre Germano, não vá embora.

E mais de um jovem casal se ajoelhou diante da minha cama, como se fosse um altar, me dizendo:

– Padre, abençoe nossa união, e assim garantimos nossa felicidade...

E os anciãos olhavam para mim com profunda piedade, e diziam:

– O senhor não deve morrer nunca, porque é o melhor conselheiro que conhecemos nas horas da tribulação.

Todas essas provas de afeto me comoveram e me envergonharam e, finalmente, querendo descansar minha consciência em alguma coisa, contei a eles dois dias antes de morrer:

– Meus filhos! Eu quero me confessar com vocês. Ouçam-me – e eu disse a eles o que havia feito com a mulher culpada, dizendo no final:

– Gostaria de purificar a igreja que profanei; talvez o tempo cuide disso (e naquele momento eu certamente profetizei, porque alguns anos depois, o fogo destruiu o templo que manchei com a minha intolerância)... Por agora, peguem minha velha capa, coloquem-na no meio da praça e queimem-na, que apesar de ter coberto muitas pessoas culpadas, a um pecador lhe neguei abrigo e o manto de sacerdote que não abriga a todos os pecadores merece queimar-se e atirar suas cinzas ao vento. Com referência a meu corpo, não lhe imponho essa tortura, porque não foi minha matéria que pecou, mas meu espírito, e ele há muito sofre a tortura do remorso. Fogo que queima sem consumir! Mas não acreditem que minha consciência será eterna, porque me purificarei através de obras meritórias em minhas encarnações sucessivas.

Rodolfo olhou para mim, dizendo-me com os olhos: "Não se vá; eu não quero...!"

E eu lhe dizia:

– É em vão sua demanda; chegou o fim do prazo. Vê como eu morro; toma como exemplo; minha hora derradeira não é como eu pensava; pensei morrer silenciosamente, e meu mau comportamento com aquela infeliz me faz tremer. Se uma ação má me faz sofrer tanto, calcula como morrerá se a seus passados desacertos acumular novas perdas. Jure-me que não esquecerá os meus conselhos e assim morrerei tranquilo.

Rodolfo não podia falar, mas apertava minhas mãos contra seu peito, e seus olhos me diziam: "Viva, viva por mim!" Quanto bem me faziam aqueles olhares...! Porque quando eu desviava o olhar dele, via a judia errante correndo, eu a seguia e nós dois corríamos, até que eu caísse desvanecido; quanto sofria naquela carreira vertiginosa que, apesar de imaginária, me parecia uma insuportável realidade!

Rodolfo, compreendendo meu estado, teve uma boa inspiração: eu havia ensinado as crianças a cantar no coral, nas festividades da igreja. Compus a música e a letra de canções simples, e escrevi uma para a morte de um velho muito querido da aldeia, cujas estrofes falavam com o coração; uma delas, literalmente traduzido para o nosso idioma, dizia assim:

"Senhor, não te vás, fique conosco! Na Terra, está o corpo de Deus no mistério da Eucaristia; tu podes ficar.

"Há mulheres que te amam, crianças que sorriem e idosos que abençoam; não te vás, fique conosco!

"Aqui há flores, pássaros, água e raios de sol; não vá, fique conosco."

As vozes das crianças, cantando essas estrofes, produziam um efeito muito doce e comovente. Rodolfo saiu de minha estância e voltou em alguns instantes, dizendo:

– Padre, ouça, ouça o que as crianças dizem!

Eu escutei com atenção e quando ouvi o canto dos pequeninos, acompanhado pelos acordes do órgão, senti um bem-estar indefinível, minha mente se tranquilizou como que por encanto, fugiram as sombras de terror, e vi minha estância inundada de uma luz vivíssima; figuras belíssimas rodearam meu leito, destacando entre todas elas a menina de cachos negros, que inclinando-se sobre minha testa, me disse com voz terna:

– Escute, alma bondosa; escuta o último canto que elevam por você na Terra; escute as vozes dos pequeninos, eles lhe dizem: Bendito seja!

Aqueles momentos mais do que me recompensaram por uma vida inteira de sofrimento. Na Terra, as crianças me chamam, no espaço os anjos me chamam.

Todos me amavam...! Pode haver maior felicidade? Não. Rodolfo

MEMÓRIAS DO PADRE GERMANO | 257

me estreitava contra seu coração. Maria segurava minha cabeça e eu, sem tremores e sem fadiga, me desprendi do meu corpo, sobre o qual se precipitaram todas as crianças; e embora os mortos inspirem repulsa na Terra, meu corpo não a inspirou; todos os habitantes da vila acariciaram meus restos mortais, que permaneceram insepultos por muitos dias, respeitando ordens superiores de autoridade eclesiástica, que finalmente profanou meu corpo, colocando em minhas têmporas a mitra usada pelos seus bispos. E todo o tempo que meu corpo permaneceu na igreja não mostrou sinais de decomposição, sem dúvida o efeito de minha extrema magreza, uma vez que parecia uma múmia, mas que pessoas simples atribuíam à santidade e todas as tardes as crianças cantavam a última música que eu havia ensinado a elas.

Soube mais tarde (para meu conforto) que, quando expulsei a pecadora do templo, eu fui um intérprete fiel de outros espíritos que me dominaram, aproveitando-se de minha fraqueza e meu descontentamento; e, a não ser pela inspiração que me envolveu em densas sombras, e como eu não queria sair delas, pois sofrendo me parecia que estava lavando minha culpa, não dava lugar, não ajudava meus protetores do além a se aproximarem de mim.

Meus filhos, vejam como, por um momento de fraqueza, por me deixar dominar pelo cansaço, servi como instrumento para espíritos vingativos! Eu sei o que sofri! Sejam resignados, nunca se desesperem, nunca; façam todo o bem que puderem, e assim conseguirão o que eu obtive; então, apesar de minhas falhas e fraquezas, minha morte foi a morte dos justos.

E os pequeninos diziam: "Não te vás!",

E os espíritos do Senhor ecoaram no espaço:

– Ouça, boa alma, ouça o último canto que eles elevam para você na Terra; ouça a oração das crianças, elas lhe dizem: – "Bendito seja!"

24

UM DIA DE PRIMAVERA

COMO É LINDA A primavera, meus filhos! Ela nos sintetiza a vida, porque é a personificação da esperança, é a realidade da glória. A Terra, apesar do fato de não ser um mundo feliz, uma vez que dista muito da perfeição, em relação aos méritos dos encarnados, tem na primavera a representação do paraíso, porque nessa estação florida tudo sorri, tudo desperta com o beijo mágico de Deus.

Existem lugares mais bonitos do que outros, e durante minha última existência eu vivi, como vocês sabem, em uma aldeia localizada em um dos lugares mais pitorescos deste planeta. A igreja e várias casas foram construídas em uma extensa planície, e o resto da população estava distribuída pelas montanhas, que cercam a aldeia em um amplo anfiteatro.

O mar, quase sempre calmo, me oferecia sua imensidão para me induzir à meditação. Entre as montanhas, se estendiam vales suaves, sulcados por riachos cristalinos que me convidavam com sua frescura e seus campos semeados, a repousar docemente nas manhãs de primavera; e como agora vocês aproveitam a bela estação do ano, quero lhes dizer o quanto fui venturoso em um dia daquele tempo feliz, em que os pássaros, a brisa, as flores, a luz do sol, o brilho das estrelas, tudo parece nos dizer: "Ama, homem da Terra, sorria, regozije-se, pobre desafortunado, e espere um amanhã radioso!"

Quando criança, eu adorava a Natureza, e admirava os encantos da Criação, que são como gotas de orvalho, inumeráveis; por uma razão natural, quando tive mais reflexão, admirava muito mais todas as belezas que me cercavam, e se não fosse porque as condições de vida não eram para me retirar para uma gruta e me render à meditação, mas sim porque tinha que permanecer firme em minha posição de assistência, não apenas aos meus paroquianos, (que, em honra à verdade, foram os que me deram menos trabalho) mas aos habitantes das cidades vizinhas, que continuamente vinham me contar suas preocupações, e muitos outros pecadores que deixavam seus palácios e castelos para me pedir conselhos e, finalmente, inúmeros mendigos que frequentemente passavam a noite na aldeia, certos de encontrar uma recepção favorável, tudo isso reivindicava minha presença e me afastava dos meus lugares favoritos. Porque eu gostava de ir para longe do povoado; tinha prazer em admirar a obra de Deus, onde a mão do homem não tivesse posto seu selo.

Queria ver a Natureza com seus bosques sombrios, seus alegres prados cobertos de musgo e bordados de flores, com seus riachos claros como os olhos das crianças, e torcidos como as intenções dos ímpios, com suas torrentes impetuosas, com suas rochas cobertas de trepadeiras selvagens, com toda a sua atratividade selvagem. Assim, encontrei a mais bela obra de Deus: para mim Deus sempre foi o artista divino a quem adorei estudando as infusões e aspirando o perfume das humildes violetas.

Quando podia reservar alguns momentos para mim, saía para o campo e, apesar de meu organismo estar muito debilitado, como por encanto adquiria força, e como se eu fosse um menino, disparava a correr, mas com uma corrida tão rápida, com velocidade tão vertiginosa, que meu fiel Sultão tinha dificuldade em me alcançar. Chegava ao topo de uma montanha, me assentava, olhava ao meu redor e, quando me via só, respirava melhor, sentia um prazer inexplicável, e me entregava, não a uma contemplação extática, porque o êxtase é inútil. O que acontecia comigo, é que ao me ver cercado por tantas belezas, eu reflexionava e dizia:

"Tudo aqui é ótimo, maravilhoso. Sou apenas a entidade pequena

MEMÓRIAS DO PADRE GERMANO | 261

e vulgar, pois é necessário que o habitante seja digno da casa que lhe concederam, que lhe destinaram". E como nunca me faltavam infelizes a quem proteger, estava ocupado desenvolvendo um plano para executar uma tarefa e nunca tinha tanta lucidez como quando ia ao campo e me entregava aos pensamentos sobre o futuro dos deserdados. Naqueles momentos o adágio evangélico de que "a fé transporta montanhas" se cumpria em mim, porque o que parecia impossível dentro da minha igreja fazê-lo, lá encontrava tudo plano, sem que o menor obstáculo se interpusesse ao meu desejo, e então... com que satisfação voltava à minha aldeia!

Então não corria, ia muito devagar, me permitia desfrutar como um sibarita ferrenho, estava satisfeito comigo mesmo. E o homem nunca é mais feliz do que quando sonda sua memória e, no depósito de suas memórias, não encontra um único remorso, mas, pelo contrário, vê erguer-se, louçã, a flor de uma ação generosa.

Como nós, homens, estamos tão pouco habituados a fazer o bem, quando cumprimos nosso dever, nos primeiros momentos nos parece que conquistamos um mundo; e essa satisfação, embora seja uma prova de nossa debilidade, desde que não nos chegue a embriagar e se torne orgulho, presunção, tem sua parte, ou melhor, seu todo, muito benéfico para o espírito, porque o indivíduo se alegra tanto quando pode enxugar uma lágrima, que por apreciar esse prazer, o homem se prende ao bem, que é tudo o que deve fazer na Terra: praticar a lei do amor. Mas os encarnados não sabem amar, confundem a concupiscência e a atração natural dos corpos, necessária e indispensável para multiplicar as espécies, com aquele sentimento delicadíssimo, com a mais profunda compaixão, com a ternura inexplicável que deve unir as almas e formar essa grande família, que se encontra tão fracionada e dividida hoje.

****

ENTRE OS MENDIGOS E aventureiros que costumavam pernoitar na aldeia, havia uma família composta de quatro filhos, três meninos e uma menina, que me fizeram pensar muito, porque creio que nunca se uniram na Terra, na mesma família, espíritos mais afins, exceto um. O marido, a quem chamarei de Eloy era um ser miserável e corrompido, mergulhado na mais completa abjeção, de instintos selvagens e tão cruéis, que matava pelo prazer de matar; sua esposa era seu fiel retrato: seu deus era o ouro, e se mil almas tivesse tido, todas as teria vendido ao demônio, com o fim de possuir tesouros; e entre seus filhos, a menina Theodorina, era um anjo, era uma aparição celestial, e seus irmãos tão perversos como seus pais, mas cada um inclinado a um vício distinto desde sua mais tenra idade. Aqueles quatro seres, por um mistério da Providência, haviam recebido de minhas mãos as águas do batismo; tinham seu castelo na fronteira com a aldeia, e haviam sido tantos os delitos de Eloy e sua esposa em todos os sentidos, que foram despojados de todas as suas propriedades, fora colocado um preço por suas cabeças e aqueles que tinham nascido um pouco menos do que nas arquibancadas de um trono, se viram sem ter onde descansar suas têmporas.

Todas as excomunhões pesavam sobre eles: a Igreja lhes havia fechado suas portas, o Sumo Pontífice havia dado as ordens mais severas para que nenhum vigário de Cristo os deixasse entrar no templo abençoado, e vocês não sabem o que significava ser excomungado naquela época: era pior do que morrer em uma fogueira, era o alvo de todas as humilhações, e todos tinham o direito de insultar os excomungados, que usavam um repugnante distintivo. Pobres espíritos! Quantos erros eles cometeram! Quantas lágrimas foram vertidas por sua causa! Quão tenaz foi sua rebeldia! Seria necessário ocorrer pouco menos que um milagre para que aqueles réprobos vissem a luz.

Muitas vezes eles vieram me pedir hospitalidade e coletar uma soma de dinheiro que eu guardava para eles, e eu tremia ao vê-los, porque os filhos de Eloy eram tão perversos que um dia em que estavam por aqueles contornos, cortaram os campos, estrangularam as ovelhas, enquanto sua irmã Theodorina, sentada sobre meus joelhos, chorava pelos desacertos de seus irmãos, e dizia: "Padre, quando chegará para meus familiares a hora da redenção? Peço à Virgem Maria, e ela fala comigo. Sim, padre, a Virgem fala comigo, e me diz: – Não abandone a sua família, pois somente você a levará à terra da promissão."

Quão grande foi a missão de Theodorina! Desde a tenra idade de seis anos ela teve revelações tão admiráveis que era o espanto de quantos a ouviam. A última vez que eles vieram à aldeia, Eloy estava muito doente e, embora eu tivesse uma ordem, como todos os padres, de não deixá-los entrar na minha igreja ou de passar a noite perto da cidade, dei meu leito ao doente, e o restante da família acomodei como pude. Os anciãos do lugar ousaram me dizer:

– Padre, o senhor desafia a ira de Deus.

– Quer dizer – contestei – a dos homens, porque Deus não se encoleriza jamais; sejam mais francos, digam-me que têm medo, porque pensam que sua estadia na aldeia lhe trarão transtornos e calamidades. Despreocupem-se. O que tem que fazer é redobrar sua vigilância, colocando os cães em um local conveniente para que os pequenos excomungados não destruam em um segundo, o trabalho de muitos dias. Cuidem de suas plantações e me ajudem ao mesmo tempo a fazer um bom trabalho, que me encontro inspirado e alguém me diz que agora alcançarei o que não pude em muitos anos.

Como eu tinha muito poder sobre o meu rebanho, bastava uma palavra minha para dissipar todos os seus medos, e os pais de Maria levaram os filhos de Eloy para casa, ficando na Reitoria o doente, sua esposa e a angelical Theodorina, garota feiticeira, que sempre vinha em meu encalço para me contar seus sonhos e me dizer:

– Padre, eu não quero sair daqui; ao seu lado meus pais são melhores, eles não machucam ninguém aqui, mas fora deste lugar... eu sofro muito... eles fazem o mal pelo prazer de fazê-lo.

Eloy esteve um mês doente e, durante esse período, seus filhos fizeram o mal que podiam; tanto assim que, na aldeia, não havia um único habitante que os apreciasse, até os cães os odiavam. Sultão, quando os via, se atirava sobre eles. Por outro lado, lambia as mãos de Theodorina e deitava-se aos seus pés para que a menina brincasse com ele.

Eloy, durante sua enfermidade, teve longos diálogos comigo, e eu aproveitei todas as oportunidades para inclinar-lhe ao bem, prometendo-lhe que, se ele reconhecesse o Soberano existente, eu teria influência dobrada para conseguir que o chefe da Igreja os perdoasse; e embora seus numerosos bens não pudessem ser totalmente recuperados, por-

264 | AMÁLIA DOMINGO SÓLER

que eram inúmeras as acusações que pesavam sobre ele, havia tantos nobres descontentes que apelaram para o Rei pedindo justiça, que não se podia incentivar esperanças de recuperar muitas de suas fortalezas, mas algumas de suas fazendas. Eu ficaria encarregado de educar seus filhos em um convento e poderia fazer renascer para a vida o homem que, ao vir ao mundo, havia sido envolvido em batista e renda, e havia chegado ao extremo de ser quase um bandido, que não podia passar a noite no povoado.

Eloy me ouvia atentamente, sua esposa também, mas aquelas duas almas tão pervertidas estavam encaixadas nos braços do crime, que a vida anômala que levavam era tão de seu agrado que, se vieram me procurar, foi por causa de Theodorina. A pobre menina era quem sempre chorava para vir à minha aldeia, e esses dois seres, apesar de sua perversidade, amavam a filha com todo o seu coração, porque ela era realmente um anjo de redenção; até seus irmãos a respeitavam, e ela era a filha mais nova.

Quando Eloy conseguiu deixar o leito, ele já se asfixiava em minha companhia, e sua esposa ainda mais do que ele. Por outro lado, Theodorina, que então teria dez anos, sorriu alegremente cuidando das flores no meu horto e me disse:

– Padre, você que é santo, faça um milagre com meus pais.

E ao dizer isso, me mirava de uma maneira tão significativa, seus olhos me expressavam tantas coisas, que lhe respondi uma tarde:

– Prometo que, ou estou muito enganado, ou Deus ouvirá suas orações e as minhas. Reze, minha filha. Diga à Virgem que você vê nos seus sonhos a ajuda e peça; que os espíritos benéficos me deem seu poder, e eu poderei transformar o mundo.

Quando Eloy deixou o leito, a linda primavera adornava os campos, as florestas davam franca hospitalidade a milhares de pássaros que cantavam canções dulcíssimas. Os prados ostentavam seu mais belo tapete, matizado de várias flores, o ar era quente e perfumado, o céu com seu manto azul falava à alma; alguns idosos vieram e eu disse a eles:

– Meus amigos, com o enfermo que eu tinha no meu oratório, com a ansiedade que os filhos daqueles infelizes me causaram e com outras penalidades que me angustiam, eu sei que minha cabeça vacila;

trago-a tão enfraquecida que não consigo coordenar minhas ideias, tenho medo de pensar que poderia viver longos anos de inação; acredito firmemente que se eu pudesse sair para o campo, um dos meus lugares prediletos, teria uma nova vida; então eu quero que todos vocês me ajudem na cura, quero que todos os habitantes da aldeia, todos, e quantas pessoas pobres estejam em nossa companhia, venham comigo passar um dia no campo. Nesse dia eu quero que ninguém chore em torno de mim, quero que todos sorriam, quero ter a ilusão de que nos transportamos para um mundo feliz. Vocês aprovam meu plano? Vocês querem me acompanhar no canto de uma salve-rainha no topo da montanha mais alta que nossos olhos possam divisar?

– Sim, sim.

Os anciãos gritaram com alegria infantil.

– Faremos tudo o que o senhor deseja para prolongar sua vida; o senhor pensa muito, trabalha demais. Está certo, vamos descansar um momento de nossa fadiga.

E com ansiedade febril, meu bons paroquianos percorreram a aldeia dando a fausta notícia: que eu queria ir ao campo, cercado pelo meu rebanho amado e de quantas pessoas pobres se encontravam no local. O dia marcado chegou e, justamente na noite anterior, havia chegado muitos mendigos.

Até as estrelas enviavam seu brilho para a Terra, quando Sultão entrou no meu quarto latindo alegremente, como se estivesse me dizendo: "Acorda, está na hora". Que animal inteligente! Como ele compreendia tudo! Como fazia barulho quando me via alegre! Como guardava meu sono quando lhe dizia: "Ah, Sultão! Estou mal...!" Então ele se postava no pé da escada que conduzia ao meu quarto, e não havia cuidados, ninguém podia subir para me incomodar; quando ele sabia que eu deveria levantar-me cedo, entrava no meu quarto dando saltos e cambalhotas. Como ele era grande, sua alegria promovia uma verdadeira revolução, porque derrubava as cadeiras, meu antigo cajado rolava pelo chão e eu me alegrava ao ver esse movimento.

Naquela manhã, ao acordar, eu disse a Sultão: "Vá, eu quero ficar sozinho; vá embora e acorde os preguiçosos". Sultão olhou para mim, descansou sua linda cabeça em minhas mãos e, em seguida, com aquela inteligência maravilhosa que o distinguia, saiu lentamente; então ele não fez barulho, ele entendeu que minha mente precisava descansar um pouco naqueles instantes.

****

QUANDO ME VI SOZINHO, levantei-me, abri a janela e, olhando para fora, contemplei o céu e exclamei: "Senhor, seja eu hoje um dos teus mensageiros! Dá-me essa força mágica, esse poder incomparável que alguns de seus enviados possuem nos momentos supremos! Quero retornar ao rebanho duas ovelhas desgarradas: ajuda-me, Senhor! Que sem ti não tenho forças, me falta persuasão para convencer, não tenho essa eloquência para entusiasmar e influenciar o ser indiferente; não tenho aquela voz profética que encontra eco na mente dos culpados; eu sou uma árvore morta, mas se Tu quiseres, Senhor, hoje terei nova seiva. Tu vês qual é minha intenção: quero salvar cinco seres que naufragam no mar do crime; quero evitar o martírio de um anjo; Theodorina é um de teus querubins e se asfixia, Senhor, entre répteis. Deixe-me ser por alguns breves segundos, um dos delegados de tua onipotência; deixa-me dar esperança aos desesperados, deixe-me cantar a hosana de glória a Deus nas alturas e paz aos homens na Terra! Deixe-me ir ao portentoso templo das montanhas, cuja cúpula é o céu. Quero te adorar, Senhor, com o amor de minha alma, com o contentamento do meu espírito; eu quero sorrir, Senhor, depois de ter feito uma boa obra; deixe-me desfrutar de um momento de satisfação, deixe-me sair da minha prisão escura para contemplar a beleza da luz. Peço-te muito, Senhor? Quero eu algo impossível?" "Não – murmurou uma voz no meu ouvido. – Vá tranquilo, que a vitória será tua". E como se eles tivessem tomado o velho homem e trazido o jovem, me senti transformado da mesma maneira. Admirei-me e exclamei: "Quão grande é o teu poder, Senhor. Tu és a alma de todas as almas, Tu és a vida, Tu és a força, Tu és a eterna juventude!"

****

CHEIO DE DOCES ESPERANÇAS, fui procurar Eloy e lhe disse:
– Hoje todos sairemos. Vou confiar em você. É a única recompensa que lhe peço para pagar meus esforços; seja hoje meu bordão e amanhã estará livre se quiser sair.

Prometendo partir, Eloy ficou feliz e de bom grado me ofereceu seu braço. Entramos na igreja, onde as pessoas estavam me esperando em massa, e eu disse à minha plateia:

– Meus filhos, peçamos a Deus que deste belo dia todos nós conservemos uma lembrança imperecível.

Quando saímos para a praça, notei que várias das melhores e mais caridosas mulheres estavam ausentes. Perguntei por elas e me disseram que haviam ficado em casa porque tinham duas delas uma criança doente e as outras por fazerem-lhes companhia.

– Que venham aqueles que têm filhos doentes, que hoje Deus me permite ter o dom de curar os doentes.

As duas mulheres vieram com seus filhos pequenos nos braços, e eu beijei as duas crianças, dizendo em minha mente: "Senhor, Tu vês meu desejo, ajude-me!" As crianças, sentindo meus lábios na boca deles, estremeceram e abriram os olhos. Um deles sorriu e acariciou sua mãe, buscando em seu seio a água da vida, enquanto o outro, que era mais velho, fazia esforços para ser deixado no chão.

Eloy olhou para mim e disse:
– O senhor fez um milagre, padre.

– Outro maior farei depois, porque hoje Deus me inspira; Deus vê meu desejo, e concede um mundo àquele que lhe pede com o coração – e nos pusemos em marcha.

Que dia lindo, irmãos meus! Foi o único dia em que sorri na Terra. Houve momentos em que me acreditei transportado a um mundo melhor. As jovens e os mancebos iam adiante, e os anciãos e as crianças vinham comigo; todos cantavam, todos riam, todos se entregavam à mais doce expansão. Quando chegamos ao topo da montanha, que espetáculo tão admirável se apresentou ante nossos olhos! O mar e o céu tinham a mesma cor, nem uma nuvem empanava o firmamento, nem uma onda turvava o repouso do líquido elemento, que, formando um espelho imenso, parecia retratar o etéreo lago do infinito.

268 | AMÁLIA DOMINGO SÓLER

Verdes planícies cruzadas por riachuelos cristalinos, colinas coroadas por frondosas árvores; tudo ali era belo, tudo sorria, tudo lhe dizia ao homem: "Adora a Deus". Assim compreendeu minha alma, e assim compreenderam meus companheiros, porque todos dobraram seus joelhos, e uniram as mãos em sinal de adoração.

Depois se levantaram, e entonamos um salve à Natureza, que eu lhes havia ensinado; uma de suas estrofes dizia assim:

"Salve, Oh Céu, com suas nuvens.

"Salve, Oh chuva benéfica que fecunda a terra.

"Salve, companheiros e ancestrais do homem.

"Oh árvores amigas, que tão úteis são à humanidade.

"Do fragrante cedro se faz o berço da criança; da robusta azinheira se faz o caixão do ancião.

"Salve, oh habitantes do ar, que nos ensinaram os hinos de louvor para saudar ao bom Deus!".

Eloy, sua esposa e seus filhos estavam junto a mim. Adverti-o, quando o primeiro instava a sua família para se afastar. Então, lhe disse:

– Por que quer ir?

– Porque sofro, tanta luz me faz mal. O senhor é demasiado bom para nós, e deve notar que, segundo falam, Deus não admite em seu céu, os malvados; aqui parece que estamos na glória e este lugar não me pertence. Deixe-me ir.

– Já irá; espere.

Quando terminou o canto, todos comemos pão, queijo, frutas em abundância; um almoço frugal que a todos foi saborosíssimo. As meninas bailaram, cantaram, brincaram; os meninos correram, os idosos e as mães de família jovens falaram e formaram planos para o futuro; cada um se entregou à expansão segundo sua idade, e eu, com Eloy e sua esposa, me dirigi a um bosque, nos sentamos, e tomando as mãos de Eloy entre as minhas, lhe disse:

– Já sei que sofre; a emoção o sufoca; você viu um reflexo da vida; viu como se alegra e é feliz um povo virtuoso, e fez uma comparação com sua lastimosa existência. Você era rico, e por suas traições se vê pobre; era nobre entre os mais nobres, e por seus desmandos se vê tão desonrado, que o último de seus servos é mais considerado que você,

MEMÓRIAS DO PADRE GERMANO | 269

e tem direito de entrar na casa do Senhor, e você tem que viver como as feras. Seus filhos serão, amanhã, o opróbrio da sociedade. Hoje você mirou o porvir e tremeu. Pois bem, se a Igreja o excomungou por seus crimes, se os reis o despojam de seu patrimônio em justo castigo por suas audazes rebeliões, ainda lhe resta Deus. Ele não separa os maus dos bons por toda a eternidade. Ele acolhe sempre o pecador, ainda quando este haja caído milhões de vezes. Para Deus nunca é tarde, porque nunca anoitece em seu dia infinito. Você ainda tem tempo, até seus filhos podem ser a honra de seu país, ainda pode morrer nos braços de seus netos, ainda pode ter um lar. Volte para si mesmo, pobre homem doente; em seus olhos as lágrimas de suas vítimas aparecem, e com as lágrimas dos arrependidos o Senhor forma as pérolas! Chore! – e Eloy chorou.

Aquele homem de ferro tremeu como a árvore agitada pelo furacão. E eu, possuidor de uma força sobrenatural, acrescentei:

– Arrependa-se; você tem frio na alma e no corpo: Deus dará calor à sua alma, e ao seu corpo eu abrigarei estendendo minha capa – e eu a joguei sobre seus ombros, estreitando-o em meus braços. Sua esposa soluçava, e Eloy a atraiu para ele, e nós três formamos um grupo por alguns instantes.

– Não me deixem – eu lhes disse – deixem-me reivindicar vocês perante a sociedade; deixem-me colocar seus filhos em um lugar seguro; que Theodorina seja o anjo desta aldeia, permitam-me reabilitá-los, porque esta é a missão do sacerdote: amparar o pecador, que o justo não necessita ser amparado, pois sua virtude é o melhor porto de salvação. O sacerdote deve ser o médico das almas e vocês estão doentes; deixem--me curá-los; seu mal é contagioso e deve-se evitar sua contaminação.

Os bons espíritos me inspiraram tanto, que estive falando por mais de duas horas, e não sei quanto tempo minha peroração teria durado se as crianças não tivessem vindo me buscar. Saímos da floresta e, quando cheguei ao lugar onde os anciãos me esperavam, apresentando-os a Eloy e sua esposa, lhes disse:

– Meus filhos, abracem seus irmãos, que se a Igreja fecha suas portas para os pecadores, Deus espera na mesa do infinito pelos filhos pródigos da criação.

"Unam-se em abraços fraternos, aqueles que se acreditam bons e aqueles que se consideram culpados, que todos vocês são irmãos, que todos são iguais. Você não tem mais diferença do que alguns que trabalharam em sua vantagem e outros em seus danos; não acreditem que os bons são escolhidos e os rebeldes são os amaldiçoados de Deus. Deus não tem raça privilegiada ou deserdada; todos são seus filhos, pois tudo é progresso universal.

"Não creiam vocês, os que vivem em pura calma, que sempre viveram do mesmo modo, não; seu espírito deu vida a outros corpos, sua virtude de hoje terá sua base na dor de ontem. Vocês não são viajantes de um dia, são os viajantes dos séculos; por isto não podem rechaçar os que caem, porque... quem sabe quantas vezes vocês caíram também!

"O progresso tem uma base: o bem, e tem sua vida própria no amor. Amem sem exigências, homens da Terra! Amem o escravo, para que lhe pesem menos suas correntes; compadeçam-se do déspota, que se faz escravo de suas paixões; ampliem o estreito círculo da família, engrandeçam suas afeições individuais; amem, porque o amor é o caminho para a regeneração dos homens! Vocês estão vendo sua aldeia pequena. Não veem quão tranquilos deslizam nossos dias? Quão resignado vive cada qual, com suas dores físicas ou morais? Que harmonia tão perfeita reina entre nós! E por que isto? Porque vocês começam a amar, porque começam a compadecer, porque não chega um mendigo a seus lares que seja despedido com rudeza, porque suas economias são destinadas exclusivamente para socorro aos pobres, porque apenas pensam nos necessitados e levantam casas para albergá-los, porque trabalham em prol do bem da humanidade, por isso vocês têm direito a ser relativamente felizes; e o são porque Deus dá cento por um; e assim como se celebra o nascimento de um filho, celebramos a chegada de nossos irmãos. Seis indivíduos compõem a família que hoje se associa a nós: dois deles podem comparar-se a duas árvores secas, que tardarão séculos em voltar a produzir; mas os outros quatro podem dar dias de glória a sua pátria, podem criar uma família, e já verão se devemos alegrar-nos por semelhante aquisição."

Mais de um ancião chorou comovido. Eloy estava como que constrangido, e meu contentamento era imenso, porque via claramente o que poderiam ser seus filhos. Durante minha permanência na Terra, nunca mirei o presente, mas sim o porvir, e naquele dia minhas ideias tinham tanta lucidez, contemplei à distância quadros tão belos, que me esqueci de todas minhas contrariedades, todas minhas amarguras, sorri de alegria com tão expansiva leveza, que me confundi com as crianças e brinquei com elas. Eu, que nunca havia sido criança, naquele dia o fui. Encantadoras horas, quão breves foram!

Homens pessimistas, vocês que dizem que na Terra sempre se chora, eu o nego. Na Terra se pode sorrir; eu sorri, e por certo que as condições de minha vida não eram adequadas para ser feliz nem um único momento, mas quando o espírito cumpre com seu dever, este é ditoso. Em várias ocasiões o fui, mas nunca como naquele dia. Sabem por quê? Porque naquele dia tudo quanto me cercava falava à minha alma. A primavera da Terra é muito formosa, tudo renasce, tudo recobra energia, tudo é belo, porque a irradiação da vida é rica, e ninguém melhor do que o que vive morrendo para saber apreciá-la. Meus amados fiéis estavam assombrados ao ver-me tão contente e comunicativo, e quando regressamos à aldeia todos me perguntavam, ansiosos:

– Padre Germano, quando voltaremos a subir a montanha?

Aquela noite, quão lindos foram meus sonhos e doce meu despertar!

Cheguei a realizar todos meus planos; consegui tudo quanto quis sobre aquele assunto: os três filhos de Eloy foram educados severamente em um convento, foram depois úteis a sua pátria, criando-se uma numerosa família, e morrendo como bons cidadãos no campo de batalha. Seus nobres descendentes estão hoje trabalhando na causa do progresso. Eloy e sua esposa não puderam ser felizes porque tinham muitos crimes para recordar, mas se tornaram místicos, que em certas épocas da vida, o misticismo é um avanço para o espírito. Chegaram a ter medo do amanhã, começaram a sofrer, e sua redenção teve início.

Theodorina foi um anjo de paz, foi o amparo dos desafortunados, e nunca me esqueceu. Nem seu amor de esposa, nem sua adoração de mãe, lhe impediram de vir ver-me em meus últimos momentos, e como uma peregrinação piedosa, todos os anos, pela primavera, durante muito tempo, visitou minha tumba...

Apenas um dia de primavera fui feliz em minha vida, somente naquele dia curei enfermos com meu esforço. Quanto bem poderia fazer o homem, se somente pensasse em fazer o bem!

Não há espírito pequeno, não há inteligência obtusa, não há posição, não importa quão humilde seja um benfeitor para ser útil a nossos semelhantes. Eis aqui a ideia que quero transmitir ao homem. Quem fui eu em minha última existência? Um pobre que não foi digno nem do carinho de uma mãe, e, não obstante, quis criar, não um porvir na Terra, porque isso se cria qualquer aventureiro, mas sim um porvir em minha pátria, no mundo dos espíritos, e o consegui. Quanto mais poderão fazer vocês que estão em melhores condições? Eu vivi em uma época terrível, em que a teocracia dominava em absoluto, e eu era um verdadeiro herege. Sofri muito, lutei muito para dominar minhas paixões, mas quão feliz estou de ter sofrido!

E ainda que não houvesse encontrado no além-túmulo o bem-estar que desfruto, apenas com o recordar daquele dia de primavera me poderia dar por recompensado de todos meus sofrimentos. Há momentos de prazer que recompensam cem séculos de dor! Procurem filhos meus, desfrutar destas horas que são felizes para todos. Para ser feliz, não é necessário mais que querer sê-lo, porque virtuosos todos podemos ser. Quando o espírito quer, este se engrandece; queiram e se engrandeçam, e assim poderão ter um dia de primavera em sua vida, como tive eu.

25

UMA PROCISSÃO

IRMÃOS MEUS, DEIXE-ME DIVAGAR alguns momentos. Pensamento humano, eterno demente das idades, como te comprazes em evocar recordações; criança de todos os tempos, que vai como o pequenino, ou como a borboleta pintada que salta de flor em flor, assim vou eu, narrando minha história sem ordem nem concerto. Eu me livro do método em tudo. Vocês podem acusar-me de antimetódico, porque tão logo lhes conto os últimos instantes de uma de minhas existências, como me comprazo em referir-lhes os atos anteriores desta mesma criação; e sem que queira justificar-me deste proceder anômalo, devo dizer-lhes que tenho meu plano no meio desta aparente incoerência, pois faço dois trabalhos a uma só vez: toco a fibra sensível do espírito que se encarrega de transmitir-lhes minha história, e este, por sua vez, bate à porta dos corações lacerados, e lhes diz: "Escutem-me, que lhes venho contar um episódio de lágrimas."

Entre o espírito e o transmissor deve estabelecer-se afinidade de sentimentos, porque deste modo, o trabalho é mais produtivo. O espírito, segundo o centro que escolha para suas manifestações, deve sujeitar-se ao grau de adiantamento de seus ouvintes; pois de que serviria uma comunicação astronômica, por exemplo, aos pobrezinhos da Terra, que nem soubessem ler? Não se trata de que falem os espíritos. O principal é que despertem o sentimento e este é meu propósito:

274 | AMÁLIA DOMINGO SÓLER

despertá-lo nos seres que transmitem minhas inspirações, e estes, por sua vez, despertem em vocês. Não quero que sejam sábios, anelo primeiramente que sejam bons. Por isso não me cansarei nunca de contar-lhes episódios comovedores, porque a humanidade necessita de sentir mais que investigar, e em prova disso lhes direi que entre vocês, pequeninos da Terra, se encontram hoje encarnados grandes sábios da antiguidade, homens que hoje são de figura pigmeia, que dizem com profundo desencanto: "Ai, tenho tanto frio na alma que não me basta todo o fogo do sol para me reanimar!"

Isto lhes provará que a sabedoria sem sentimento é uma fonte sem água; e para encontrar a água da vida é necessário sentir, amar, compadecer, viver para os demais. Por esta razão se encontram hoje entre vocês, homens de saber profundo que, como o leão enjaulado, ainda que estejam em meio aos mares, dizem olhando os céus: "Senhor, se é verdade que Tu existes, tem piedade de mim, retira-me deste planeta, e leva-me a uma paragem onde possa respirar." E os que com sabedoria assombraram o mundo antigo, hoje passam completamente inadvertidos, confundidos entre os ignorantes da Terra; e estas existências de lutas surdas, estas encarnações de trabalhos titânicos, são as que queremos evitar.

Há muito tempo que vimos trabalhando neste sentido: queremos que a humanidade chore, e com seu pranto se regenere. Não lhe vimos contar nada novo, pois em todas as épocas se soube as mesmas histórias. Os fortes humilharam os fracos, em todos os tempos, a superstição apoderando-se do entendimento humano, a falsa religião levantando altares, e a fria razão negando, obcecada, o princípio inteligente que existe na natureza. Um filho de Deus nega a seu pai, aproveita seu livre-arbítrio para ser parricida; e como o homem, sem uma crença religiosa, ainda que seja um excelente matemático, não passa de um pobre selvagem a caminho da civilização, empregamos todas nossas forças em despertar o sentimento humano, porque o homem que ama a seus semelhantes, ama a natureza, e amando-a adora a Deus, uma vez que Deus é a vida disseminada no átomo invisível e nos sóis que atraem com seu calor milhões de mundos.

Sim, filhos meus, sim; é preciso amar para viver. Vocês não conhecem as verdadeiras alegrias da vida. Vivem para vocês mesmos, e não podem estar contentes de seu proceder egoísta, porque ninguém toma parte em suas egoístas alegrias; vocês estão sós, e a solidão é muito má conselheira. A solidão é agradável e até necessária quando o homem tem alguma ação boa para recordar, mas quando se levanta e apenas pensa em si mesmo, é muito digno de compaixão.

Eu tive muitas existências, e em algumas delas me tiveram como sábio; mas creiam-me: somente vivi quando me consideraram bom; então sim, então tive momentos que nunca, nunca esquecerei. Quando se fixaram em meus olhos essas miradas luminosas que parece que foram recolher seus resplendores no infinito; quando a voz de gratidão ressoou em meus ouvidos; quando as mãos de dois jovens estreitaram as minhas, dizendo-me com seu gesto mudo: "Bendito sejas, que a ti devemos nossa felicidade", Ah! então o espírito desperta de seu penoso sono, as brumas das desditas humanas desaparecem, e o sol da vida eterna brilha esplendente no limpo horizonte do futuro. Amai, amai muito, amai com todo o entusiasmo com que pode amar o espírito, que para amar foi criado, e amando cumprirá com o preceito divino da Lei Suprema.

Vou contar-lhes um dos episódios de minha última encarnação.

****

HAVIA-SE TERMINADO UMA GUERRA sangrenta. Os homens haviam satisfeito suas abjetas ambições; muitas vidas, anciãos e órfãos gemiam em um canto de seu deserto lar, e como se não fora bastante a destruição da guerra, veio a peste, que é sua companheira inseparável, e semeou o espanto e a desolação nas cidades fratricidas que haviam dito a seus filhos:

"Corre, vá e mate o seu irmão..."

A aldeia que eu habitava se encontrava em um ponto tão elevado, eram tão puros seus ares, tão límpidas suas águas, que corriam em travessos riachuelos e em caudalosas fontes, que nunca as enfermidades epidêmicas haviam penetrado em seus pacíficos lares. Tanto assim, que apesar da pobreza quase geral de seus habitantes, em caso de peste, chegavam centenas de famílias para beber a água da fonte da Saúde, que, segundo assegurava o vulgo, era um preservativo para todos os males.

Não obstante a aldeia em si ser muito pobre, estava rodeada, se bem que a longas distâncias, de vários castelos de nobres opulentos, de maneira que, em casos de necessidade, castelos, conventos, granjas e todas as casas do povoado se enchiam de forasteiros que vinham fugidos de um perigo que quase todos levavam consigo: fugiam da peste, e a peste eram seus vícios e suas ambições.

Ao declarar-se a peste, minha aldeia se viu invadida por uma turba de nobres que vieram quebrar nossa doce tranquilidade. Entre os fugitivos havia vários príncipes da Igreja, que, em lugar de permanecer em suas dioceses, abandonaram a sua grei quando seus fiéis mais necessitavam de suas exortações, de seus donativos e de seus cuidados; porque os sacerdotes não são úteis à sociedade mais que nos momentos de perigo, pois na vida são pouco menos que desnecessários. Nas calamidades podem ser os enviados da Providência que difundem o consolo entre os atribulados. Mas como os príncipes da Igreja de tudo se ocuparam menos do que cumprir com seu dever, naquela ocasião, como em outras muitas, deixaram o baixo clero lutando com os enfermos e com outras dificuldades.

Entre os que chegaram havia um bispo que eu conhecia desde criança, homem audaz a quem a religião servia para desenvolver em sua sombra, suas bastardas ambições, e era um dos que mais haviam trabalhado para comerciar com a fonte da Saúde.

Afortunadamente, a epidemia terminou, sem que na aldeia, nem em seus arredores houvesse uma só disfunção ocasionada por tão terrível enfermidade; e o bispo antes aludido, a quem chamaremos Favonio, subiu ao púlpito da velha igreja, e com tom imperativo disse o seguinte:

– Pecadores! Já viram como a cólera divina descarregou seus furores sobre as cidades invadidas pela peste; justo castigo de suas abominações: a Providência demonstrou que está agraviada pelos desacertos dos homens, e castigou com a morte a alma dos rebeldes, destruindo seu corpo e condenando o espírito à eterna expiação de suas culpas.

Para desagravar a Providência, justo é que verifiquemos um ato grato aos olhos do Senhor, e, ao mesmo tempo, demos testemunho de nosso agradecimento por ter conservado nossas vidas, que empreguemos em honra e glória de Deus; assim, pois, o domingo próximo ordenaremos que todos os fiéis se reúnam para acompanhar a Sua Divina Majestade, que levaremos em procissão ao topo da montanha que dá sombra a esta aldeia, e depois desceremos e voltaremos à igreja. Ordeno que ninguém se escuse de ir; quero que todos assistam a um ato tão meritório.

Aquela linguagem imperativa causou uma impressão muito desagradável em meus paroquianos, acostumados como estavam a seguir-me sempre, sem que eu lhes indicasse que me seguissem; me amavam e isso era o bastante para que continuamente uns e outros trabalhassem em meu horto, e me acompanhassem até a porta do cemitério, depois de haver feito o passeio de costume.

No domingo seguinte, disse eu a meu superior:

– Hoje devo ocupar a tribuna sagrada, porque se uma outra vez lhe ouvirem meus paroquianos, perderão a fé em Deus por muitos anos. Deus não se impõe. Deus se faz amar, e seus ministros não dariam ordens imperativas se querem ser intérpretes do Evangelho de Cristo.

Favonio me mirou, e seu olhar me disse todo o ódio que guardava para mim em seu coração, mas como nunca conheci o medo, e meu espírito, pelo contrário, crescia na luta, subi ao púlpito mais animado que nunca, dizendo ao meu auditório:

– Amigos meus: não estando de acordo com alguns pontos da prédica que meu digno superior lhes dirigiu no domingo passado, justo é que me apresse em desvanecer certos erros que não quero de nenhum modo que abriguem em sua mente.

"Estabeleceu-se o errôneo princípio de que a cólera divina descarregou seus furores sobre as cidades invadidas pela peste; e eu devo repetir-lhes o que já lhes disse muitas vezes: que Deus não pode encolerizar-se jamais, porque é superior a todas as paixões humanas. Ele não pode fazer outra coisa senão amar e criar. Sob esta ótica Ele não pode se encolerizar, porque não chegam a Ele nossas míseras contendas, e não se deve culpar a outrem pela ira, simplesmente pelo fato de estar longe, fora de nosso alcance. Personalizar a Deus é minimizar sua grandeza, é desconhecer a essência de seu ser. Deus cria, e ao criar concede aos mundos e aos homens, leis eternas. Desta forma, tudo que acontece obedece ao cumprimento da lei. Sabido é que depois das guerras sobrevém a peste, não em castigo de nossa barbárie, mas como resultado do fato da atmosfera ter-se infestado com as centenas de cadáveres que em estado de putrefação, despedem gases deletérios, infeccionando o ar; e se os homens pudessem fazer ofensas a Deus, os vigários de Cristo, os pastores do Evangelho, que abandonam seu rebanho quando o lobo o ameaça, são os que o ofendem, não a Deus, mas sim aos nobres sentimentos que devem ser patrimônios exclusivos do homem.

"Príncipes da Igreja, tão pouca fé têm vocês na justiça divina, que assim fogem de seus lares, abandonando as famílias indigentes em meio a tempestade? Sabem o que representa um bispo em sua diocese? Pois o mesmo que o capitão de um navio, que não abandona sua embarcação até que haja salvado o último grumete; pois de igual forma vocês não devem deixar suas cidades infestadas, e nelas devem permanecer para alentar os fracos, para consolar os tristes; se querem ser chamados padres de almas, trabalhem como padres. Acaso viram um pai que salve sua vida, deixando em perigo a vida de seus filhos? Não; primeiro pensam neles, depois em si mesmo, pois sendo assim, cumprem com sua missão como bom sacerdote, e não deixam de usurpar títulos que, em honra da verdade, não lhes correspondem.

"Pensam em cobrir as aparências dando um largo passeio, obrigando aos pobres anciãos e enfermos a acompanhá-los. E para quê? As cerimônias religiosas nunca devem ser obrigatórias; se as almas dos crentes necessitam desta manifestação, que busquem os que queriam associar-se a ela, pois a nada útil nos conduz, porque procissões não são as que engrandecem o sentimento cristão. Conduzir o cálice com a hóstia consagrada não leva esperança a nenhum espírito enfermo, como leva a exortação evangélica que o sacerdote dirige a um ser que sofre; as romarias e procissões não dão outro resultado que o afastamento dos jovens, cansaço para os velhos, desilusão para os pensadores e vão prestígio para os que as organizam; e sobre outra fundação deve levantar suas torres a igreja cristã. Conste, pois, que concebo as procissões como passeios anti-higiênicos, manifestações religiosas que não despertam outro sentimento que o da curiosidade, e o sacerdote cristão deve ter mais nobres aspirações."

Como devem compreender, minhas palavras tiveram distinta acolhida. Os meus não me aplaudiram porque o contexto sagrado do lugar não o permitia, e meus oponentes não me reduziram à prisão porque eu tinha em minha vantagem uma grande força magnética: eu os dominava a meu bel-prazer; quando os mirava do alto de sua cabeça até os pés, cerravam os olhos e fugiam de meu lado, dizendo por baixo: "Você é um feiticeiro, um fiel servidor de satanás."

Aquela tarde se organizou a procissão: adiante ia toda a nobreza, detrás os prelados, atrás destes todos os habitantes da aldeia, e por último eu, levando nas mãos, o cálice. Todas as crianças me rodeavam, não só os da aldeia, como também os da nobreza, que como a infância é tão expansiva, me demonstrava seu afeto com a ingenuidade de sua inocência. As crianças foram os únicos a desfrutar daquele passeio; os demais seguiram o curso da procissão, por seguir, sem esta espontaneidade da alma que é a vida do espírito. No topo da montanha, os meninos da aldeia entoaram um hino à Providência, implorando sua proteção para os viajantes, que no dia seguinte deveriam seguir viagem para seus lares.

Descemos até a planície, cruzamos a ponte do barranco, e nos detivemos na praça da igreja, onde os enfermos e os mais idosos nos esperavam, ou seja, me esperavam; me cabe a satisfação de dizer que se deixaram seu leito foi para me ouvir, porque sabiam que eu falaria antes de entrar no templo, o que contrariou sobremaneira ao bispo Favonio, mas eu lhe disse:

– Aqui é onde devo falar, porque é onde os enfermos e os anciãos me esperam; a Igreja é pequena e incômoda, porque carece dos assentos necessários; aqui estão eles em seu lugar favorito. Nesta praça brincaram quando eram crianças, bailaram quando jovens, e hoje, já em idade avançada, vêm pedir ao sol o calor de seus raios para vigorizar seus gelados corpos; falemos pois, aqui. O sol reanimará sua matéria, e minha palavra alentará seu espírito.

E subindo as grades que conduziam ao templo, me detive no átrio, e disse:

– Príncipes da Igreja e nobres do reino! Já cumprimos seu desejo, indo em procissão ao alto da montanha; já deram graças a Deus, por ter-lhes conservado a vida, e amanhã vocês voltarão a seus lares, porque estão seguros de que a peste não alcançará nenhum de vocês, já que se preservaram do perigo bebendo em três novenas a água milagrosa da fonte da Saúde, e rezado sete salves à Virgem, antes de, cada dia, beber a água bendita. E se creem salvos? Sua superstição é tão grande que não temem a cólera divina, como dizem vocês? Com tão pequeno sacrifício se acalma a ira do Onipotente? É curioso ver como vocês resolvem as ofensas e os alívios, mas como vejo muito longe, como sei que se fará valer a feliz circunstância de não haver morto nenhum de vocês durante sua larga permanência na aldeia, para dizer que não deve estar mais tempo ignorada a fonte milagrosa, ao ir-se, deixarão grandes donativos para reedificar esta velha igreja e fazer uma ermita junto ao manancial, devo preveni-los de antemão que tudo que deixarem será entregue aos pobres, e nem um denário gastarei na reedificação da igreja.

"Pobre é, como veem. Seus vasos sagrados não são de ouro nem de prata, senão de humilde estanho, mas o cálice não tem valor pelas pedras preciosas que o adornam, e sim pelas mãos que o elevam em nome de Jesus Cristo: se o que celebra a missa, quando levanta o cálice, levanta também seu espírito a Deus, se não é caluniador nem avarento, se não trapaceia seu próximo, se não furta o fruto do pomar alheio, se vive dentro da santa lei de Deus, então Deus envia sobre sua cabeça os eflúvios de sua onipotência, ainda que o cálice que suas mãos sustentam seja de argila grosseira. Não quero que a sofisticação religiosa profane esta aldeia, não quero dar valor ao que em realidade não o tem. A fonte da Saúde não tem mais vantagem em seu favor que suas águas filtradas por ásperas pedras, pois assim chega a nós, limpa e cristalina, sem que nenhuma substância estranha contamine seus fios de diamantes líquidos.

"Digam-me, os que vociferam que essa água lhes deu a vida: que alteração experimentaram em vocês? Nenhuma, sem dúvida. Já se sabe que o habitante das cidades, quando passa uma temporada no campo, sente seu corpo mais ligeiro, tem mais apetite, mas em sua parte moral, que alteração vocês observam? Quando se verifica um milagre, deve haver uma modificação radical, e vocês vieram com a morte na alma, e com a morte na alma vocês partem. Sentem as mesmas ambições, abrigam os mesmos desejos, vieram fugindo da peste, e levam a peste; seus olhos me revelaram grandes mistérios: sei que há jovens que desejam morrer porque já lhes abruma o peso de seus quinze anos; entre vocês, há mulheres que choram recordando grandes desacertos, e vieram à fonte da Saúde acreditando que a virtude de suas águas destruirá os fetos do adultério. Quantas histórias me vieram revelar sem ter-me dito uma só palavra! Quanta compaixão causam em meu coração! Com todos seus dramas, são tão pobres...! E ainda querem aumentar seu infortúnio profanando esta paragem onde vivem em doce paz alguns pequeninos da Terra.

"Não tentem vir turbar nosso repouso porque nunca consentirei que realizem seus planos. Enquanto eu viver, não se abusará da credulidade religiosa; e para que se convençam de que a fonte da Saúde, não dá saúde a ninguém, há um entre vocês que antes de entrar em seu palácio, morrerá, e é o que mais água ingeriu."

Ao pronunciar estas palavras, a confusão foi indescritível. Alguns diziam: "É louco, não sabe o que diz." Outros se olhavam envergonhados, e o bispo Favonio se acercou de mim e me disse com amarga ironia:

– Já que é adivinho, diga quem morrerá dentre nós.

– O senhor – disse com acento imperioso – e adverti, baixando a voz – porque sei a história que você guarda consigo, e seria muito conveniente que se confessasse com a mulher que você perdeu, fazendo-se dono de seu porvir; aproveite os instantes, que para você são preciosos. Alguém me diz, alguém me inspira, e minhas predições costumam cumprir-se; não estranhe minha linguagem, já sabe de antemão que detesto as farsas religiosas.

A multidão se foi retirando, e uma preciosa menina de quinze anos, a angelical Elina, filha dos condes de São Félix, que quase toda tarde havia estado próxima de mim, me disse com voz angustiada:

282 | AMÁLIA DOMINGO SÓLER

– Padre, amanhã me vou e tenho urgência de falar-lhe esta noite; necessito vê-lo na fonte da Saúde; minha boa ama me acompanhará.

– Não é hora de entrevista, filha minha, mas como sei que sofre, irei ao seu encontro.

Retirei-me a meu quarto acompanhado de Sultão, tomei uma breve refeição, e dormi, vencido pelo cansaço. Sultão, porém, cuja extraordinária inteligência sempre me causava admiração, compreendeu, sem dúvida, quando Elina falou comigo. Assim sendo, despertou-me lambendo-me as mãos e latindo suavemente. Ao despertar, me lembrei do encontro marcado, e seguido de meu fiel companheiro, me dirigi à fonte, onde já me esperava Elina com sua ama. A primeira, ao ver-me, me disse:

– Padre, esta tarde o senhor disse grandes verdades, assegurando que aqui não se recupera a saúde. O senhor tem razão: doente vim e doente me vou. Meus pais e meu confessor querem unir-me com um homem que detesto; é muito rico, mas é um crápula, e antes de dar-lhe minha mão me matarei. E isto é o que queria dizer-lhe: que estou decidida a morrer, e peço que rogue por mim em suas orações.

– Veja bem, filha minha, repare como a fonte da Saúde em vez de curá-la a fez sentir-se pior, porque aqui sua enfermidade se agravou. Eu sei, e se falei hoje à tarde foi principalmente por você, porque li em seus olhos que a água desta fonte podia causar-lhe a morte, se não lhe desse um antídoto a tempo.

– Que sabe o senhor? – disse Elina fixando em mim seus belos olhos.

– Nada de particular, filha minha; parta tranquila, eu velarei por você.

– Então o melhor será que me ponha sob seu amparo.

– Não, nada de violência; amanhã falarei com seu pai, e lhe direi que espere, e ele esperará para fazê-la mudar de estado, porque entre seu pai e eu há uma conta pendente e ele tem que me obedecer. Eu sei que nesta fonte você viu olhos que fizeram bater seu jovem coração, e sua esplêndida beleza despertou uma alma que dormia. Eu posso fazer sua felicidade, e a farei; parta em paz.

Elina me olhou com este arroubo com que miram as virgens, que apesar de estar na Terra, recordam o céu, e rodeando minha cabeça com seus braços, disse com voz vibrante:

– Padre, bendito seja! O senhor sim, me deu a saúde.

– A saúde das almas, filha minha, é o amor correspondido, você ama e é amada. Eu lhe prometo que realizará seus sonhos, e minha promessa é água de saúde para seu espírito, confie em Deus, no mancebo dos negros olhos e em mim; sorria ditosa, que terá em sua vida dias de sol.

Elina se foi, e eu permaneci longo tempo na fonte da Saúde, pois necessitava preparar-me para um novo sacrifício.

Sem dúvida recordam vocês que, entre os seres a quem amparei em minha vida, um deles foi um menino, filho de uma mendiga que morreu ao dar-lhe à luz; eu o acolhi, lhe deixei em poder de alguns aldeãos, e três anos depois intercedi por ele, e lhe entreguei aos pais de Maria, para que tivesse uma família carinhosa.

Não passava um dia sem que Andrés viesse me ver; espírito simples e agradecido, cresceu tranquilo e cumpriu dezessete anos sem que uma nuvem de tristeza empanasse seu rosto. Várias vezes me havia dito:

– Padre, eu quero ser sacerdote como o senhor, e quando deixar de existir, eu o substituirei, e todos me amarão na aldeia.

– Não, filho – disse-lhe eu – quero que se case, que tenha família, que seus filhos cerrem meus olhos; quero vê-los brincar a cavalo com meu cajado, quero que você viva, que eu não vivi.

– É que não gosto de nenhuma mulher – replicava Andrés, naturalmente.

– Já se interessará por alguma, filho meu; é muito menino, ainda.

Eu havia criado a ilusão de casá-lo com alguma jovem da aldeia, que viesse viver comigo, e já me via rodeado de meus netinhos, porque Andrés era um filho para mim. O olhar que sua mãe me dirigiu ao morrer, a muda súplica daqueles olhos, haviam despertado em meu coração o amor paternal, e eu amava a Andrés com toda a efusão de minha alma; tendo em meu carinho uma grande parte de egoísmo, confesso. Aquele ser eu o queria para mim: de modo que o eduquei sem despertar sua inteligência. Ensinei-lhe o mais necessário, me abstive de aprofundar seus estudos para evitar que seu espírito ambicionasse deixasse aquela vida pacífica. Eu necessitava próximo de mim algo que me pertencesse, que me devesse tudo, e ninguém melhor que Andrés, que veio ao mundo nas mais tristes condições, e que por minha proteção viveu ditoso em meio da abundância e querido de todos. De forma que, repito, deixei dormir seu espírito para que não lhe parecesse monótona a vida na aldeia. Às vezes eu o olhava e dizia: "Sou um criminoso; este garoto, bem-educado, seria alguém no mundo, mas então eu o perderia; ele iria muito longe, e sabe Deus se voltaria a vê-lo. Não, não. Como tudo ignora, não sofre, e eu com sua presença sou feliz." E assim iam se passando os dias, quando chegou Elina e uma centena de nobres fugindo da peste.

Uma tarde veio Elina visitar meu horto, que era o mais bem cultivado e tinha fama pelas muitas flores que nele cresciam formosas e louças. Andrés se apressou a apresentar-lhe as melhores frutas e as flores mais belas; os dois jovens se miraram e ficaram como extasiados um em frente ao outro. Eu estava dentro do caramanchão, e observei a impressão que se haviam causado; escutei sua animada conversação, vi como os dois diziam com seus olhos: te amo! Sem poder conter-me lancei um suspiro e me levantei contrariado, porque aquela menina tão bonita havia destruído em dois segundos todos meus planos. Andrés já não seria feliz na aldeia; a memória de Elina o atormentaria, porque ela era belíssima, seus olhares lhe haviam prometido um céu, e Andrés seria muito infeliz se não viesse a realizar seus sonhos; e para confirmar, me pus em observação, e vi como aquela alma saía de sua letargia.

Mudo, pensativo, passava longas horas no horto, sentado na mesma pedra onde Elina se sentava; pouco aficcionado à leitura, buscou, então, nos livros, agradável passatempo, e serviam vez por outra de pretexto para falar com Elina, que pela tarde, vinha ver-me (segundo ela dizia). E durante dois meses Andrés e Elina se acreditaram no Paraíso, se bem que ele se transfigurou por completo. Seu semblante risonho se tornou melancólico, suas faces rosadas perderam o matiz encarnado, sua testa adquiriu rugas, e seus límpidos olhos, sua expressão. O menino se tornou homem, e começou a sofrer; mediu o fundo abismo que o separava de Elina, e tremeu. Ela era de primeira nobreza, imensamente rica, e ele pobre, sem instrução, sem futuro. Quando

MEMÓRIAS DO PADRE GERMANO | 285

soube o dia em que os nobres deixariam a aldeia, lhe vi entrar em meu quarto, triste e sombrio. Cheio de compaixão, eu lhe perguntei:

– O que tem?

Ele me olhou e disse:

– Não sei.

– Não minta; você é muito novo ainda para mentir. Não me vê como um pai?

– Sim.

– Pois, então. Por que não me conta suas penas?

– Porque aumentaria as suas.

– Não importa. Deus me dará forças; sente-se e fale.

Mas Andrés não pôde falar; me disse unicamente com voz entrecortada pelos soluços:

– Amanhã eles se vão!

– Já sei que se vão amanhã, e se não houvessem vindo, seria bem melhor.

– É verdade, – concordou Andrés, olhando-me com tristeza – eu vivia tão tranquilo... e agora... não sei o que será de mim.

– Agora começará a viver, porque sua luta terá início; amanhã você partirá.

– Eu...! – gritou o menino com mal dissimulada alegria.

– Sim; por demasiado tempo tenho sido egoísta, confesso-lhe minha fraqueza. Eu, a árvore morta, para adquirir seiva, quis injetar em minhas secas raízes um tenro arbusto. Esse era você. Tive o propósito de não instruí-lo, de deixá-lo dormir em um sonho calmo; você teria se casado com uma jovem da aldeia, teríamos vivido juntos, seus filhos dormiriam em meus braços, e eu lhes ensinaria a andar, e já me parecia ver o horto convertido em um paraíso. Que lindo sonho! Mas hoje já é impossível realizá-lo, você despertou, e ama como não se ama mais que uma vez na vida; meu egoísmo recebe seu justo castigo. Eu, sem dúvida, deveria ter procurado fazê-lo homem; ao responsabilizar-me por você, não devia pensar em mim, mas sim em estudar suas aspirações; e em vez de fazê-lo, me fui entretendo, como se entretém a uma criança. Perdoe-me, filho meu; nem um segundo mais estará a meu lado. Amanhã seguirá em viagem, levando cartas que lhe abrirão as

286 | AMÁLIA DOMINGO SÓLER

portas do grande mundo. Uma mulher nobre (que o ama muito) lhe receberá com os braços abertos, e será como sua mãe. Diga à bela menina que turvou nosso repouso que lhe espere, que você conquistará um nome para fazê-la sua esposa.

Andrés se arrojou em meus braços, e não pôde me expressar sua gratidão mais que com seus olhares, pois a emoção o sufocava: estava extremamente feliz.

No dia seguinte todos se foram, e ao ver-me só em meu horto, me senti fraco e chorei, chorei por Andrés; mas me senti, então, tranquilo, talvez mais tranquilo que nunca, porque havia cumprido meu dever.

Seis anos depois, Miguel e Maria estavam atarefadíssimos cuidando de meu quarto, porque iríamos receber hóspedes. Elina me havia escrito anunciando-me sua chegada, pedindo-me que fosse esperá-la na fonte da Saúde. Andrés, durante este tempo, graças a minhas recomendações, encontrou tudo que podia desejar, e em todas suas cartas me demonstrava sua gratidão.

Naquela tarde me dirigi à fonte, desejando, como as crianças, que passassem logo as horas; por fim, senti o ruído de cavalos ao longe, que aos poucos parou, e alguns momentos depois, vi Elina e Andrés, que não me deram tempo de olhá-los, porque se lançaram em meus braços com tal precipitação que estive a ponto de cair.

Há momentos na vida, cujas múltiplas sensações não se pode descrever, de maneira que renuncio a dizer-lhes a ventura inefável que experimentei. Quanto tempo estivemos abraçados? Ignoro; sei somente que os três falávamos a um só tempo, e que não me cansava de olhar Andrés, que era um gentil cavalheiro, em cujos olhos negros irradiava o fogo da vida.

Vinham para que eu abençoasse sua união. Elina, de acordo com seu pai, havia deixado a casa paterna porque sua mãe e seu confessor, de maneira alguma queriam ceder a seu casamento com Andrés; mas o conde de São Félix me devia a vida, e foi agradecido, confiando-me a felicidade de sua filha.

Que bonito casal formavam os dois! Elina já não era a menina tímida; era a mulher com toda sua beleza e atrativos; alma apaixonada olhava Andrés de um modo que teria feito enlouquecer os santos.

Nunca esquecerei aquela noite, ao vê-los tão felizes e sorridentes. Eles me acariciavam como se eu fosse uma criança, e era tão feliz!... Naquele mesmo lugar, ante a rústica fonte, levantei a destra dizendo:

– Benditos sejam por sua juventude e seu amor! Perpetuem o matrimônio que no outro mundo vocês contraíram, e sigam vivendo unidos por toda a eternidade; sejam como a luz e a sombra, que sempre seguem uma a outra, como a árvore e suas folhas, como a flor e o fruto; não tenham mais que um só pensamento manifestado em uma só vontade. Amem-se, que dos que se amam faz o Senhor seus anjos.

Andrés e Elina se ajoelharam, e eu lhes segui falando da felicidade do amor.

Quando estava mais entusiasmado, emudeci, ao ver duas sombras diante de mim: a menina dos cachos negros, que colocava sobre a testa de Elina sua coroa de jasmins; a outra era a mãe de Andrés, que apoiando sua destra na testa de seu filho, me olhou e me disse: "Bendito seja o senhor, que serve de pai aos órfãos!"

Aquelas palavras me causaram uma impressão indescritível, e gritei:

– Andrés, tua mãe...

O jovem se levantou aturdido e nada viu; Elina sim; disse que via um reflexo luminoso que se foi desvanecendo.

Estiveram na aldeia oito dias, que a mim me pareceram oito segundos; não me cansava de mirá-los, necessitava ver sua imensa felicidade para não sentir a ausência de Andrés.

Quando se foram, quando os vi distanciarem-se, rodeados dos numerosos serviçais que o conde havia enviado para custodiar sua filha, quando os vi no seio da grandeza e da vida, quando vi Andrés com todo o esplendor da bela juventude manejar seu bravo corcel, estendi o olhar sobre o passado, e vi uma choupana miserável, e nela uma mendiga dando à luz um menino, que entrou no mundo causando a morte de sua mãe; e ao vê-lo depois, tão jovem, tão digno, ditoso, disse com íntima satisfação:

– Esta felicidade é obra minha...! Graças, Deus meu, minha vida não foi em vão! Minto ao dizer que estou só: nunca está só aquele que difunde o bem. Andrés sempre se recordará de mim.

E assim foi: entrou de cheio na vida, se tornou célebre por suas façanhas, e em todas as partes onde foi, falou com entusiasmo sobre mim, sendo ele dos que mais trabalharam para fazer patente minha santidade.

Muitas e encontradas opiniões me julgaram durante minha vida, e a ignorância deu valor a meus mais simples atos: minha predição de que o bispo Favonio morreria antes de chegar a seu palácio se cumpriu: morreu na metade do caminho, de morte natural. Eu entendia muito de medicina, sabia da doença que lhe afligia, os abusos que havia feito bebendo em demasia a água da fonte da Saúde, para fazer ver que a água lhe havia aliviado, quando na verdade para sua enfermidade era um veneno ativo toda classe de líquidos. Minha observação, filha do estudo, a qual tomou o vulgo por inspiração divina, que tudo neste planeta se julga assim: há tanta ignorância que aos pigmeus se convertem em gigantes, e os verdadeiros gênios se condenam ao esquecimento.

Felizmente, hoje os espíritos vêm e lhes esclarecem muitos mistérios; aceitem suas revelações, porque são as memórias do passado.

26

OS PRESOS

IRMÃOS MEUS: VAMOS OCUPAR-NOS hoje dos seres mais infelizes que existem na Terra. Sabem quem são? Os presos. O espírito somente por vir a este planeta já vem condenado a saldar contas atrasadas, e se atrás de sua expiação e sua prova, redobra seu cativeiro cometendo novas faltas, que atraem sobre o culpado o castigo da lei, aquele pobre espírito se encontra duas vezes prisioneiro; se acredita que a Terra é pequena para seus desejos, de repente se vê privado de ar e de luz; se sentia pesado o corpo material a que estava unido, aumenta seu peso pelas enormes correntes que tem que arrastar. Se lhe apruma a pobreza, aumenta sua indigência, porque seu alimento é escasso e de substâncias estragadas; se existe neste mundo o máximo da dor, indubitavelmente para os presos está reservado; tudo quanto eu lhes diga é pálido. É necessário ter estado preso para saber medir o fundo abismo no qual se lança o homem, umas vezes por sua própria vontade, outras impelido pela ignorância ou dominado por circunstâncias adversas, filhas de diversas causas, cujo resultado sempre é fatal.

Entre os grandes problemas sociais que precisam ser resolvidos na Terra, o primeiro de todos é a questão da subsistência. Em todas as épocas existiram ricos muito ricos, e pobres muito pobres; estes últimos, por razão natural, têm odiado os ricos, e têm dito em todos os tons da escala musical que a propriedade é um roubo. Do homem

290 | Amália Domingo Sóler

que vive carente de tudo se pode esperar todos os crimes, e como são muitos os que vivem sem desfrutar nem a menor alegria da vida, todos estes deserdados são outros tantos instrumentos que podem ser empregados no mal. Também não se quer dizer que os grandes potentados não tenham cometido crimes, e tenebrosos, alguns deles; mas há que se acrescentar a seu adágio que se a ociosidade é a mãe de todos os vícios, a desesperação é a pior conselheira que pode ter o homem. A fome nos irrita, a sede nos enlouquece, e de louco se pode esperar todas as loucuras. Os furtos e homicídios, que outra coisa são, senão atos de verdadeira loucura? Os criminosos são dementes, mal-afortunados, alienados, cuja enfermidade nunca foi estudada, e por conseguinte, não pôde ser compreendida.

A criminalidade existia na Terra em diferentes épocas que habitei nela, crimes se cometem hoje, e se cometerão amanhã, e se seguirão cometendo, enquanto os ricos sejam muito ricos, e os pobres sejam muito pobres. Os primeiros, demasiado ditosos, entediados de suas abundantes riquezas, se entregam à desordem para sentir uma nova sensação, e os pobres dizem em seu desencanto, sorrindo com amarga ironia: "Já que Deus não se lembra de nós, vivamos como se Ele não existisse; esqueçamos suas leis, já que para nós, não sorri a Providência."

Ai! Esta desarmonia social, este descontentamento íntimo em que o homem vive, é o berço de espinhos onde se embalam os grandes desacertos. Na Terra se vive muito mal; os espíritos encarnados neste planeta, em sua maioria são inferiores, e por isto, sem dúvida, têm tido, para idealizar tormentos, uma inventiva tão notável, que se a houvessem empregado no bem, a Terra seria o Paraíso da lenda bíblica.

Se os homicidas têm sido cruéis, os juízes que os julgam têm sido inclementes, martirizando o culpável de modo inconcebível; e o que é ainda mais triste, é que a religião tenha sido envolvida nestes horrores. Nos cárceres religiosos a crueldade com os condenados tem sido tão excessiva, que se o assassino foi culpado, duplamente homicida foi o que lhe impôs o castigo. Agora vivem vocês na Terra na mais doce harmonia em comparação com a de quando eu habitava; seus presídios hoje são casas de recreio comparadas com aquelas sombrias fortalezas, onde gemiam nas mesmas masmorras os infiéis, os hereges, os rebeldes ao rei, e os malfeitores por ofício. Os tormentos da Inquisição, que tanto lhes espantam, não são nada em comparação com os que impunham os penitentes negros; associação terrível que ainda existe na Terra, mas notadamente modificados seus estatutos. Em sua primeira época, é quase desconhecida em nossa história, a que bem se pode chamar, pelo modo que está escrita, uma conspiração contra a verdade, como dizia Heródoto, conhecido como o pai da história.

Se pode dizer que ignoram tudo, mas chegará um dia, quando a mediunidade houver ganho mais expansão, e houver cruzado mais fronteiras, que saberão tais episódios da história universal, que lhes parecerá impossível que tenha existido homens capazes de triturar o corpo humano, e seres que puderam sofrer anos e anos um tormento superior a todo cálculo. Eu, que sou um espírito muito velho, que tenho visto e sofrido muito, que tenho passado por todas as fases da existência, tenho o propósito de dizer-lhes algo sobre a história terrível dos penitentes negros, que tiveram em suas mãos todos os poderes. Seus membros ocuparam a mal chamada cadeira de São Pedro, nos tronos de todos os césares; foram os maquiavéis de todos os tempos, a política e a religião têm sido suas armas empregadas para a ofensiva e a defensiva, segundo lhes conviesse; mas têm sido tão ferozes e tão deploráveis, que parecem os encarregados de fazer-nos crer que satanás não era um mito, que existia, para tormento e condenação da humanidade.

Como a moderna Companhia de Jesus, têm sido odiados e temidos, dispersados e perseguidos hoje, tolerados e mimados ontem pela volúvel fortuna, martirizados e santificados; de tudo têm sofrido e de tudo têm desfrutado, mas sempre têm sido fiéis a seu juramento; onde há dois indivíduos já existe uma associação; se toda sua constância e seu talento fosse empregado no bem, a Terra seria um lugar de delícias.

Em minha última existência estavam eles em uma de suas épocas de poderio; sendo eu adolescente. Os monges que me educaram me iniciaram em alguns de seus segredos, e até para satisfazer minha vaidade juvenil, me fizeram assistir a suas sessões ordinárias, e se propuseram, segundo me diziam, fazer de mim uma águia da Ordem, mas como eu lhes abandonei, lhes apostrofei, e lhes disse que morreria mil e mil vezes antes de secundar seus planos de iniquidade, fui sua vítima, se pode dizer. Nunca me perdoaram ao ver que lutavam com forças iguais, porque meu espírito, inclinado ao bem, via-se favorecido constantemente pelos sábios conselhos dos espíritos protetores.

Como depois tive ocasião de ver, eu era forte, muito forte: a causa que me propunha defender, defendia com tal firmeza, empregava em meu trabalho tanta força de vontade, me importavam tão pouco os obstáculos, estava tão plenamente convencido de que o bem atrai o bem, que muitas vezes era temerário. Enfrentava toda classe de perigos sem ser o que se chama um valente, no sentido vulgar da palavra, mas me posicionava tanto em meu papel humanitário, meu espírito se contentava tanto quando podia dizer a uma família aflita: "Aqui tens o teu consolo", que sentia em todo meu ser uma emoção tão doce, uma satisfação tão pura, uma dita tão imensa, que naqueles instantes deixava de pertencer à Terra. Dizer a um prisioneiro: "Trago-te a liberdade" era para mim a felicidade suprema; o primeiro olhar do cativo me demonstrava uma felicidade tão intensa, que naqueles momentos eu sentia uma alegria que não compreenderão na Terra.

Os presos sempre tiveram em mim um decidido defensor, e hoje meu trabalho favorito é inspirar resignação e esperança aos moradores dos presídios, que são, indubitavelmente, os seres mais infelizes deste planeta; os primeiros porque às vezes são vítimas da torpeza, da ignorância; os outros porque influíram em seu destino a solidão, o abandono, o desprezo social; aqueles porque são espíritos rebeldes inclinados ao mal, de monstros tão perversos que em torno deles nem a erva cresce, porque seu hálito envenenado infecciona o ar.

Quanta perversidade há em alguns seres! E estes precisamente são os que necessitam de proteção e conselho dos espíritos. Se Cristo veio à Terra para salvar os pecadores, precisamos seguir suas pegadas e imitá-lo. Os justos, apenas eles sabem o caminho do Paraíso, e os ímpios são os que necessitam que os guiemos; os cegos, se forem sozinhos, podem tropeçar e cair. E quem mais cego que um criminoso? Por isso eu me tornei guia de muitos culpados, procedimento que em

MEMÓRIAS DO PADRE GERMANO | 293

algumas ocasiões me causou sofrimentos enormes, mas a rosa mais terna, a de aroma mais delicado, é aquela que tem mais espinhos: de todas as sensações agradabilíssimas de que pode usufruir o espírito, nenhuma é tão grande, nenhum nos proporciona contentamento mais puro, que poder dizer a um indivíduo que chora:

"Alma triste que chora apenada, sorri e espera, que te trago o cálice onde encontrarás a água da vida."

Ver olhos que, por pouco expressivos que sejam, naqueles momentos falam com toda a eloquência do sentimento; ver a animação que adquire aquele semblante; ser por alguns momentos um novo Pigmaleão que deu alento a uma estátua, e dar esperança ao que duvida de tudo; assemelhar-se ao sol, difundindo o calor e a vida, é chegar à suprema glória, é viver na perpétua luz, e não apreciaríamos o que valem os resplendores da aurora se não sentíssemos a influência melancólica das densas sombras da noite.

Tenho desenvolvido um espírito de combate; na inação, na vida normal, eu era o que se pode dizer, um ser inofensivo, de poucas necessidades e ainda menos ambições; mas na luta pelos infelizes, eu, que falava pouco, me tornava eloquente como Pendes e Demóstenes, empreendedor como Alejandro, audaz como um aventureiro, mandava e suplicava ao mesmo tempo, empregava até o insulto, se com a violência pudesse conseguir a chancela de um soberano; feria sua dignidade a fundo, pois me importava muito pouco se me odiassem os grandes, se podia servir de amparo aos pequenos.

****

EM UMA OCASIÃO, SENDO eu muito jovem, pedi a meus superiores, a título de questão de estudo, que me deixassem visitar uma fortaleza que possuía uma biblioteca com documentos importantíssimos, códigos interessantíssimos e outros pergaminhos de grande valia, pretexto de que lancei mão para conseguir meu intento, que era visitar os subterrâneos daquele sombrio edifício, que servia de prisão preventiva aos que faltavam para com as leis políticas, religiosas e morais. Sabia que se estava preparando uma expedição para o Norte; que muitos infelizes iam ser abandonados nas regiões das neves perpétuas, e ante aqueles assassinatos minha alma se sublevava.

Eu, queria o castigo do criminoso, mas ao mesmo tempo, queria instruí-lo, moralizá-lo, fazê-lo reconhecer o remorso, mas não triturar seu corpo e desesperar sua alma.

Haviam cometido um assassinato na pessoa de um magnata; dez indivíduos estavam complicados na causa, e eu sabia que os dez penados sofreriam igual condenação, e isto me desesperava, porque dizia: "É impossível que estes dez homens hajam pecado por uma mesma ideia; cada um deles terá tido móvel distinto; não há um homem que se pareça a outro, pois cada ser é uma individualidade. Por que a lei tem de ser tão cega? Por que não estuda nestes seres que tanto se prestam ao estudo?"

Consegui meu intento e adentrei a fortaleza, onde obtive permissão para permanecer por quinze dias. Uma parte do castelo estava habitada por cinquenta penitentes, outra servia de classe preparatória para cem neófitos da Ordem, e os subterrâneos funcionavam como prisão preventiva a todos os acusados daquele local, onde não era permitido visitar os réus. Unicamente seus familiares podiam vê-los um dia antes de sair para cumprir sua pena.

Fui muito bem recebido pelos primeiros chefes da Ordem, pois ainda não me havia dado a conhecer, ainda acreditavam que lhes serviria de instrumento para seus planos satânicos, e me conduziram à biblioteca, entregando-me a lista do mais curioso que se encerrava naquele templo de ciência. Em uma cela próxima àquele santuário do saber humano, me deram um cômodo de alojamento, acompanhado de um penitente que era o chaveiro das prisões. Então nos cárceres havia poucos empregados; os presos estavam de tal maneira exaustos que podiam ser deixados sozinhos sem medo de que fugissem.

Como minha ideia principal era visitar os presos, comecei por ganhar a confiança do monge chaveiro, mas logo me convenci de que nada conseguiria, porque não obstante seus olhos me fizessem revelações, sua boca emudecia selada pelo medo; me distinguia com afeto, mas sempre se mantinha na defensiva e se encerrava no mais profundo silêncio.

Naqueles imensos subterrâneos, apenas aquele homem tinha acesso; a ninguém mais era permitido descer até aquela cripta onde os homens eram enterrados vivos.

Estando eu uma noite entregue à meditação, meu companheiro se levantou pausadamente e se acercou de meu leito. Vi que tinha os olhos abertos, mas fixos, imóveis. Depois abriu um armário, organizou alguns papéis, se sentou, rezou várias orações com voz fraca, e se voltou a seu leito, onde permaneceu sentado por um longo tempo, até que um forte golpe, dado na porta da cela com um martelo, lhe estremeceu violentamente. Abriu os olhos, mirou um relógio de areia e se vestiu aceleradamente, chamando-me com voz insegura. "Está doente?", perguntei-lhe. "Não, tenho a cabeça muito pesada; sonhei que estava na Palestina, e não sei, tenho uma grande confusão em minhas ideias."

Eu me abstive de dizer-lhe o que havia observado nele, e o que fiz durante o dia foi estudar sobre o sonho duplo, ou seja, essa segunda vida dos letárgicos, que hoje vocês conhecem pelo nome de sonambulismo, e logo me convenci de que o chaveiro durante o sono desenvolvia forças inteligentes que faziam dele um instrumento precioso para um homem que soubesse estudar e dirigir aquelas manifestações misteriosas de uma vontade superior a seu modo de ser.

Esperei a noite com afã, nos deitamos, e me pus em observação, e quase à mesma hora da noite anterior, meu companheiro se assentou e balbuciou algumas palavras ininteligíveis. Então me levantei, e lhe disse muito calmo, tomando uma de suas mãos:

– O que tem?

– Medo!

– De quê?

– Dos mortos-vivos.

– Quer dizer dos prisioneiros?

– Sim; meu cargo é horrível.

– Renuncie a ele.

– Não posso, pronunciaria minha sentença de morte. Ninguém foge daqui!

O mesmo golpe da noite anterior despertou meu interlocutor, que ao me ver junto a ele manifestou estranheza, perguntando-me se estava enfermo. Para abreviar, direi que todas as noites, enquanto o chaveiro dormia, eu me levantava, e meus primeiros ensaios de magnetismo, eu os fiz com ele.

Ele dormia de acordo com minha vontade, lhe fazia falar quanto eu queria, e para continuar meu trabalho, pedi por graça divina para que me deixassem mais quinze dias na biblioteca. Me concederam o prazo estendido, e uma noite magnetizei o monge chaveiro, e por um caminho que ele mesmo me havia indicado, fui visitar os prisioneiros, acompanhado do carcereiro adormecido, que me guiava admiravelmente por aquele sombrio labirinto de amplas galerias e estreitos corredores.

Chegamos, por fim, a um espaçoso salão, de cujo pavimento emanava uma água fétida; na parede havia umas concavidades de trecho em trecho, e dentro daqueles nichos cerrados com fortes barrotes de ferro, havia um homem em cada um deles, que tinha que permanecer de pé, sem poder se dobrar, por não ter espaço para fazer nenhum movimento, e por estar preso com argolas pelos pés, pela cintura, e às vezes pelo pescoço. Aqueles infelizes, por uma crueldade sem precedentes, eram bem alimentados, e lhes davam vinhos compostos, para vigorizar suas forças, e animados com tais reativos, sofriam horrorosamente no que eram umas tumbas, lutando desesperadamente entre a forçada inércia de seu corpo e o fogo devorador de seus sentidos sobreexcitados.

A impressão que senti foi péssima, em particular diante de um homem jovem e robusto, que ao me ver, me disse:

– Quem quer que seja, diga a meus juízes que sou inocente, que tenho três filhos que são a vida de minha vida, e o homem que ama a seus filhos não pode ser criminoso. Tenho uma esposa que é um anjo; diga-lhe que não se envergonhe de levar meu nome, que sou inocente – e daqueles lábios brotou uma torrente de palavras que encontraram eco em meu coração.

Prometi-lhe voltar, e saí daquela paragem em um estado que não me é possível explicar. Acreditava firmemente que o inferno existia, e que eu havia estado nele.

Na noite seguinte fiz com que o chaveiro adormecesse, e me fui só, pois já sabia o caminho, e falei com aqueles dez desventurados. Em honra à verdade, apenas um era inocente do crime que se lhes imputavam; os demais eram mais ou menos culpados, mas nunca merecedores daquele tormento, daquela crueldade que parece inverossímil, fabulosa, e apesar de tudo, tristemente real.

Havendo visto o que desejava, me despedi dos penitentes, e ao ir-me declarei ao chaveiro o que havia sucedido, dizendo-lhe:

– Se for meu aliado, ganhará em tranquilidade e repouso; se me nega seu apoio, direi ao chefe da ordem que está endemoninhado, e se me perde... nos perderemos os dois. Se você me delata, advirto que eu não morrerei. Podia não ter dito nada a você e tê-lo dominado com a força poderosíssima de minha vontade, mas quero me valer em todos meus atos com a mais pura verdade.

Então, o chaveiro me confessou que desde minha chegada à fortaleza, havia tomado um grande carinho por mim, e havia sentido uma profunda aversão pelo cargo que ocupava, mas sabendo que pronunciaria sua sentença de morte se renunciasse a ele, sofria em silêncio a tortura de terríveis remordimentos; que seu desejo era ir à Índia na qualidade de missionário. Eu prometi que conseguiria tudo, se me fosse fiel; me prometeu sua aliança, e me separei dele satisfeito de meu trabalho, pois via que minha voz havia encontrado eco em seu coração.

Imediatamente, fui visitar a família do acusado inocente, e ao falar-lhes sobre o desventurado Lauro, sua esposa se abraçou a meus joelhos, dizendo-me:

– Senhor, ele é inocente; meu esposo é incapaz de cometer um crime, pois adora seus filhos, e aquele que sabe amar como meu Lauro ama, não é criminoso. Se ele declarasse que se converteu em um assassino, eu diria que enlouqueceu, que mente.

A nobre convicção daquela mulher me deu mais ânimo, me apresentou três crianças que pareciam três anjos, brancos, loiros, rosados, com grandes olhos azuis que pareciam guardar o resplendor dos céus. As inocentes criaturas me olhavam sorrindo, e o maior, que tinha aproximadamente oito anos, me disse com voz dulcíssima:

– Meu pai é muito bom. O senhor também tem cara de bom. Verdade que salvará meu pai? Pobrezinho! Diga-lhe que todas as noites sonho com ele.

A voz daquele menino me comoveu de tal modo que eu lhe disse:

– Pobre anjo desamparado! Eu prometo salvar seu pai.

E ato contínuo fui falar com o primeiro chefe dos penitentes, e lhe disse:

– Os últimos dez acusados que ingressaram em seus cárceres, é necessário que você entregue aos tribunais civis; me consta que um deles é inocente, tem esposa e três filhos; com a deportação deste homem, você vai cometer cinco assassinatos, e isto é execrável. Os outros nove devem ser julgados separadamente, porque sua culpabilidade é distinta. A história desta associação religiosa está escrita com sangue, e se eu penso em pertencer a ela, esta tem que tomar outro rumo. Quero justiça e verdade. Do modo que agem são os piratas da Terra: condenam sem apelação para confiscar os bens dos condenados. Querem que eu seja a águia da Ordem, e eu serei, se verdadeiramente quiserem ser os ministros de Deus na Terra, praticando sua lei de amor.

– Queríamos fazê-lo águia; mas vejo que teremos que cortar-lhe as asas; já sei o que será no mundo: será o manto dos criminosos, só por ir contra as leis, porque em você está encarnado o espírito da rebeldia; é menino e audaz, mas aos audazes sabemos pôr freio a sua audácia. Por esta vez o deixo livre, pois em meio a tudo, a mim me agradam os homens como você, e creio que por fim nos entenderemos, mas desista de seu plano: a Ordem dos penitentes, com as revoltas políticas, carece de fundos, e estes lhe são necessários, indispensáveis, já que sem eles não se poderia manter. O fim justifica os meios. O fim da Ordem é grande porque é impor a religião em todo o Orbe. Associação tão poderosa necessita meios; que é a vida de dez homens ante a salvação de milhares de criaturas? Este processo nos conquistará a simpatia e a proteção da família do assassinado, e, ademais, os bens dos culpados ficam a nosso favor, e... a eleição não é duvidosa. Deixe de generosidades juvenis. Quando tiver minha idade, se convencerá de que a humanidade é uma raça de víboras, e todas as que se amassam é em proveito da massa comum.

Nada respondi, porque compreendi que tudo seria inútil, e não quis provocar sua cólera porque me tinha em seu poder, e se me retivesse, não poderia ser útil a meus protegidos.

Depois que me despedi, saí ao campo, me prostrei de joelhos sobre uma ribanceira, e olhando o céu, exclamei:

MEMÓRIAS DO PADRE GERMANO | 299

– Senhor, inspira-me; ponha em meus lábios tua divina palavra! Dez famílias estão expostas a perecer de fome; um homem inocente será imolado no altar de uma associação que é o vampiro do universo; dá-me a magia da persuasão para comover a um monarca da Terra. Senhor, a tua sombra a raça de Caim segue difundindo o espanto e a morte; deixa que comece minha vida de sacerdote com um ato digno e justo. Eu tenho sede de justiça e fome de verdade; eu te amo, Senhor, acima de todas as coisas da Terra, e em teu nome quero difundir a luz. Que o fogo da inspiração inflame minha mente!

Sem perder um momento, me pus a caminho, e no dia seguinte falava com o rei, ao qual consegui convencer para que reclamasse os dez acusados, que na justa lei os tribunais civis deviam condenar, e não os eclesiásticos, uma vez que o morto nada teria a ver com a casta sacerdotal.

Três horas estive falando com ele para convencê-lo, porque nenhum soberano queria malquistar-se com os penitentes negros, pois sabiam muito bem o que lhes aguardava, que era sua morte mais ou menos tarde; mas ao fim consegui que firmasse a ordem pedindo a entrega dos dez acusados, indo eu com o capitão que mandava tirá-los de seu sombrio calabouço. Os guardas do rei e até o capitão tremiam ao entrar nos subterrâneos e ver aqueles homens enjaulados como feras, que ao sair de sua prisão não sabiam dar um passo. Houve um soldado que chorou como uma criança ao ver tanta impiedade; o capitão, ante aquelas torturas, rugia de raiva, e dizia:

– Deus não existe, mentira! Se existisse, não haveria tanta iniquidade.

Eu, dominado por uma força estranha, me dirigi ao chaveiro, e lhe disse:

– Quero ver tudo, quero dizer a estes infelizes uma palavra de consolo; guie-me, e eu prometo tirá-lo daqui.

E enquanto o capitão e os soldados conduziam os presos para fora da fortaleza, eu segui aquele labirinto de galerias e corredores onde ressoavam em todas as direções, desgarradores gemidos das vítimas que agonizavam naqueles sepulcros.

É impossível pintar todos os tormentos a que estavam sujeitos alguns dos desventurados que já estavam julgados e condenados, a concluir seus dias naquelas covas, rodeados de répteis e de tudo quanto pode atormentar o homem. Tal horror senti, tal vertigem se apoderou de meu ser, que disse a meu companheiro:

– Tire-me daqui. Meu sangue se converte em chumbo derretido que me queima as entranhas. Eu pensava que o inferno não existisse, mas existe. Eu enlouqueço, tenho medo de ficar aqui, tire-me daqui, por compaixão...!

Meu companheiro me levou nos ombros e me tirou por uma porta pequena; ao sentir em minha frente as rajadas do ar, ao ver-me ao ar livre, me deixei cair de joelhos, mirei o céu, lancei um grito agudíssimo e caí desvanecido.

Quando voltei a mim, me encontrava em um aposento do Cárcere Real. O capitão e o chaveiro estavam ao meu lado. Parecia que havia perdido a memória, mas de pronto me dei conta do que me havia sucedido, e perguntei pelos presos. O capitão me disse que estavam na enfermaria.

O chaveiro aproveitou minha indisposição para acompanhar-me sem inspirar suspeitas. Por outra parte, os penitentes, ante a força armada, eram humildes, e não opunham a menor resistência às ordens do soberano. Eles diziam que faziam tudo em prol dos pecadores, porque o castigo predispõe a emenda. Tinham em suas mãos o governo de todos os Estados, apareciam em todas as partes como obedientes e humílimos súditos, dispostos sempre a cumprir a vontade do soberano. Em vez de reclamar quando a justiça ordinária se apoderava de um de seus membros, apareciam como mansíssimos cordeiros, sempre dispostos a transigir com tudo; mas logo, cautelosamente, vingavam-se de maneira pérfida.

O chaveiro suplicou ao capitão que lhe detivesse como prisioneiro, alegando que os maus-tratos que dava aos presos merecia um severo corretivo. O infeliz fez revelações que não quero recordar, assegurava que preferia morrer devorado pelos selvagens a voltar a trabalhar sob as ordens dos penitentes.

Por minha intervenção tudo se resolveu, e mais tarde embarcou para a Índia, onde sofreu o martírio e morreu como desejava: devorado por selvagens.

MEMÓRIAS DO PADRE GERMANO | 301

O processo dos dez acusados me custou muitas horas de insônia, perseguições sem conta, ameaças terríveis, mas por fim Lauro conseguiu sua liberdade, e quando saiu da sala do Tribunal, e sua esposa e seus filhos lhe cercaram com seus amorosos braços, caí de joelhos, dizendo:
– Bendito sejas, Senhor! Já não me importa morrer! À semelhança tua, ressuscitei os mortos! Glória a ti, alma do universo, pelos séculos dos séculos!

Lauro e sua família me cobriram de bênçãos, e seu filho mais velho me dizia:
– Fica conosco, e o amaremos tanto como a nosso pai!

Os nove condenados restantes sofreram o castigo proporcional a sua enorme falta: ficaram reduzidos à escravidão, trabalhando em obras públicas. Eram escravos do Estado, como são agora seus presidiários, seus bens ficaram no poder de suas famílias.

Em relação com a condenação do tribunal eclesiástico que lhes esperava, aqueles desventurados se sentiam felizes, e para o que aquelas almas rudes podiam expressar, se mostravam agradecidos a minha intervenção.

Os penitentes não tardaram muito tempo para demonstrar-me que me fariam pagar caro minha ousadia. Por três anos estive expatriado, sofrendo os horrores da mais espantosa miséria, e a dor de agudíssima enfermidade, mas quanto mais sofria, via em minha mente a imagem de Lauro, ao sair do tribunal rodeado de sua família, e dizia a mim mesmo: "Aquele homem tem uma esposa que lhe adora e três anjos que lhe sorriem. Sem ele, teriam morrido de frio esses quatro seres que vivem ao calor de sua ternura. Se eu sucumbo, sou uma árvore morta que não pode dar sombra a ninguém; ademais, aquele homem era inocente, e não devia morrer. Eu, por fim, me rebelei, neguei minha aliança aos que me serviram de pai e me instruíram. Cumpra-se a vontade de Deus, que é sempre justa!", e estava tão resignado a morrer que quando recebi a mensagem de meu indulto, no primeiro instante quase me senti contrariado. Já disse antes que eu na vida normal era um ser, vamos dizer, apático; me assustava a luta incessante da vida, e havia abrigado por tanto tempo a ideia da morte, que quase a amava. Um de seus poetas mais céticos cantou a *La Muerte*. Busquem seu canto e adicione a ele, se quiserem, estas linhas; se não tudo, algumas estrofes. Para mim, naquela ocasião, a morte era uma ilha de repouso, como a chamada do poeta Espronceda, dizendo:

Ilha sou eu do repouso
em meio ao mar da vida
e o marinheiro ali olvida
a tormenta que passou.
Ali convidam ao sono
águas puras sem murmúrio
ali se dorme ao arrulho
de uma brisa sem rumor.
Sou melancólico salgueiro
que sua ramagem triste
inclina sobre a testa
que enruga o padecer;
e dorme o homem e suas têmporas
com suco fresco orvalha,
enquanto a asa sombria bate
o esquecimento sobre ele.
Sou a virgem misteriosa
dos últimos amores,
e ofereço um leito de flores
sem espinhos nem dor.
E amante dou meu carinho
sem vaidade ou falsidade:
não dou prazer nem alegria,
mas é eterno meu amor.
Em mim a ciência emudece,
em mim se conclui a dúvida,
e árida, clara e desnuda,
ensino eu a verdade; e
da vida e da morte,
ao sábio, mostro o arcano
quando ao fim abre minha mão
a porta para a eternidade.

Cerre minha mão piedosa
seus olhos ao brando sono,
e empape de suaves camomilas
suas lágrimas de dor.
Eu acalmarei seu quebranto
e seus lamentosos gemidos,
apagando os batimentos
de seu ferido coração.

****

HAVIA SOFRIDO TANTO, HAVIA vivido tão só... que me horrorizava a ideia da velhice. Despedi-me com sentimento daquelas montanhas envoltas no branco sudário das neves perpétuas, e voltei a minha pátria quase moribundo. Meu primeiro pensamento foi visitar a Andrés, e ao vê-lo, ao receber seu inocente carinho, senti que ressuscitavam em minha alma os desejos da vida. Me envergonhei de minha debilidade e de meu egoísmo, e compreendi que havia sido injusto, porque nunca devemos desejar a morte quando na Terra há tantos órfãos a quem podemos servir de pai.

Pouco tempo depois me retirei a minha aldeia, onde residi por mais de quarenta anos. Já nos últimos meses de minha vida, estando sentado uma tarde à porta do cemitério, vi chegar um ancião coberto de farrapos, que me pediu uma esmola para as crianças, cujos pais estariam presos. Suas palavras me chamaram a atenção, e não pude menos que perguntar-lhe por que pedia para os filhos dos presos.

– Senhor – disse – é uma penitência que impus a mim mesmo. Em minha juventude estive em poder dos penitentes negros, acusado de um crime que não havia cometido; um homem, que era um santo, se interessou por meus filhos e me devolveu ao carinho de minha família, atraindo sobre ele a perseguição dos penitentes, que conseguiram seu desterro e talvez sua morte. A memória daquele homem nunca se apagou de minha mente, e me culpo, porque quando lhe levaram, eu nada fiz em seu favor, pois tive medo de cair novamente nas garras daqueles tigres; e não só emudeci, como mudei de residência, me expatriei.

Os anos foram passando e meu remorso foi aumentando, até o ponto em que há mais de dez anos eu mesmo me impus a penitência de pedir esmolas para os filhos dos presos em memória daquele homem que se sacrificou por mim. Todos os anos, no 1° de janeiro, reparto tudo o que acumulei durante um ano, entre vinte crianças órfãs pela morte ou cativeiro de seus pais, e ao repartir, lhes digo:

– Roguem pela alma do padre Germano.

O relato de Lauro me comoveu profundamente, e lhe disse, dominando minha emoção:

– Pois você roga pela alma de um homem que ainda está na Terra.

– O padre Germano ainda vive? – gritou o mendigo, animando seu rosto de uma centelha de júbilo. – Diga-me onde está, se o sabe, que Deus teve misericórdia de mim; porque sempre disse, quando me acreditei próximo da morte: "Senhor, em minha última hora permite que se me apresente ao padre Germano, e me acreditarei perdoado de minha ingratidão."

Não sei de que modo olhei para Lauro, que o ancião se acercou mais de mim, mirou-me fixamente, e se arrojou em meus braços, dizendo:

– Como Deus é bom comigo!!

Que compensações tão ricas têm as boas ações! Quanto fui feliz falando com Lauro! Todos os seus filhos haviam se casado e viviam na maior abundância. Sua esposa havia morrido bendizendo meu nome, e ele praticava a caridade em minha memória. Dos nove condenados, quatro morreram na escravidão, e os outros cinco alcançaram a parada de um indulto geral que o rei lhes concedeu por ter tido grandes vitórias na Terra Santa; voltaram ao seio de suas famílias, e puderam sorrir contemplando seus netos.

No dia seguinte, Lauro se despediu de mim, dizendo-me:

– Agora não temo a morte; que venha quando quiser, pois realizei meu desejo, que era vê-lo antes de morrer.

E como se a morte estivesse apenas esperando nosso encontro para terminar os dias de Lauro, ao sair da aldeia, o ancião mendigo deu um passo em falso e caiu em um despenhadeiro, morrendo instantaneamente pela violência do golpe.

Foi muito difícil a extração do cadáver, mas consegui tirá-lo, e foi enterrado perto da menina dos cachos negros. Não tardei muito em

MEMÓRIAS DO PADRE GERMANO | 305

segui-lo, e no espaço encontrei vários presos da Terra que me mostraram sua gratidão.

Amem, amem muito aos presos, procurem instruí-los, moralizem-nos, eduquem-nos, porque é muito justo que seja castigado o delinquente, mas ao mesmo tempo em que se lhe imponham a pena, que se lhes abram o caminho de sua redenção. Se vocês flagelam o corpo do cativo, desesperam sua alma, não esperem ações generosas de espíritos desesperados.

Não sonhem com dias de liberdade, não digam que trabalham para a união dos povos, nem que são os iniciadores da fraternidade universal, se antes de tudo não melhoram a triste sorte dos criminosos. Enquanto tiverem esses presídios, semeadores de crimes, focos de corrupção, habitados por homens a quem não deixam ter nem o direito de pensar, infelizes de vocês! Todos seus planos de reformas sociais serão trabalho perdido. Não podem imaginar todo o dano que lhes causa seu sistema penitenciário. Um homem desesperado atrai fatais influências, e em seus presídios há tal aglomeração de espíritos inferiores, que sua perniciosa influência os envolve, os aprisiona de tal modo, que às vezes vocês me inspiram pena, porque os presos, sem sabê-lo vocês, se vingam de seu abandono enviando-lhes com seu fluido todo o fel que guardam em seu coração.

Repito-lhes, e nunca me cansarei de repeti-lo: os criminosos são dementes; nem mais, nem menos. Que fazem vocês com seus alienados? Lhes submetem a um tratamento. Pois submetam a um plano moral aqueles que infringem as leis.

Não empreguem a violência, pois nada conseguirão, porque empregam armas que na realidade não lhes pertencem e que não sabem manejar. Se vocês têm a inteligência, se têm o dom da palavra, se são da raça dos redentores, por que não seguem suas pegadas?

****

AH, POBRE HUMANIDADE, COMO te afundas no lodo, como manchas tua formosa vestimenta, como infecciona a atmosfera que te envolve; como foges da luz, como aumentas o vasto território das sombras! Me inspiras compaixão! Volta para ti mesma, começa teu trabalho de regeneração universal, e não te envaideças abrindo ateneus e universidades, se antes não deste início à instrução dos criminosos, cuja ignorância te condena à perpétua servidão.

Eu amei muito os presos em minha última encarnação, e a meu afinco por eles devo a bela liberdade que hoje desfruto.

Homens, homens! Se compreendessem seus verdadeiros interesses, não seria a Terra uma penitenciária da Criação, mas sim um dos mundos regeneradores, uma das moradas onde a alma pudesse sorrir. Não olvidem meus conselhos, filhos meus; eu amo muito os habitantes deste mundo, porque entre vocês conheci a menina pálida, a dos cachos negros.

Adeus, meus companheiros de infortúnio. Trabalhemos todos no bem universal, redobremos nossos esforços, acerquemo-nos dos presos, e eles nos darão a liberdade. Não se esqueçam que os justos sabem o caminho do progresso, os culpados não são senão cegos perdidos nas sombras da ignorância. Guiemos, filhos meus, aos pobres cegos; são tão dignos de compaixão...!

27

OS VOTOS RELIGIOSOS

POR MUITO QUE ESTUDEM, por muito que leiam, e sua imaginação tenha bastante inventividade para dar forma e cor à vida claustral, nunca pintarão com exatidão essa tela sombria, esse quadro funesto das misérias e degradações humanas. É necessário ter vivido dentro de um convento de religiosos. Já lhes disse que minha infância e minha juventude eu as passei entre monges, triste, solitário, mas podia ter vivido tranquilo, se meu espírito houvesse sido mais dócil e não houvesse tido tanta sede de progresso.

Eu me tornei inimigo de meus superiores por meu caráter revolucionário, por ser reformador incorrigível. Fosse eu mais obediente, minha existência teria sido até ditosa dentro daquela esfera microscópica; o que é realmente completamente impossível é viver em calma entre uma comunidade de religiosas. Vocês não podem imaginar o que são as mulheres destituídas dos sentimentos naturais.

Já sabem que me apresentei a vocês tal qual sou; o mundo me chamou de santo, e eu lhe disse repetidíssimas vezes que estive muito longe da santidade, que amei a uma mulher e rendi culto a sua recordação, sendo meu altar preferido sua sepultura. Ali elevava meu pensamento, ali pensava nos pobres, ali pedia a Deus inspiração suprema para despertar o arrependimento nos culpados. Senti, amei, temi, tive todas as debilidades dos outros homens, e lhes faço esta advertência,

308 | AMÁLIA DOMINGO SÓLER

porque como me ocuparei um pouco das mulheres, e as apresentarei tal como são na realidade, não creiam que querendo parecer santo lhes demonstro aversão, não; o que quero demonstrar é que a mulher educada, a mulher sociável, a mulher mãe é a que sabe amar. Lamentavelmente, sei por experiência.

Uma mulher me teve em seu seio, recebeu meu primeiro sorriso, escutou minhas primeiras palavras, e não obstante o íntimo parentesco que nos unia, me arrojou de seu lado quando eu ainda não havia completado cinco anos. Estas mães desnaturadas são espíritos inferiores cuja rebeldia está tão arraigada em seu modo de ser, que a maternidade nada significa para elas, mais do que um ato puramente natural, e fazem o mesmo que os irracionais: dão o primeiro alimento a seus filhos e logo os abandonam; outras nem a isso se prendem, pois sua perversidade as domina em absoluto; e são mães apropriadas para os seres que vêm à Terra, para sofrer cruéis expiações, que tudo se relaciona na vida.

A mulher, espírito igual ao homem, toma a envoltura do sexo frágil para educar seu sentimento, para aprender a sofrer; é, pode-se dizer, um castigo imposto ao espírito; por isto a vida da mulher, ainda em meio da civilização mais perfeita, tem, no fundo de sua existência, verdadeiras humilhações. A mulher é um espírito rebelde que, sem a educação, é o animal mais daninho que há neste mundo posto ao serviço do homem. Estas mesmas palavras escrevi há alguns séculos, depois de ter estado uma longa temporada vivendo junto a um convento de religiosas, sendo o confessor daquela numerosa comunidade.

Em minha última encarnação, meu caráter aventureiro e minha sede de progresso me fizeram viver muito apressado, em um tempo em que se vivia muito devagar; e antes de encerrar-me em minha aldeia, sofri toda sorte de perseguições ainda em meu retiro. Mais de uma vez fui requerido pelo chefe de Estado, e ameaçado de morte por meus superiores. Vivia em uma época em que dizer a verdade era um crime: e eu a dizia sempre, assim sendo, minha vida foi uma luta incessante, uma batalha sem trégua. Tive o fanatismo do dever, e fui religioso, não porque aceitasse os mistérios de minha religião, mas porque a moral universal me impunha seus direitos e deveres. Admirei Cristo,

MEMÓRIAS DO PADRE GERMANO | 309

e quis imitá-lo, não em seu modo de viver e de morrer, porque nem tinha virtude, nem minha missão era a sua, mas quis demonstrar o que devia ser um sacerdote racional, interessando-me vivamente pela instrução da mulher, para que outros não sofressem as consequências que eu sofri.

Todos meus tormentos e agonias, para mim, então, não reconheciam outra causa que a ignorância de minha pobre mãe; e como eu havia sido tão imensamente desventurado, como a contrariedade havia sido meu único patrimônio, eu queria educar a mulher, tirá-la de seu embrutecimento, despertando sua sensibilidade; porque de uma mulher sensível se pode esperar todos os sacrifícios e heroísmos. A mulher amando é um anjo; porém, indiferente à humanidade e fanática por um credo religioso, é um demônio. Se esta personalidade existisse, se o espírito do mal tivesse razão de ser, estaria encarnado nas mulheres fanáticas; a mulher despossuída de seu principal atrativo, do sentimento maternal, é um espírito degradado, que se apresenta neste mundo fazendo alarde de sua inferioridade e de sua ignorância; não estranhem que me expresse nestes termos, porque vi de muito perto as religiosas.

Comprometido em uma questão política, tive que sair fugido, e fui pedir hospitalidade à superiora de um convento que tinha junto ao monastério uma hospedaria para os peregrinos, pois naquela época eram muito frequentes as peregrinações. Fui bem recebido, chegando em boa ocasião, pois a comunidade estava sem confessor, e como a superiora me viu jovem e audaz, acreditou que eu podia ser-lhe útil. Era uma mulher da nobreza, que teve que ocultar no claustro um deslize da juventude; se fez ambiciosa, intrigou com acerto, e chegou a ser tanta sua autoridade e seu renome, que fundou vários conventos, e as jovens das mais opulentas famílias foram submetidas a sua tutela para receber educação, e muitas delas professaram por seu mandato.

Sucedia àquela mulher o que ocorre à mãe egoísta, que, ao perder um filho, se alegra quando outras mulheres perdem os seus, e dizem com sombria satisfação: "Que chorem; também eu derramei lágrimas." Isto mesmo dizia aquela mulher sem coração, quando uma jovem pronunciava seus votos chorando amargamente. Seus olhos o revelavam, sim; quando olhava para uma jovem professa, recordava sua juventude, seu extravio amoroso, pensando com feroz complacência, dizendo com pérfida satisfação: "Outra vítima; já que eu não pude ser feliz, procurarei que ninguém o seja."

A superiora era uma mulher de idade mediana, inteligente e astuta, ambiciosa e vingativa; posta a serviço da religião fazia inúmeros prosélitos. Rígida até a crueldade mantinha em sua comunidade a mais perfeita disciplina, entregando à Igreja somas imensas que traziam em dote as infelizes alucinadas que fazia professar. Eu escutava aquelas mulheres e ficava petrificado. Quanta ignorância...! Quanta servidão...! E no fundo... Quanta imoralidade! Como desta à criminalidade não há mais que um passo, aquelas infelizes cometiam até o infanticídio, e ficavam serenas e tranquilas, acreditando que serviam a Deus, obedecendo as ordens de seus ministros.

Eu as mirava assombrado e dizia: "Senhor, da mulher, a que deve levar em seu seio os heróis da humanidade; a que está chamada a ser a companheira inseparável do homem; a que pode compartilhar suas glórias tomando parte ativa em seus estudos, em suas penas e em suas alegrias; a que pode embelezar sua existência porque tem atrativos e condições para fazer-se amar; a que é carne de nossa carne e osso de nossos ossos, a que sente essas dores divinas da maternidade; a que realiza o ato maior da natureza no sagrado instante do parto, que faz a religião com ela? A embrutece, a envilece e a mutila, a reduz à mísera condição de escrava, em que nem é dona de seus filhos, e afogando nela todo sentimento generoso, que resta da mulher? A mais espantosa deformidade no corpo e na alma. Todos seus vícios passados reaparecem; é astuta como a serpente, vingativa como o tigre, faz o mal e se compraz em sua obra, ou é um autômato que se move por impulsos de outra vontade. E para isto foi criada a mulher? Para viver na mais humilde e vergonhosa servidão? A religião, que é a base de todas as civilizações, por que em vez de remediar este dano, torna-o ainda pior?"

Compreendo melhor (ainda que não as aprove) as associações dos homens científicos que se retiram a um claustro para meditar e pedir à ciência a solução dos problemas da vida, mas as comunidades de

MEMÓRIAS DO PADRE GERMANO | 311

mulheres são completamente desnecessárias; as mulheres fazem falta em todos os lugares do mundo, menos nos claustros e nos lupanares. Supondo que se consiga reunir (que é supor muito) uma congregação de mulheres simples e virtuosas, que de boa mente se entreguem ao exercício da oração: de que servem estes seres profundamente egoístas que não consolam o órfão, nem sustentam o inseguro passo dos anciãos, ou ajudam os desventurados em suas penas? De nenhum modo que se olhe pode progredir a mulher na vida monástica; ao contrário, se estaciona, e até retrocede.

As pessoas a consideram virtuosa ou inofensiva, mas é egoísta, uma vez que se aparta da luta do mundo; se pronuncia seus votos por desesperação, se torna tirânica, inclemente; se a alucinação e a ignorância a encerram no claustro, se converte em coisa, é um instrumento de que se valem homens perjuros, e se a timidez e a obediência a seus superiores lhe obriga a renunciar ao mundo, vive morrendo, maldizendo e rezando ao mesmo tempo.

Eu amava a mulher, a considerava como a única glória do homem; e ao vê-la tão envilecida, me desesperava. Naquela comunidade vi a mulher em todos os graus de embrutecimento, em todas as fases da degeneração e do sofrimento moral e material, tremendo ante o martírio, enlouquecida pelo terror.

Presenciei a manifestação de uma infeliz noviça, e me senti terrificado; outra pobre menina estava próxima de pronunciar estes votos irrevogáveis que tanto sofrimento causaram e me decidi salvá-la do inferno, impressionado como estava pela luta que vi a noviça sustentar, que aos poucos dias de minha chegada, professou. Aquela mártir sobreviveu pouco tempo a seu sacrifício, e me alegrei com sua morte, porque era uma jovem dotada de grande sentimento, e sofria enormemente rodeada de mulheres sem coração.

Eloísa, sua companheira de infortúnio, ao vê-la morrer, me olhou e chorou silenciosamente, e compreendi que mais chorava por si mesma que pela morta.

Quando chegou a hora de confessar-se, na véspera de pronunciar seus votos, eu lhe disse, diante de um crucifixo:

– Eloísa, renuncia de todo coração aos prazeres da Terra?

312 | AMÁLIA DOMINGO SÓLER

– Sim – contestou a jovem com voz insegura, mirando a imagem de Cristo.

– Mente neste momento.

– Eu...!

– Sim, você; é necessário que para enterrar-se na vida, saiba a mulher por que se enterra. Quero supor que, alucinada e dominada pelos conselhos de seus pais e da superiora, pronuncia seus votos crendo que renuncia às alegrias deste mundo com toda satisfação e contento, mas, veja bem, imagina por um momento que, em vez desta imagem de Cristo, contemplasse um homem de trinta anos, com olhar de fogo, sorriso amoroso, gentil e bonito, decidido a conquistar um mundo para depositá-lo a seus pés, renunciaria a seu amor, a sua eterna felicidade, à dita suprema de amar e ser amada?

– Sim – murmurou Eloísa, passando a mão pela testa coberta de suor.

– Mente, menina, o que me dizem, o que me afirmam seus lábios, me negam seus olhos. Vá descansar, e pergunte a sua alma, o que quer, e eu pedirei uma prorrogação de oito dias à superiora. Neste tempo medita e não se engane a si mesma, nem tema a raiva de sua família, que por algo eu vim à Terra, para ser pai das almas.

A noviça me olhou, mas temendo que as paredes falassem, emudeceu, e eu pedi uma audiência com a superiora, o que me foi concedido em seguida. Expliquei-lhe que Eloísa não estava bem disposta para sua manifestação, e que era necessário deixar-lhe pelo menos oito dias para refletir.

– Muito malfeito – disse secamente. – Essa jovem tem que professar queira ou não queira. Seus pais desejam sua manifestação, porque Eloísa é filha do rei, e a seu pai adotivo, como é natural, a menina lhe estorva, porque lhe recorda os devaneios de sua esposa. Ademais, traz em dote uma grande fortuna, e o ouro é necessário à Igreja. Dirá que chora, mas eu também chorei, e se eu pude sofrer, também poderão sofrer as demais mulheres.

– Mas a religião serve para condenar seus filhos ou para salvá-los? Concebo (e já é muito conceber) que a mulher que tenha vocação por uma vida contemplativa se retire e viva entregue a seu estéril rezo, ou a sua infecunda meditação; mas a jovem que sinta palpitar seu coração ao recordar-se de um ser amado, por que há de se sacrificar? Por que se há de negar os direitos e deveres que lhe há concedido a natureza? Na religião deve encontrar a mulher um apoio, um amparo, um conselho leal, mas nunca imposição, nem um mandato tirânico.

– Você vai por muito mau caminho para obter o galero – me disse a superiora com amarga ironia.

– Aquele que vai pela senda da justiça e da verdade, não necessita nem de galeros nem de tiaras para viver ditoso. Eu quero ser um verdadeiro ministro de Jesus Cristo, quero amar o próximo como a mim mesmo, quero ser um enviado de seu amor e sua equidade, quero que a mulher se regenere, quero vê-la, não escondida nos santuários, esgotando sua existência em um quietismo improdutivo, mas sim tomando parte na luta da vida; quero que seja esposa e mãe, compreenda o que vale sua missão, que dentro de um convento desconhece por completo.

Por mais de três horas estivemos conversando. A superiora me ofereceu seu concurso se eu cooperasse com seus planos, e se eu fosse ambicioso, então teria ocasião de ser em pouco tempo príncipe da Igreja; mas meu espírito, cansado das farsas humanas, estava decidido a progredir, que fazia muitos séculos que percorria a Terra, e não havia encontrado esta doce tranquilidade que o homem sente quando diz ao entregar-se ao sono: cumpri fielmente meu dever.

Apesar de contrariado, em algumas ocasiões tive que usar a diplomacia para ganhar tempo, desta forma, aparentei seguir seus conselhos e ficamos acordados que esperaríamos oito dias para a manifestação de Eloísa, e que neste intervalo eu procuraria incliná-la para a vida monástica. Os pais da noviça também vieram falar-me. Todos estavam desejosos de sacrificar aquela infeliz, cujos doces olhos prometiam um céu, um mundo de célicos prazeres ao homem a quem entregasse seu sensível coração. Pobre menina! Quão perto estava do abismo! Quantos crimes se cometem à sombra da religião!

Ao cumprir-se o prazo, pela manhã bem cedo, fui à igreja, e já me aguardava a noviça, que parecia uma morta, com seu hábito branco, seus grandes olhos fundos, rodeados de um círculo azulado, sua face amarela como o marfim, seus lábios embranquecidos, em forma de

314 | Amália Domingo Sóler

um sorriso tão doloroso que, sem murmurar uma queixa, parecia que se escutavam seus desgarradores gemidos. Nunca vi uma imagem de dor tão comovedora como aquela. As virgens ao pé da cruz, as *Dolorosas* de seus mais renomados pintores, teriam parecido bacantes comparadas com a imagem de Eloísa. Quanto me impressionou o olhar daquela moça! Ao ver-me, se deixou cair a meus pés, e com voz balbuciante, me disse:

– Obrigada, padre; o senhor me compreendeu.

E seu olhar terminou sua confissão, e ao mesmo tempo me perguntava:

– Que farei para salvar-me?

– Seguir-me. Eu a deixarei em poder de um homem que velará por você. Não há tempo a perder. Para grandes males, grandes resoluções. Aproveitaremos a febril agitação que há na comunidade com os preparativos de sua festa. Fique orando na capela do Santo Sepulcro e espere-me ali. Quanto ao resto me encarregarei eu.

Efetivamente, como eu disse antes, Eloísa não somente parecia um cadáver, senão a personificação da angústia e amargura. Ao medir o fundo abismo em que ia cair, havia sentido tal espanto, que todo seu ser se havia comovido extraordinariamente, e estava desfalecida, exangue. Eu me apressei em dizer à superiora que Eloísa havia concordado em professar, mas que pedia duas horas de repouso espiritual na capela do Santo Sepulcro, e que eu acreditava muito conveniente que lhe fossem concedidas. A superiora consentiu sem suspeitar de meu intento, porque pensava ter me comprado com a grande soma que havia me oferecido se conseguisse que Eloísa professasse. É tão mesquinho o cálculo dos espíritos degradados, que não podem compreender o desprendimento e o desinteresse das almas que se encontram em vias de progredir.

Eu, nos oito dias de espera, não havia perdido tempo, e como sempre que me propus fazer um bem, encontrei obstáculos que venci com minha perseverança, e por sua vez seres amigos que me ajudaram em todas minhas empresas. Aquele que queira fazer uma boa ação, sempre encontra um caminho para fazê-la.

A capela do Santo Sepulcro tinha um amplo corredor, que conduzia às prisões do convento. Nestes havia, à entrada, as abóbodas que serviam de enterro, as que tinham duas portas que davam ao horto do sacristão, ao que fiz meu, tão meu foi, que nunca me abandonou. Ele foi o que vocês me ouviram chamar repetidas vezes, o bom Miguel, que me amou tanto quanto uma alma simples e boa pode fazê-lo. Ele conseguiu cavalos e três hábitos de penitentes, e enquanto no convento tudo era movimento, eu sem perder um momento sequer, entrei na capela, inseri a chave, e disse a Eloísa:

– Siga-me, não há tempo a perder.

A menina me olhou sem compreender-me, e tive necessidade de repetir minhas palavras fazendo-a levantar, mas a desditosa moça estava sem movimento. Felizmente, Miguel, fingindo-se de enfermo, em vez de ir até a igreja, veio em meu auxílio. Então, era um homem vigoroso, e levantou em seus braços a noviça como se esta fosse uma criança, e nós três, a bom passo, saímos do convento.

Chegamos à casa de Miguel, dei a Eloísa rápidas explicações, e esta, feliz ao ver-se salva, recuperou as forças como que por encanto, se cobriu com o hábito de penitente, subimos nos cavalos e em veloz galope deixamos aquele local. Quando foram em nosso encalço, já estávamos em lugar seguro.

Em meu quarto, deixei uma carta para a superiora que dizia assim:

"Senhora: nunca esquecerei que em um momento de verdadeira angústia para mim, me deu a senhora generosa hospitalidade; e hoje pago seu serviço com uma ação nobre, tomando-lhe uma vítima que haveria morrido maldizendo seu nome e negando a existência de Deus. Sou-lhe devedor de um grande estudo: na Comunidade que a senhora dirige, eu vi toda a degradação e embrutecimento a que pode chegar a mulher, e empregarei toda minha eloquência para libertar as mulheres da humilhante servidão a que lhes condena uma mal entendida religião. A jovem que queria sacrificar, a entregarei ao rei. Não nos persiga, pois possuo seu segredo, e posso perder-lhe e fazer-lhe morrer em uma fogueira, bem o sabe."

Minha ameaça surtiu o efeito desejado. Segui meu caminho com toda tranquilidade e consegui falar com o rei e entregar-lhe sua filha,

316 | Amália Domingo Sóler

a qual lhe falou com tanta eloquência e sentimento, que seu pai se comoveu e lhe disse solenemente:

– Menina, se ama alguém, confessa a padre Germano, e ele organizará seu matrimônio.

Descansamos alguns dias, e não me havia enganado. Eloísa amava um capitão de guardas do rei. Eu cuidei de tudo, e a primeira união que abençoei foi a de Eloísa e Jorge.

Que satisfeito me senti de minha obra quando os deixei na embarcação que deveria levá-los à Inglaterra! Eloísa estava transfigurada, bonita, sorridente, e radiante de felicidade, me dizia:

– Padre Germano, me parece que estou sonhando. Se durmo, faça-me morrer antes de despertar. É verdade que não voltarei mais ao convento?

– Não voltará – disse seu esposo. – Você saiu para não voltar jamais: creia-me, padre Germano, que o senhor nos proporcionou o que nunca poderíamos esperar. Eu amava Eloísa, mas não me havia atrevido a pedir-lhe em casamento a seus pais, porque minha escassíssima fortuna era muito inferior à sua, e estava decidido a matar-me ao saber de sua manifestação. Ela havia entrado em franco desespero, e tudo por quê?

– Porque a religião mal compreendida serve de teia incendiária, em vez de ser a imagem da Providência.

Levou as âncoras do barco, e Miguel e eu ficamos na orla do mar um longo tempo olhando-o distanciar-se lentamente, inchando suas velas com ventos favoráveis. Eloísa e Jorge sobre coberta, agitavam seus lenços em sinal de despedida, e ao perder-se o barco no horizonte, abracei Miguel, dizendo:

– Demos graças a Deus, amigo meu, por haver-me deixado contribuir para a felicidade destas duas almas enamoradas. Suas bênçãos e as de seus filhos atrairão sobre nós a calma dos justos. Louvado seja Deus, que nos deixou ser mensageiros da justiça, seus enviados de paz e amor.

Desde então, trabalhei o quanto pude para desarraigar o fanatismo religioso da mulher. Eloísa e Jorge não foram ingratos. Muitos anos depois estive em risco de morte, e ela principalmente foi meu anjo de salvação. Por outra parte, educou seus filhos nos preceitos da religião que eu lhe havia ensinado.

Tenho a profunda satisfação de ter evitado, na última vez que estive na Terra, mais de quarenta suicídios; por outro nome, votos religiosos. Sim; salvei muitas vítimas com meus conselhos, e no que me é possível hoje sigo meu trabalho inspirando a uns, comunicando-me com outros, para despertar o verdadeiro sentimento religioso. Eu quero que se ame a Deus engrandecendo-se, instruindo-se, moralizando-se, humanizando-se; eu não quero estas virtudes tétricas e frias que não sabem compadecer nem perdoar.

Eu quero que a mulher, dentro de uma vida nobre e pura, que não lhe repugne mirar a infeliz que por fraqueza ou ignorância, se lançou no lodo do mundo; quero que a levante, que se lhe compadeça, que se lhe aconselhe, a guie, que a mulher ame, e as que vivem dentro das comunidades religiosas não se amam, porque não se podem amar, porque vivem sem educar seu sentimento.

****

AS RELIGIOSAS SE DESPRENDEM do carinho de seus pais e de seus irmãos, e renunciam ao amor de um esposo e às carícias dos pequeninos. Não fazem nada com o propósito de exercitar o sentimento, e este adormece por completo. A mulher sem sentimento, não o esqueçam nunca, é a víbora venenosa, é o réptil que se arrasta pela terra, é o espírito carregado de vícios que não dá um passo na senda do bem, e o espírito tem obrigações e necessidade de progredir.

Eu amo muito a mulher, como sempre amei e considerei como o anjo do homem, por isso combati seu fanatismo religioso, que seca nela as fontes da vida, e deixa de ser mãe amorosa, filha obediente, esposa apaixonada, para converter-se em um espírito morto para o amor, e o espírito que não ama é o satanás de todos os tempos.

Mulheres, espíritos que se encarnam na Terra para sofrer e progredir, para regenerar-se por meio do amor e do sacrifício: compreendam que apenas amando serão livres. Sejam úteis para a humanidade, e serão gratas aos olhos de Deus; compartilhem com o homem suas penas e terão momentos de alegria. Recordem-se que não vêm à Terra para ser árvores sem fruto, mas sim para sentir, para lutar com as penalidades da vida e conquistar com sua abnegação outra existência mais proveitosa, em que possam usufruir de ditas e alegrias que desconhecem por completo. O fanatismo religioso tem sido, é e será o embrutecimento dos espíritos rebeldes, e o estacionamento das almas mais adiantadas.

Mulheres, adorem a Deus embalando o berço de seus filhos, cuidando de seus pais, trabalhando para ajudar seus maridos, consolando os necessitados. Se vocês estiverem envolvidas pelo fanatismo, que então o usem para fazer o bem, e de míseras desterradas que são agora, recuperarão seu posto nos mundos luminosos que vocês chamam de céu. Creiam-me: eu vivi muito, sou um espírito muito velho, e vi a mulher escrava no gineceu, vendida e trocada por alguns bois – que em igual estima se tinha a mulher, que os quadrúpedes que eram úteis nas tarefas agrícolas. Eu a contemplei afogada no vício, ora vestida com o tosco burel do penitente, habitando em uma cova, ora em desumano convento, formando parte de comunidades religiosas; e neste estado é onde me inspirou mais compaixão e mais desprezo ao mesmo tempo; porque é onde a vi despossuída de todo sentimento humano.

Não é possível explicar a metamorfose que se opera no espírito com a vida monástica. É uma humilhação constante, é uma abdicação tão completa da vontade individual, que uma religiosa é uma máquina. E o que é uma mulher convertida em coisa? Quase menos que um ser irracional.

Pobres mulheres! Se pudessem compreender o quanto atrasam sua redenção, de que distinta maneira agiriam! Mas que tenham claro em suas mentes: se querem viver, se querem elevar-se e fazer parte da grande família racional, amai a Deus amando a seus pais, e a quem não lhes tenha, que ame aos órfãos e aos enfermos, que muitos existem; estudem quanto lhes rodeiam, e se convencerão de que o absurdo dos absurdos, o maior erro dos erros, a loucura das loucuras é pronunciar votos religiosos, truncando as leis da natureza em todos os sentidos. Seja se entregando à completa abstinência, seja se entregando a prazeres ilícitos, de todos os modos faltam às leis divinas e humanas.

MEMÓRIAS DO PADRE GERMANO | 319

O homem e a mulher foram criados para unir-se, autorizados pelas leis que regem para formar família, e viver moralmente sem violação de votos, nem ocultação de descendentes; quanto se separe da lei natural produzirá o que até agora tem produzido: densas sombras, fatal obscurantismo, superstição religiosa, negação do progresso e desconhecimento de Deus.

A escola materialista deve sua origem aos abusos das religiões. Sombras e mais sombras levariam a humanidade ao caos, se algo superior a todos os cálculos humanos não difundisse a luz sobre vocês, e a voz do passado não lhes dissesse: Espíritos encarnados que, agrupados neste planeta, formam numerosos povos: se até agora não fizeram outra coisa senão amontoar escombros, já é hora de que comecem a removê-los, e sobre as ruínas de todas as religiões levantem a insígnia do racionalismo cristão. Isto lhes dizem os seres do além-túmulo, as almas dos mortos que vêm demonstrar-lhes que o purgatório, o inferno, o limbo e a glória são lugares inventados pela raça sacerdotal e que para o espírito não há mais porvir que o progresso na infinita eternidade.

Chegará ainda o dia em que os espíritos se comunicarão facilmente com todos vocês, e então estejam seguros de que as mulheres não pronunciarão votos religiosos; no lugar onde hoje ocupam os conventos (cemitérios da inteligência) se levantarão edifícios grandiosos que servirão de templos da indústria, pois neles haverá imensas oficinas, boas escolas, granjas modelos, laboratórios químicos, observatórios astronômicos, arsenais, bibliotecas, museus, casas de saúde e verdadeiros asilos para os órfãos e anciãos, que hoje não conhecem na Terra, mais que a amarga irrisão da caridade.

Adeus, amigos meus. Meditem em minhas palavras, e não se esqueçam que eu os amo, especialmente as mulheres, porque a elas pertence a menina pálida, a dos cachos negros, espírito de luz que me espera, e a quem nunca cessarei de amar.

28

O INVEROSSÍMIL

ACREDITAM, AMIGOS MEUS, QUE um homem não pode resistir à tentação da carne, que não pode lutar contra seus próprios defeitos, vencendo-os na batalha? Escassos são os seus conhecimentos sobre a vida, quando negam fatos naturais que se desenvolvem dentro da lógica saudável e no terreno firme da razão.

Não sabem vocês que cada espírito se enamora de uma virtude, melhor dito, de uma boa qualidade, porque a virtude se pode dizer que é o conjunto dos bons sentimentos do homem?

Todo ser, entenda-se bem, rende culto a um ideal, chega a engrandecer-se no sentido a que sua aspiração, seu desejo dominante lhe conduz. Creem que não pode ser verdade que uma alma encarnada na Terra tenha valor e poder para lutar com todas as seduções que nos oferece a vaidade? E que dirão vocês então dos homens que sacrificam suas vidas em altares de um ideal político ou religioso? Recordem que são muitos os mártires que têm se apresentado à humanidade.

Antes de Cristo, na época pré-histórica, quando seus historiadores não haviam recopilado ainda as memórias das gerações, um sem-número de homens imolaram sua vida em favor de sua pátria. Em tempos posteriores, antes da Era Cristã, filósofos e guerreiros morreram crendo firmemente que com seu sacrifício criavam uma nova civilização. Cristo – bem conhecida é sua história – morreu com o profundo convencimento de que com sua morte faria uma verdadeira revolução na ordem moral e religiosa da sociedade; e depois de tantos heroísmos como fizeram os povos do passado, por que põem vocês em dúvida, a firme vontade de um homem empregada em seu progresso e no dos demais?

Sabem por que duvidam da verdade de meus feitos? Porque lhes foram relatados simplesmente, porque não misturei em nenhum de meus atos nem o milagre, nem o privilégio, como se supõe, em geral, na história dos reformadores da humanidade, a quem em sua maior parte o vulgo converteu em enviados de Deus, em profetas inspirados pelo Espírito Santo, chegando a tanto a aberração humana, que deificou a Cristo, quando a vida deste esteve dentro de todas as leis naturais, muitas delas desconhecidas então, combatidas agora, ainda que não por isto a ignorância de ontem, nem a incredulidade e petulância de hoje, lhe tomem nem um ápice da eterna verdade da natureza, que invariavelmente harmoniosa, desenvolve a vida dos espíritos dentro dos limites prescritos por seu adiantamento moral e intelectual.

Leiam a história de todos os reformadores e, ao lê-la, descartem tudo que é fabuloso e maravilhoso que, como um apêndice necessário, lhe acrescentou a tradição e a lenda, e despojados dos acessórios que a ignorância dos povos lhes deu, os profetas, os messias, redentores de todas as épocas, serão simples revolucionários, homens mais ou menos perfeitos, mais ou menos fortes, sempre homens imperfeitos, mas sim perfectíveis.

Vocês partem de um princípio falso, muito falso; vocês divinizaram um reduzido número de homens, e difamaram o resto da humanidade, negando-lhe virtudes que quiçá a maioria possua; que estão em germe e esperam o momento propício para deixar a estreita célula em que vivem, e as larvas informes converterem-se em coloridas borboletas.

Entre os grandes danos que as religiões causaram – sem negar-lhes os benefícios que relataram às civilizações – o maior, sem dúvida, foi dar um tom milagroso aos efeitos naturais das causas motoras da vida. O subsistir dos deuses do paganismo com os santos do catolicismo foram a perdição da humanidade, porque o justo e o razoável perderam sua veracidade, e

MEMÓRIAS DO PADRE GERMANO | 323

o absurdo, o errado, o que é desprovido de bom-senso, foi oficializado em uma sociedade que se acredita inferior à sua origem divina.

Eu já lhes disse muitas vezes, e repetirei sempre que tiver ocasião, quando a mediunidade for mais difundida, todos os castelos de cartas que suscitaram a superstição e o fanatismo cairão, e os santos serão vistos como são. Eu era santo, aclamado em minha última encarnação; ainda há altares no chão com a minha estátua, a fonte da Saúde ainda flui entre ruínas e simples pastores que, ao dirigir o gado, sentam-se nas rochas que, segundo a tradição, me serviam de assento e, quando sentam, sinalizam a cruz invocando minha ajuda para que seu reba-nho, bebendo a água milagrosa, seja salvo de todas as doenças.

Enquanto isso, aproveitando a combinação de múltiplas circuns-tâncias, pude apontar-lhes o erro que o rebanho romano vive ao acre-ditar na minha santidade; e assim como eu consegui, amanhã, outros espíritos alcançarão, e o céu católico, com suas legiões seráficas, será reduzido a nada, e muitos de seus santos inspirarão vocês com profun-da compaixão, porque vocês os verão despojados, não apenas de suas vestes celestiais, mas vagando, frenéticos, sem bússola, sem estrela po-lar para guiá-los ao porto da vida.

E, por outro lado, muitos seres que passaram despercebidos no mundo, vivendo na maior miséria, morrendo em completo abandono, virão para lhes dar lições de moral, de resignação, de esperança da fé cristã; serão seus mentores, seus amigos, seus guias ou espíritos prote-tores que, com seus conselhos paternos, os ajudarão a sustentar o peso de sua cruz, como hoje acontece felizmente comigo em relação a vocês. Eu não era santo; eu estava muito longe da santidade, mas estava an-sioso para progredir, e a moral que vocês veem em minhas ações não é inventada por mim; é moral universal, é a lei do progresso.

Por que vocês encontram inverossimilhança em minhas ações, quando entre vocês existem espíritos capazes de fazer muito mais do que eu? E não pela virtude precisamente, mas pelo egoísmo em grande parte eu o fiz; mas nobre egoísmo, não egoísmo mesquinho da Terra, de valorizar a riqueza ou alcançar honra, não; egoísmo de maior pro-gresso, de melhor progresso, melhor vida em mundos regenerados. Viver, amar, sentir, compreender, penetrar nos santuários da ciência...

Tudo isso e muito mais ambiciona o espírito quando se propõe iniciar sua regeneração. Em tais circunstâncias, estava eu.

Havia vivido muitos séculos percorrendo bibliotecas, passei muitas noites nos observatórios astronômicos, pedindo aos astros notícias de Deus, perguntei às camadas geológicas como esse planeta se tornou habitável, pedi aos fósseis a árvore genealógica de meus ancestrais; tornei-me sábio, como dizem na Terra, e quanto mais eu sabia, mais ignorante era, e entendi que deveria usar minha sabedoria, não para enriquecer museus ou fazer proselitismo para esta ou aquela escola filosófica, pronunciando discursos eloquentes nas academias científicas, mas tive que começar me educando, me moralizando, restringindo minhas paixões, sabendo quais eram meus deveres e meus direitos, pois eu desde longo tempo acreditava ter o direito de julgar sem me preocupar com o dever de me julgar. Aqui está todo o segredo de minha última existência.

O que faz o homem quando, depois de uma longa jornada, exausto de fadiga, com uma sede devoradora, encontra uma fonte cristalina? Bebe, bebe sem medidas; parece incrível que ele tenha encontrado água. Pois, da mesma maneira o espírito, quando tem sede de progresso, na primeira existência que consagra à sua reabilitação, não perde nenhum meio de se expandir: a questão é resgatar séculos perdidos para penetrar nos mundos da luz.

Naquela situação eu me encontrava e, como vitória sem luta não é vitória, me vi isolado, sem família, sem amigos, sem ninguém que me quisesse no mundo; quando eu tinha cinco anos, olhei para o oceano que acariciava meus pés e, ao ver-me sozinho, senti-me satisfeito, pois estava no terreno que precisava. Sem proteção de ninguém, e apenas minha vontade de fazer o bem, criei uma família nos aflitos e um nome diante do mundo, suportando minha memória na posteridade. Desiludam-se: o que o homem precisa é amar o bem, não amar a si mesmo; interessar-se pelo progresso universal, isso é tudo. Amar, mas amar sem egoísmo, respeitar todas as leis, medir a profundidade do abismo da culpa, considerar todas as consequências que resultam de nossos extravios, e somar as quantidades de benefícios que podemos reportar com nossas virtudes; não precisamente a nós mesmos, senão à massa social. Aí terão perfeitamente explicado meu modo de viver.

Quando o homem não pensa mais que em si mesmo, e se faz conta de que um dia de vida é vida, como diz um de seus adágios, desfruta de alguns momentos, é inegável; mas como as ditas do mundo são flores de um dia, logo se vê cercado de flores secas aqueles que apenas pensam em satisfazer seus desejos; por outro lado, aquele que se ocupa do amanhã, que quer fundamentar sua felicidade sobre uma base sólida, sem faltar a nenhum de seus deveres, sem permitir que faltem aos seus os que lhe peçam conselhos, o que sabe esperar, não duvidem, esse é o que obtém a melhor colheita.

Eu soube esperar, isso era toda a minha ciência; por minha orfandade, por várias circunstâncias, e por imprevisibilidade me consagrei à Igreja, e ainda não havia terminado de pronunciar meus votos quando compreendi claramente que minha vida seria um inferno, mas eu disse:

"Ministro do Senhor tu querias ser, e ministro na ordem tu serás. Não esperes ser feliz por enquanto, tu serás em outro momento." E não acreditem que eu fosse asceta em meus costumes, não, eu fui um homem muito amoroso da família e da vida correta; eu sempre olhei com horror para os cilícios e as autoridades de algumas ordens religiosas; eu fui parco em minha alimentação por causa da higiene e da pobreza ao mesmo tempo; amante da limpeza e do bom gosto, quando criança, sempre tentei me cercar de objetos agradáveis; tinha um medo inexplicável de morte violenta; apenas uma vez, em uso do meu ministério sagrado, assisti a um preso até acompanhá-lo à forca e, quando o vi morrer, senti em todo o meu ser uma dor tão aguda que minhas têmporas palpitaram com tanta violência que, fugindo de mim mesmo, me joguei em uma carreira vertiginosa e corri mais de duas horas, até desmaiar, acreditando quantas pessoas estavam ao meu redor, que eu havia ficado louco.

Amava a vida e amava a morte, mas queria morrer em silêncio em meu leito, cercado por amigos, depois de dedicar longos anos ao progresso do meu espírito; se com a minha morte voluntária eu tivesse alcançado minha salvação ou o engrandecimento ou a criação de uma escola filosófica ou religiosa, não sei quantos séculos eu precisaria me convencer de que era benéfico e até necessário entregar meu corpo à justiça humana. A decisão de Sócrates e a abnegação de Cristo e a de tantos milhões de mártires que fertilizaram a superfície da Terra com seu sangue, sempre os admirei, os respeitei, mas nunca senti o menor desejo de seguir seus caminhos gloriosos; nunca, nem na minha última encarnação, nem nas minhas existências anteriores, e confesso a vocês essa grande fraqueza do meu espírito, para que vocês possam ver que meu modo de ser não é inverossímil, que se eu tivesse a força de espírito para lutar com os reveses da fortuna, por outro lado, me faltava energia e decisão por outros atos que são tão necessários em certas classes sociais. Às vezes, um homem que sabe morrer salva um mundo. No altar do sacrifício é onde se erguem os deuses das civilizações; os grandes reformadores, se não morressem violentamente, não seriam capazes de impressionar as humanidades.

Existem certas figuras históricas de que se eles vivem, morrem e se eles morrem, vivem. Com o batismo de sangue é como as pessoas são moralizadas; e como Deus não tem escolhidos, cada um dos espíritos está realizando seu trabalho em um caminho diferente. Existe um espírito que emerge do seu corpo cem vezes na fogueira, em todos os tipos de pápulas e tormentos, nos campos de batalha, com um heroísmo digno de aplausos; e esse mesmo que também sabe morrer, talvez não saiba viver vinte anos lutando com a miséria, com a solidão, com a calúnia, a fúria e a ferocidade dos homens.

Por outro lado, nunca soube morrer por uma ideia, mas soube viver consagrado ao bem universal. Eu amei tudo o que me cercou, desde as humildes pequenas flores silvestres até a esplêndida estrela que me dá vida com seu calor; do criminoso infeliz à criança inocente; do mérito infeliz à mulher nobre e pura que carrega algo inexplicável na testa que nos faz exclamar: Deus existe! Por tudo que tive amor, me formei, naturalmente, de acordo com a sua merecida simpatia que inspira cada um.

Sempre sonhei com harmonia universal e amei uma mulher com verdadeira adoração, mas meu amor respeitava os laços que pesavam sobre mim e os que ela mais tarde contraiu; e quando a vi morrer, amei-a com total liberdade e para fazer-me grato aos seus

MEMÓRIAS DO PADRE GERMANO | 327

olhos (que eu sempre acreditei na sobrevivência do espírito), para fazer-me digno dela, fiz todo o bem que pude à humanidade, e ela, por sua vez, me protegeu e atraiu sobre mim, a atenção de elevados espíritos; por isso, ainda que na Terra tenha vivido só, pobre e perseguido, com meu bom procedimento e meu afã de progresso, atraí a inspiração dos sábios conselheiros. Pude lutar com a adversidade e dominar meus inimigos por que não contava com minhas forças apenas, eram muitos os que lutavam a meu favor.

O homem que sabe amar, não podem vocês imaginar o bem que traz. É mais rico e mais poderoso que todos seus cresos e césares. Eu, em minha última encarnação, soube amar e esperar – nisto consistiu toda minha sabedoria e minha virtude – e pratiquei a moral universal, a lei de Deus que um dia compreenderão todos os homens.

Quando virem um espírito forte, ou quando os seres de além-túmulo lhes contarem histórias de almas bondosas, não digam "Tanta bondade é inverossímil." Insensatos, cegos de entendimento, céticos infelizes! Não sabem que os homens foram criados para o progresso infinito? Por que achais inverossímil o adiantamento de um espírito?

Sabem o que realmente parece inverossímil? A crueldade de alguns homens, o estacionamento e a rebeldia de alguns espíritos, que passam séculos e mais séculos encerrados em vícios; isto sim que lhes deve inspirar assombro, porque parece impossível que onde tudo é tão grande, possam existir seres tão pequenos.

Creiam firmemente que para o bem fomos criados, e quando um espírito se põe em boas condições não faz mais que cumprir a lei primordial da Criação. Comecei a cumpri-lo e recomendo que vocês comecem, porque nunca é o homem mais feliz que quando cumpre todos os seus deveres.

Amor, sorriso da Providência... Amor, complemento da vida... Amor, chama eterna da natureza. Quem sente seus eflúvios acredita em Deus...

E ainda existem intrusos que acreditam que a força moral do meu espírito é implausível... Vocês não sabem que eu amei? Vocês não sabiam que antes de conhecer a menina com os cachos negros, eu a via em minha imaginação e esperava sua chegada? Desde que eu senti, eu a amei; desde que pensei, esperei por ela e, quando ela partiu, esperei na eternidade. O que são quarenta ou cinquenta anos para uma vida sem fim?

Adeus, meus filhos. A moralidade universal será a lei dos mundos. Tente aplicá-la a todos os seus atos e serão felizes.

29

À BEIRA-MAR

ESTAMOS EM UM LOCAL mais propício para que vocês possam ouvir o que vou lhes dizer. Há narrações que só podem ser feitas em determinados lugares, e a comunicação desta noite é uma delas.

Escutem: o amor lhes conta a história das gerações que passaram; e vou contar um evento que decidiu sobre o meu futuro.

Em um dos capítulos de minhas memórias, registrei o nascimento de uma criança cuja mãe morreu ao dar à luz em um barraco pobre. Já contei algo sobre a juventude de Andrés e sua mudança de posição, mas não lhes disse que, durante a amamentação, por causa de minha vida nômade e aventureira no período da minha juventude, fui forçado, quando Andrés ainda não contava um ano, a separá-lo de sua ama de leite e colocá-lo em outro lugar mais perto de mim, porque tudo me fazia acreditar (como aconteceu) que minha peregrinação me levaria para longe do lugar onde nasceu a infeliz criança. Uma vez que eu o tinha em minha posse, fui a uma vila de pescadores, onde esperava encontrar uma mãe adotiva para Andrés, até que ele tivesse idade suficiente para não precisar dos cuidados solícitos da mulher.

Era uma linda tarde de primavera, o mar estava calmo e minha alma também. Dominado por uma emoção muito aprazível, aproveitei o sonho pacífico de Andrés para deixá-lo alguns momentos na areia. O garoto não acordou. As ondas vinham docemente para deixar sua oferta de espuma a seus pés e pérolas líquidas permaneceram nas do-bras de suas roupas. Sentei-me perto de Andrés e, vendo-o tão peque-no, sem mais abrigo do que o de um padre errante, sem casa ou país, a calma do meu espírito desapareceu, pressentimentos tristes tomaram minha mente e murmurei com um tom amargo:

"Pobre órfão! Pequeno navio sem leme ou bússola para atravessar o mar revolto da vida, o que será de você...? Sua mãe era uma mendi-ga, seu pai não sei quem foi... Arbusto sem raízes, queria enxertá-lo em uma árvore seca, que é a isso que me assemelho neste mundo. Quão triste é o seu futuro e quão cedo nossas tristezas terminariam se uma dessas ondas, impelidas pelo furacão, nos arrastasse para aquele abis-mo profundo, sepultura imensa; ou melhor, imenso laboratório onde a vida deve se manifestar de uma maneira desconhecida para nós! Quão bom seria morrer! Isto é, desaparecer; a vida da Terra é para os fracos, porque somos plantas parasitas que precisamos enlaçar-nos a árvores gigantes. Mas, infelizmente, nem sempre há troncos centenários para prender-nos. Pobre criança, quão tranquilo é o seu sonho! Por que não é o último...?"

Ao pronunciar uma blasfêmia tão horrenda, não sei o que aconte-ceu comigo: perdi de vista as rochas e a praia e me vi no meio do mar. De repente as ondas, impetuosas como as paixões juvenis, se levanta-ram, e começaram a combater-se umas com as outras, transforman-do-se as líquidas e espumosas montanhas em figuras humanas, que aumentaram tão prodigiosamente, que parecia que todas as gerações da Criação se reuniram ao meu redor. Havia homens de todas as raças e hierarquias; pontífices, príncipes do Estado e da Igreja, vestidos com mantos de púrpura, orlados de arminho, apoiando-se uns em cajado de ouro, segurando outros o cetro que atestava seu poder, seguido por multidões e exércitos formidáveis que, em um dado momento, se con-fundiam e se trocavam os papéis, porque os povos oprimidos apreen-diam as armas de seus opressores e, em um terrível combate, faziam seus tiranos sucumbir.

Eu vi os Areópagos dos sábios, ouvi as discussões dos filósofos, as-sisti à agonia do mundo antigo, que sucumbiu no meio de sua grandeza, ferido pelo excesso de seu poder; e quando pensei que chegara o terrível

MEMÓRIAS DO PADRE GERMANO | 331

momento em que o anjo exterminador parecia abrir suas asas mortais sobre as multidões, que estavam morrendo envenenadas pela cicuta de seus tenebrosos vícios; quando pensei ter ouvido o som da trombeta chamando a raça humana para o julgamento, não sei se desceu da altura ou emergiu do abismo, uma rajada luminosa que rapidamente se condensou e formou uma bela figura, que veio do leste ou do oeste, de beleza tão admirável que não há nada em sua Terra que se assemelhe a ela: sua testa era branca como o lírio, em seus grandes olhos havia o reflexo dos céus, seus cabelos abundantes e encaracolados pareciam uma cascata de ouro que lançava torrentes de brilhos dourados sobre sua cabeça. Vestia uma túnica mais branca que a neve, que brilhava como a luz do amanhecer e, na mão direita, carregava o ramo de oliveira.

Ela parou e vagou seu olhar melancólico através do amplo raio da Terra, e a multidão, vendo-a, gritou Hosana! e eles a cercaram, sentindo que o salvador do mundo havia chegado. Os tiranos transformados em deuses tremiam por conta própria e observavam horrorizados as pedras de seus altares. O acidente foi terrível; a comoção, geral e todos os poderes fizeram o último esforço; mas até os servos se sentiram mais oprimidos em seus ergástulos. O momento decisivo chegou, porque a civilização daqueles tempos havia concluído sua missão, e o novo Messias, o profeta do progresso, se apresentou neste planeta, dizendo: "Humanidade, siga-me! Eu sou a luz e a vida; eu te levarei à casa de um Pai que está no céu. Eu sou Jesus Nazareno, filho da casa de Davi, que trago paz ao mundo!" E vi Jesus, sim, eu vi. Ele era a figura bonita que apareceu diante dos meus olhos radiante e majestosa, falou às multidões que trazia luz às consciências. Mas atrás dele as ondas permaneceram calmas, e serviram como um espelho para o sol brilhante. Jesus foi em frente e chegou perto de mim. Seu dulcíssimo olhar me inundou de luz, e me disse com voz harmoniosa e melancólica:

"Que fazes aqui, desterrado...? Ao começar tua jornada já te faltam as forças para seguir o caminho? Dizes que és uma árvore seca? Ingrato! Não há planta improdutiva, porque em todas germina a fecundante seiva de Deus; eleva tua vista ao céu e segue-me, seja apóstolo da única religião que deve imperar no mundo: a Caridade que é amor. Ama e serás forte! Ama e serás grande! Ama e serás justo!"

E Jesus passou, estendendo a mão direita sobre minha cabeça.

Senti o calor da vida em todo o meu ser e acordei, embora essa não seja a frase gráfica, porque estava acordado. Senti o golpe das ondas, que durante o meu êxtase se enfureceram, colidindo violentamente contra as rochas. Ouvi gemidos e lembrei do pobre garoto que havia deixado na areia. Virei-me para ele, peguei-o ansiosamente e tentei fugir do perigo, porque uma tempestade repentina ameaçou com a morte a todos os que estavam expostos à sua ira.

Eu andei um longo caminho e uma imagem verdadeiramente comovente, angustiante, melhor dizendo, foi apresentada aos meus olhos. Mulheres, crianças e idosos estenderam os braços sobre o mar, pedindo ao oceano que acalmasse seus furores. Os anciãos disseram: "Não leves nossos filhos, que morreríamos de fome!"

As mulheres choravam, as crianças chamavam seus pais, e tudo era desolação e medo. Uma jovem em particular chamou minha atenção porque, muda e sombria, sem reclamar, olhava para o céu e, quando viu que o furacão não parava, balançou a cabeça, lançou um olhar compassivo para seus companheiros e disse com seu trágico gesto:

– Não há esperança!

Aproximei-me e disse:

– Mulher, não perca a esperança; aqueles que devem ser salvos, se salvarão.

– Ah, padre, você se engana! – a jovem respondeu.

– Muitos pais de família vão sucumbir hoje, embora não devam morrer, porque são a providência de sua família. Morre também o melhor homem desta comarca, que se jogou no mar para salvar a vida de seu idoso pai. Se Adrian morre, Deus não é justo, porque nos arrebatará o homem mais nobre da Terra. Adrian, Adrian...!

E a menina fez um gesto como que se lançar para as ondas, mas eu a detive, e possuidor de imensa fé, eu lhe disse:

– Mulher, não chore; chame Jesus como eu o chamo!

E chamei com essa voz da alma que encontra eco nos espaços. Estendi minha destra convencidíssimo (não sei por quê) de que Jesus me ouviria e estaria comigo para pacificar os mares. E Jesus veio; eu o vi novamente com seu sorriso melancólico, com seu olhar amorosíssimo, seu ramo de oliveira que balançava sobre as ondas, que se pacificavam como que por encanto; eu o vi, sim; eu o vi; eu o vi salvando os náufragos e eu, dominado por seu magnético olhar, olhar divino, que somente Jesus possui, me senti possuído de uma fé tão profunda que com os braços estendidos em direção ao mar, dizia:

– Jesus, salve os bons, que são sua imagem na Terra; salve os maus, para que tenham tempo de se arrepender e entrar no teu reino...!

E a nuvem passou... e todos os pescadores voltaram para a praia para receber o carinho de seus parentes.

Como a conclusão da tempestade coincidiu com a minha chegada, muitas vozes disseram:

– Esse homem é um santo, porque até as ondas o obedecem...

A ignorância em todos os tempos sempre foi a mesma; nunca se entendeu a razão das coisas. Eu não fiz nada, tudo fora obra do alto espírito, que muitas pessoas terrenas chamam de Deus e, em certa medida, têm motivos bem fundamentados para crer nisso; porque em comparação com eles é um Deus; mas antes da Causa Suprema, é um espírito purificado pelo progresso e está mais longe de Deus do que os homens de Jesus.

Quão feliz minha alma está em lembrar que vi Jesus! Bem claro que eu o vi e, para me convencer de que não havia sonhado, quando Adrian voltou ao chão, segurando seu pai e o deixou em um lugar seguro, ele se aproximou de mim e me disse:

– Padre, que milagre o senhor veio aqui realizar? O senhor não está sozinho; um homem muito belo vai com o senhor, olha-o com amor e acalma a fúria das ondas, espalhando seu manto luminoso sobre elas, mais branco que a espuma. Quem é o senhor?

– Um fora da lei, um desterrado que consagrou sua vida a Jesus.

– É certo. Jesus me disse. Quando pensei que estava morrendo, ouvi sua voz, que me dizia: "Homens de pouca fé, não percam a confiança, que existem bons obreiros na Terra". Então me aproximei do senhor e vi-o sob o manto do salvador do mundo. Deus te abençoe, Jesus!

E Adrian caiu de joelhos, e eu ao lado dele. Sua noiva veio unir sua oração à nossa, e ao contemplar aqueles dois jovens que se miravam extasiados, senti em meu coração uma dor agudíssima; sua felicidade, sem saber o porquê, me feria.

Fiquei alguns dias naquelas paragens. Adrian e sua noiva guardaram, a partir de então, um grande carinho por minha pessoa. Na noite da minha despedida, fomos os três para as margens do mar. Os dois jovens sentaram-se próximos um do outro. Eu me afastei alguns passos e tive uma visão muito significativa. Vi uma bela jovem, vestida de branco, envolta em um longo véu, trazendo nas têmporas uma coroa de jasmim; a menina sorria tristemente e apontava para uma sepultura que estava em segundo lugar; compreendi o significado que esse quadro tinha, e murmurei com resignação:

– Obrigado, meu Jesus! A felicidade da Terra morreu para mim; mas tenho seu reino, que conquistarei com meu heroísmo e minha resignação.

E a partir daquele dia me consagrei a Jesus, me esforcei para imitar suas virtudes e, embora não pudesse assemelhar-me a ele, consegui fazer mais progresso nessa encarnação do que em existências anteriores em que apenas dediquei-me a querer ser sábio, mas sem saber unir o sentimento de amor à minha sabedoria.

Quem não viu Jesus não pode ser um bom sacerdote. Entenda bem o que eu quero lhes dizer. Ver Jesus não é precisamente vê-lo de forma tangível como eu o vi. O espírito pode sentir sua influência, melhor dizendo, pode atrair sua inspiração divina, todo aquele que quer amar e se consagrar de corpo e alma ao bem de seus semelhantes. Todo aquele que ama o próximo vê Jesus, porque se identifica com ele.

Na religião do amor universal, os seres que amam o progresso podem ser seus grandes sacerdotes; não são sacerdotes apenas os que usam diferentes roupas e usam cortada a parte superior da cabeça. Padre é aquele que chora com a criança órfã, que acompanha a viúva desolada em seu duelo, que participa do desespero da mãe, que chora ao lado de um berço vazio, que lamenta com o encarcerado sua falta de liberdade, que apela, finalmente, a todos os meios para melhorar o destino dos necessitados.

O sacerdote é aquele que, por causa de suas culpas anteriores, tem que vir à Terra para viver completamente sozinho, sem participar das

MEMÓRIAS DO PADRE GERMANO | 335

alegrias terrenas, mas, dotado de um entendimento claro, se dedica a espalhar a luz vivendo nas sombras. Não entre a névoa do erro, nem na escuridão do pecado, me entendam bem. Ele vive nas sombras porque sua alma está sozinha. Quando você vê um desses seres tristes e resignados que sorriem com doce melancolia, que não têm filhos, mas que no entanto, existem muitos que o chamam de pai ou mãe, porque lhe devem grandes consolos e sábios conselhos, embora esse espírito seja envolto e coberto de trapos, ele é um dos grandes sacerdotes que vêm iniciar os homens no cumprimento da lei de Deus.

O homem se torna grandioso quando ama, quando se sente inflamado pelo puro amor sentido por Jesus; nada são as cerimônias da Terra para elevar o espírito, por mim eu o sei.

Quando celebrei a primeira missa, me vi cercado por todas as más paixões que se agitam no mundo; li o ódio nos olhos dos príncipes da Igreja e tremi de espanto ao ver o abismo onde minha orfandade me fizera cair; e quando às margens do mar vi Jesus, seu semblante belíssimo, seu sorriso melancólico, seu olhar magnético, sua voz doce, ecoando em meu coração, encontrei nele a personificação de tudo que sonhava. Entendi a grandeza da missão de Jesus, vi sua influência moralizante ao derrubar os impérios do terror e proclamar a fraternidade universal, e me uni a sua causa porque é a causa de Deus. Eu me senti dominado por uma vontade poderosíssima; vi a sepultura da minha felicidade terrena e o berço do meu progresso indefinido; e desde então amei o sacerdócio e me consagrei a Jesus, espírito protetor da Terra, anjo da guarda deste planeta, grande sacerdote da verdadeira religião.

Recebi o batismo da vida à beira-mar, o único lugar em que o homem deve dobrar os joelhos para adorar a Deus, porque é o lugar onde o Criador se apresenta com toda a sua imponência e majestade.

Quando as decepções da vida os dominarem, quando a dúvida torturar sua mente, vão ao encontro do mar e, se ainda houver um átomo de sentimento em seu espírito, se as fibras de seu ser ainda se comoverem diante de um espetáculo maravilhoso, sentem-se na areia, contemplem as ondas com seu manto de espuma, ouçam atentamente e vocês entenderão o que as ondas dizem em seu eterno murmúrio, e verão como, sem que percebam, seu pensamento se eleva, procurando ansiosamente a causa de um efeito tão grande.

Nos templos de pedra, vocês sentirão frio na alma; e à beira-mar o calor da vida infinita reviverá seu ser.

Adeus.

30

UMA NOITE DE SOL

Vocês fazem bem em preferir a contemplação da imensidão a participar das tristes alegrias de sua Terra, onde não há sorriso que não deixe por herança uma lágrima, nem satisfação que não produza tédio; e o destino do espírito não é se enfastiar, não é cair desfalecido no caminho da saciedade. O corpo pode estar satisfeito, mas o espírito sempre estará sedento de luz, ansioso por justiça e ciência, ávido pelo infinito. Bem-aventurados vocês que vêm a este lugar onde a criação se ostenta com suas melhores galas e toda a sua majestade imponente; onde a mentira não derrama sua gosma venenosa! Bem-aventurados vocês que não celebram a festa de um espírito forte indo a lugares onde se mancha sua memória, se a memória de um mártir pudesse ser manchada!

Oh! você, Espírito de Verdade, que veio à Terra para mostrar aos homens o poder da sua firme vontade: se hoje à noite você se aproximar do planeta onde perdeu a cabeça por dizer que Deus era a verdade e a vida, quanta compaixão te inspirarão seus moradores, aqueles que, à sombra de nomes ilustres, cometem inúmeros erros!

Quão tristes são as festas da Terra! Quantas responsabilidades adquirem aqueles que navegam sem bússola nos mares de prazer!

Quanta degradação...!

Quanta obcecação...!

Pobre humanidade! Procura flores onde só pode encontrar espinhos! E não acreditem que eu abomino as alegrias terrenas, não; já sabem que nunca fui ascético, mas, pelo contrário, acreditei que o homem foi criado para desfrutar, porém racionalmente, sem embrutecer-se, sem afundar-se no caos da concupiscência, não perdendo nenhum dos direitos que Deus lhe concedeu, nem faltando com nenhum dos deveres que seus mesmos direitos lhe impõem.

Vocês, almas doentes, que esperam a hora suprema de retornar ao mundo espiritual, concentrem seu olhar na imensidão como o vêm fazendo; que a sede do infinito apenas se acalma na Terra às margens do mar, onde tudo fala de Deus, onde a catarata da vida lança suas correntes eternas.

Se vocês descerem ao fundo dos mares, encontrarão tesouros em pedras preciosas, em uma vegetação admirável, em inúmeras espécies que vivem de maneira inconcebível para vocês, sendo encontrados em tudo o selo da perfeição; a unidade da diversidade: o todo, no átomo isolado e no conjunto de corpos orgânicos e inorgânicos; a vida germinando no fundo do mar e na alta cúpula dos céus, no diminuto peixinho que não se pode ver sem a ajuda do microscópio, e no mundo que necessita de vários sóis para que faixas luminosas de cores prismáticas cruzem seu céu.

Vocês, almas que suspiram por uma vida melhor, que se arrependem sinceramente, retornem como o filho pródigo à casa de seu pai, implorando sua divina clemência, preparem-se para a jornada eterna com um verdadeiro exame de consciência; não como dizem seus confessores, não encerrados em seus casebres, sem que a natureza lhe fale sobre Deus, sem que seu espírito seja impressionado ante a grandeza do Onipotente.

Deixem, deixem suas casas de pedras e vão ao grande templo como vocês fizeram esta noite; perguntem a si mesmos diante da imensidão, que virtudes vocês possuem? Que caridade praticam? Que sacrifício vocês fazem? A quem amam? Em quem vocês esperam? Que julgamento formam de seu modo de ser? E embora se encontrem pequenos, ao mesmo tempo vocês serão grandes, porque não há nada pequeno na Criação, uma vez que em tudo palpita a onipotência divina do Criador infinito.

Se vocês se sentirem emocionados ao contemplar as maravilhas da natureza, regozijem-se, alegrem-se, sorriam contentes, que vocês começam a se preparar para habitar em melhores moradas; porque o espírito toma posse de um reino quando sabe apreciar o lugar onde está, a ninguém se lhe dá mais alimento que o estritamente necessário. Não atirem pérolas aos porcos, diz a Escritura, e tem razão, e razão mais do que suficiente. Muitos de vocês reclamam porque vivem na Terra. Insensatos! Vocês não ririam se levassem algumas pessoas cegas para o campo e ordenassem que copiassem aquela paisagem? Pois tão inútil para vocês seria se mudar para um mundo melhor em suas condições atuais, cuja luz os deslumbraria, os deixaria cegos.

Amem, amem a Terra que contém inúmeras belezas; vocês ainda têm muito a explorar, ainda existem florestas virgens onde a voz de Deus ressoa, quando Ele disse às árvores:

"Cresçam e formem uma terra hospitaleira para as gerações vindouras."

Ainda existem mares cujas águas não foram atravessadas por veleiros e vocês ignoram se a vida se desenrola nos seus polos. Vocês ainda têm tanto o que fazer!... Trabalhar, trabalhar, tornar este planeta habitável em todas as suas latitudes, colonizar, quebrar a terra endurecida, deixando nela o sulco do arado; joguem a semente frutífera, que colheitas abundantes lhes são necessárias, que muitos de vocês têm fome, e são muito poucos os que estão fartos. Preparem, preparem o reinado da justiça, por que a Terra tem que testemunhar uma apoteose. Para todos os planetas chega um dia de glória, e para a Terra este também virá.

Trabalhem, trabalhem muito, que seus amigos invisíveis os ajudam. Unam forças, associem-se, confraternizem-se, unam-se, amem a si mesmos, convençam-se de que de vocês depende apressar o dia fausto em que o próprio Jesus Cristo retornará à Terra, não com a coroa de martírio, não com o burel do penitente, seguido por um povo ignorante e fanático, mas sim belo, feliz, transfigurado, cercado por seus discípulos e uma multidão sensata que o aclamará, não como a um rei, não como a um Deus, mas como um sacerdote do progresso que virá consolidar as bases da fraternidade universal.

A obra a que se propôs Jesus não está concluída, está somente iniciada, e o período de iniciação terá seu término quando os homens praticarem a lei de Deus. E eles vão praticá-la, não duvide; vocês já estão começando, já estão buscando o apoio dos espíritos, já querem se relacionar com sua família espiritual, já querem ver e saber de onde vêm e para onde vão e a todos que batem às portas do céu estas se lhes abrem, a todos que perguntam se lhes atendem, e a todos que pedem lhes é dado.

Almas doentes, sorriam alegres, para que recuperem a saúde e retornem à Terra para desfrutar do seu trabalho; mas não venham sozinhos, perdidos e vagando como folhas secas arrebatadas pelos ventos úmidos do outono, como vocês vieram agora, não; seu progresso permitirá que vocês retornem ao seio da família amorosa; vocês criarão afeições duradouras e sua vida será uma primavera agradável. Aqueles de nós que os guiarem e aconselharem do espaço hoje, estaremos mais próximos de vocês, porque seremos membros de sua família, viveremos em sua atmosfera, professores e discípulos voltarão à Terra, formando uma associação verdadeiramente fraternal.

Trabalhem, obreiros do progresso, trabalhem; os sóis esplendentes os cercam, as humanidades regeneradas os aguardam; avancem a seu encontro. Os filhos do avanço perguntarão a vocês: "O que vocês querem?", E vocês devem responder: "Queremos luz, ciência e verdade!"

Além disso, meus amados, guardem em sua mente uma recordação da poética noite de São João.

31

QUARENTA E CINCO ANOS

TUDO TEM SUA CAUSA, e tua tristeza e desânimo também a tem. Te envolve com um denso fluido um espírito de sofrimento que há muitos dias deixou seu envoltório naquela imensa sepultura onde as religiões não foram capazes de acender suas velas funerárias, nem o orgulho humano levantou pirâmides ou mausoléus. O mar é a grande fossa coletiva onde se confundem o suicida que negou a onipotência do Eterno e o náufrago que chamou Deus em seus momentos de agonia.

O espírito que tenta se comunicar contigo não teve tempo em sua última existência para ser crente ou ateu, porque às seis horas depois de nascer, sua mãe, sua mãe infeliz, desesperada, louca, fugindo de si mesma, o arrojou para longe de si, e para ter segurança de sua morte, ela o atirou ao mar.

Quando as ondas, compassivas, lhe abriram os braços e o adormeceram com suas canções e carícias, aquela mulher respirou melhor e olhou em volta, dizendo: "Ninguém me viu, ninguém!... Mas eu vi..." E então, apavorada, foi inspirada pelo espanto e pediu com tom delirante às ondas revoltantes a restituição daquele pobre ser entregue à sua voracidade, mas aquelas, como as calúnias, que não soltam suas presas, rugiram furiosamente, ergueram uma montanha de espuma e fugiram apressadamente, levando uma vítima das preocupações sociais.

O espírito daquela criança vagueia continuamente por esses lugares, nos quais sua mãe vem para rezar com seu amargo pranto.

Se soubesse quantas histórias tristes têm seu epílogo no mar!...

Tantos crimes são cometidos diante do imenso espelho dos céus!...

– Parece impossível – respondemos – porque olhando para o mar, se acredita em Deus.

E pensa você que não há mais cegos do que aqueles que têm os olhos fechados? Esses são os de menor número; mais são os que veem as estrelas sem compreender que, nesses mundos distantes, se movimentam outras humanidades, sentindo, pensando e amando. Aqueles que reduzem a vida ao círculo estreito de suas paixões, e para satisfazê-las, cometem toda sorte de desacertos, há muitos séculos atrás, esses cegos de entendimento e legisladores de sua categoria escreveram códigos onde, em nome da Lei, se truncam as leis naturais, que são as leis divinas. Como lastimo a humanidade!

O espírito que agora exige nossa atenção tem sido um daqueles cegos que tropeçaram e caíram repetidamente; por fim viu a luz e reconheceu seus erros, e se ele era corajoso e persistente no mal, não pode ser acusado de covarde em sua expiação. Ele calmamente olhou para o quadro de sua vida e viu primeiro as multidões que formavam suas vítimas; mais adiante, um imenso lago formado com as lágrimas de todos os que, por ele, sofreram perseguição e morte ou desonra e miséria; ele pesou uma a uma todas as dores que sua ferocidade havia produzido; analisou todo o mal que havia trazido a este mundo; ele entendeu as consequências fatais de seu processo perverso; ele vasculhou o mar, teatro de seus feitos horrendos, todos os seus atos de barbárie; se viu senhor dos mares, sendo o terror e o espanto do mar e da terra; ele viu as crianças sacrificadas, as virgens violadas, os anciãos atormentados e, diante de tanta abominação, ele não tremeu, mas resolutamente começou a sofrer sua sentença sem murmurar: muito foi pago, mas ainda há muito a pagar. Uma das ações em que provou seu valor para qualquer teste foi sem dúvida a que me referirei.

****

ELE NASCEU NA MAIOR miséria, cresceu em meio a todos os tipos de privações, implorou seu pão até ter idade para se render aos trabalhos mais difíceis, entrando em uma galera que foi capturada nas águas da Índia, no mesmo lugar onde, em outras existências, havia semeado o terror e a morte, o pirata que dizia: "Todo o Universo é meu!"

Toda a tripulação do navio capturado foi trespassado por uma faca, e apenas o jovem grumete permaneceu vivo, e foi levado para o interior da Índia, sendo sujeitado aos mais terríveis tormentos. Quarenta e cinco anos viveu alternadamente sofrendo os horrores da água e do fogo, recebendo o dardo de flechas muito afiadas, sendo arrastado por cavalos indomáveis, e não houve sofrimentos que lhe causassem a morte. Ele sempre se curava de todas as feridas; parecia um esqueleto, uma múmia escapada de seu túmulo; ninguém o amava, ninguém o queria, ninguém tinha compaixão daquele homem infeliz. Não podia lembrar-se do beijo de sua mãe ou da proteção de seu pai. Ele nasceu entre espinhos, cresceu entre espinhos, morreu em meio a agudíssimas dores.

Como é penoso ser mau!

Como é bom ser bom!

O herói de nossa história, a quem chamaremos Wilfredo, depois daqueles "quarenta e cinco anos" de tormentos irresistíveis, teve várias encarnações e, em todas elas, morreu no mar, lugar onde ele cometeu todos os seus crimes, onde adquiriu maiores responsabilidades. Agora, pela lei natural, ele deve escolher pais sem coração, ou dominados por pesarosas circunstâncias, as que influem poderosamente no destino adverso de Wilfredo, que sempre se dispõe a lutar e vencer, mas que nem sempre pode consegui-lo, e esta contrariedade entra em sua expiação, porque o espírito decidido a sofrer, quase se apraz no martírio, e esta alegria, não pode ter Wilfredo em todas suas existências; por isso sua vida se trunca em seus primeiros anos e, ultimamente, nem um dia lhe tem sido dado permanecer na Terra, contratempo que hoje lamenta, porque quer avançar, e não avança tudo que deseja. Em suas viagens, lançara tantas crianças que lhe eram incômodas ao mar, que é justo, muito justo, que sucumba entre as ondas quem não escutou as súplicas e os lamentos das mães desoladas.

– Pois se é justo que assim ocorra – reflexionamos – não terá muita responsabilidade a mulher que o lançou para longe de si. Se existem ocorrências que fatalmente têm que acontecer, é preciso que haja seres para executá-los.

– Isso não existe; você erra gravemente, pois o mal nunca é necessário, uma vez que este não é a lei da vida. A lei eterna é o bem e, para que um ser morra, não é indispensável que haja assassinos. O homem morre por si só apenas quando precisa morrer, e quando deve ser salvo, mesmo estando em meio aos maiores perigos, ele é milagrosamente salvo, como alguns dizem; providencialmente, como outros afirmam; coincidentemente, como a maioria acredita; e entendam que não há milagre, nem providência, nem casualidade; o que houve, existe e haverá eternamente é justiça, justiça infalível.

Vocês têm uma frase vulgar que diz: Não há folha da árvore que se mova sem a vontade de Deus. E, de fato, é verdade, mas resta explicar qual é a vontade de Deus, que não é o que se chama de vontade entre homens, cujos atos são querer e não querer, o poder de admitir ou evitar algo, e se Deus quisesse ou não, o tornaria suscetível a sentimentos contraditórios, haveria luta em suas ideias, e em Deus só pode haver imutabilidade, infalibilidade, perfeição suprema. Sua vontade é a lei da gravidade que regulariza o movimento de seres e coisas; é a força centrífuga e centrípeta, é o efeito que responde à causa, é a lógica, é a justiça, é dar a cada um segundo suas obras. Deus tornou as leis imutáveis e eternas, e elas trabalham na Criação sem mudança alguma. Para todas as estações há flores e frutos, chuvas e ventos, dias ensolarados e noites tempestuosas e, para todas as espécies, seus idílios de amor.

Amam os leões nos desertos ensolarados dos trópicos; amam rolas e pombos nos ninhos caseiros; amam os peixes em seu leito de cristal; amam os passarinhos no galho da selva sombria; amam as palmeiras e todos os vegetais; ama o homem nos braços de sua mãe e prostrado ante o anjo dos seus sonhos; amam os planetas ao sol que os fertiliza; amam os sóis aos corpos celestes que giram em seu entorno, pedindo-lhes um ósculo de amor.

Tudo ama, tudo se relaciona com a vida; não existe nada isolado, nem um homem solitário, tudo forma família. O crime cria sua atmosfera asfixiante e a virtude, seu semblante puríssimo. Deus não quer que o homem sucumba ao peso do infortúnio. O homem cai, desce e morre em meio a dores agudíssimas, em estrito cumprimento da lei; que aquele que se diverte com a dor dos outros não tem o direito de ser feliz; a dita não se usurpa, a felicidade é obtida por direito divino quando todos os deveres humanos forem cumpridos. É por isso que Wilfredo não pode ser feliz, porque, como homem, não amava a humanidade e, como homem forte, oprimiu os fracos. Como usava seus talentos para o mal, nada mais justo do que sua vida seja uma peregrinação muito dolorosa e que, para ele sempre estejam reservados agudos espinhos.

Detenho-me nessas digressões porque é muito necessário que vocês se convençam de que quem comete um crime não o executa porque inconscientemente secunda planos divinos para punir os culpados, não. Isso seria acumular crimes, e as leis divinas apenas acumulam amor.

Quando um homem tem que sucumbir no fogo porque necessita sentir as dores que fez com que outros sofressem na fogueira, ele perece no fogo sem que ninguém o atire, e mesmo quando todos os meios são usados para salvá-lo, ele morre. A lei da vida é a lei do progresso, não da destruição; amar a todo ser nascente, desde a flor do campo até a criança que chora ao nascer, para despertar o sentimento de compaixão, é obedecer ao mandato divino.

Amar é viver, viver é sentir e querer; e todo aquele que mata, mesmo que seja induzido por circunstâncias adversas, é criminoso, porque se opõe às leis de Deus.

Wilfredo desperdiçou tantos séculos de vida, que agora está com sede de viver na Terra; mas ele truncou tantas existências que as suas serão irremissivelmente truncadas, e o trágico episódio de sua última encarnação o entristeceu por um longo tempo.

Ele contempla sua mãe, de quem se compadece e odeia ao mesmo tempo e, se possível, inspiraria a cem médiuns ao mesmo tempo para contar suas muitas histórias; tem muita pressa para trabalhar, acredita que se atrasou no caminho da vida e deseja vencer os séculos perdidos; que, como querer nem sempre é poder, ele não pode, ou melhor, não

346 | AMÁLIA DOMINGO SÓLER

merece usufruir da expansão, e não o possui: ele bate em portas diferentes e ninguém lhe responde.

Ele é um dos muitos anacoretas que existem no espaço; se aproximou de você e, como sua sensibilidade está em pleno desenvolvimento por causa do trabalho ativo de seu plano de vida, você necessariamente sentiu sua influência dolorosa e, para o bem dele e seu, apressei-me a desvanecer seus pressentimentos sombrios e transmitir algo do muito que se agita na mente de Wilfredo, que, semelhante a um rio que transborda, com a abundância de suas águas, em vez de fertilizá-los, destrói a semeadura. A água canalizada dá vida às plantas, mas invadindo os vales em avalanche torrencial constitui sua morte.

A avalanche torrencial é, por enquanto, a inspiração de Wilfredo, e a comunicação dos espíritos não deve, em pura lógica, prejudicar o mínimo que seja o médium, porque seria devolver o mal pelo bem e devemos retornar o bem para o mal. A comunicação para ser útil deve instruir, deve moralizar, o espírito deve empenhar-se para que o médium não sofra nenhuma alteração, mas, pelo contrário, que se reanime com seu fluido e adquira força para trabalhar na oficina do progresso. O médium, por outro lado, deve estar sempre alerta, propício ao trabalho, mas reservando sua vontade onipresente, sendo o dono absoluto de seus atos e desta forma se estabeleça uma relação entre vocês e nós, que nos prestam mútuo consolo.

Ao espírito é gratificante se comunicar com os que estão no orbe, se na Terra ele tem entes queridos e deveres sagrados a cumprir; e vocês, que vivem como o infusório em uma gota d'água, encontram em nós as fontes do infinito. Vocês adquirem noções verdadeiras da vida e, embora não lhe demos a ciência infusa, os encorajamos a buscar na ciência o princípio de todas as coisas, e no amor universal o grande fluxo do sentimento, que é o que realmente engrandece o espírito.

Fui intermediário entre Wilfredo e você, como já disse antes, para o bem de ambos, que vocês precisam tanto do conforto dos anacoretas do espaço e dos solitários da Terra. Oh, irmãos meus! Não se desanimem. Wilfredo, alma perdida no mar revolto de paixões, náufrago que, em uma rocha solitária, em um castelo formado pela natureza, de suas altas ameias contempla o abismo onde sucumbiu tantas vezes, e não sabe se deve abençoar a perpetuidade da vida ou desejar o não ser da morte...

Também haverá uma família para você; também chegará o dia em que encontrará uma mãe amorosa que viverá esperando seus sorrisos e ouvindo suas primeiras palavras. Como não há inverno que não tenha a primavera como primogênita, nem um estio que não tenha por herdeiro o outono, a luz do amanhecer também brilhará para você.

Viveu "quarenta e cinco anos" em tormentos horríveis, e foi tão forte, tão enérgico, tão determinado para sofrer, que pagou grandes dívidas nessa encarnação. A energia é um grande auxiliar para o rápido progresso do espírito; não desfaleça, não lamente nascer e morrer dentro de um curto prazo de seis horas, quando pode viver eternamente.

Não olhe para o presente, contemple o porvir; não se apresse demais, pois a pressa só produz cansaço e fadiga. Vá devagar, muito devagar, porque a maneira de ser de um espírito não se modifica em breves segundos. O homem despoja-se de seus vícios lentamente, uma vez que os hábitos de cem séculos não se perdem em um dia. Espere, reflita e confie em uma nova era não muito distante, que encarnará na Terra e terá uma família que o ame. Os quarenta e cinco anos de seu martírio na Índia merecem uma trégua de algumas horas de descanso, e você a terá.

E você, cenobita, envolto no humilde burel de uma mulher, poeta de outras épocas, cantor aventureiro que fugiu do lar porque não compreendia os direitos e deveres dos grandes sacerdotes do progresso, implore hoje um olhar amoroso, mire em torno e veja como nascem as gerações, enquanto você, uma planta estéril, não conseguiu beijar a testa de um garotinho, dizendo: "Meu filho!"

Trabalhe em sua profunda solidão; procure na contemplação da natureza o complemento de sua humilde vida, pois você não tem um ser íntimo a quem contemplar. Mas o mesmo que disse a Wilfredo digo a você: não desfaleça. Embora seja pobre como folhas secas, pode trabalhar e possuir uma riqueza fabulosa; ninguém pode ser chamado de pobre, tendo o infinito por patrimônio. Você também o tem, siga em frente; espíritos que amam o progresso o cercam solicitamente. Navega no mar da vida sem medo, que a vitória será para você, como para todos os que trabalham na vinha da civilização universal.

Leia com atenção o que as ondas escrevem deixando suas espumas na praia. Sabe o que elas dizem? Dizem o seguinte:

"Humanidade, siga nosso exemplo, que trabalhamos incessantemente. Se nos seguir, será feliz. Não se esqueça do conselho das ondas. No trabalho está a liberdade; o trabalho é o que diz em todas as épocas: Haja luz e a luz é feita. Viva na luz e viverá na verdade."

32

OS MANTOS DE ESPUMA

VOCÊ DIZ BEM (UM espírito nos diz), a praia coberta de espuma tem um efeito surpreendente e grandioso em todos os aspectos.

Não existe sala de um rico potentado que tenha um tapete melhor trabalhado ou um telhado mais esplêndido.

Ontem acompanhei-lhe em seu passeio, associei-me à sua contemplação, orei consigo e não o deixei por um segundo, porque queria relatar-lhe um episódio de minha última existência, intimamente ligado aos mantos de espuma que tanto o impressionaram, mantos como nenhum César possuiu, tão belos, porque o manto de Deus é superior em beleza a todas as púrpuras e arminhos da Terra.

Na minha última encarnação, eu pertencia a seu sexo e, como Moisés, eles me jogaram no mar em uma bonita cesta de vime, em uma linda manhã de primavera.

Um menino de dez anos que brincava à beira-mar, viu meu berço e, dominado pela curiosidade infantil, se jogou na água e, momentos depois, saltou na terra ébrio de felicidade, porque sem nenhum esforço conseguiu pegar o objeto cobiçado: a cesta de vime cor de rosa que estava flutuando pela água.

Grande foi sua surpresa quando ele a abriu e encontrou uma tenra criatura, embrulhada em rendas e pele de arminho. Com uma descoberta tão preciosa, ele correu apressadamente a procurar seus pais, que eram colonos de um grande senhor, os quais, ao me ver, fizeram-me muitos carinhos, e a boa Ernestina se esmerou para prestar-me todos os tipos de cuidados solícitos.

Nesse mesmo dia, a água do batismo caiu sobre minha cabeça. Eles decidiram me chamar de Maria do Milagre, que minha salvação para aquelas pessoas boas fora um milagre ostensivo, e eles ignoravam se meu berço havia sido jogado no mar de um continente distante, ou na mesma praia em que meu salvador me viu.

Quão longe eles estavam de acreditar que eu era filha de um senhor opulento e de uma nobre senhora que foi esconder sua desonra atrás dos muros de um convento!

Meus benfeitores me receberam como um presente do céu, meu libertador me amou extremadamente, cresci nos braços de Augusto. Fui completamente feliz. Aqueles que me cercavam me amavam, mas especialmente Augusto, que participava de meus jogos de menina, e no dia em que completei quinze abris, ele colocou a simbólica coroa de flor de laranjeira nas minhas têmporas, jurando aos pés dos altares que me consagrava sua vida e seu amor.

Aos dezesseis anos eu era mãe de uma criança linda, que acabou de completar minha felicidade. Meu pequeno Rafael era meu encanto. Tão bom quanto o pai, ele vivia nos meus braços, sempre sorrindo e me acariciando. Forte e robusto, quando tinha um ano correu pela praia brincando com a areia e a espuma das ondas. Uma tarde, eu estava na praia, que era o lugar favorito de meu Rafael, vendo-o brincar e correr. Eu ainda o vejo com sua bata rosa pálida, cabelos loiros, olhos azuis e testa mais branca que o lírio. Deitava-se na areia e gostava que a espuma das ondas o cobrisse. Quando sentia seu toque, meu filho ria alegremente, se levantava, corria, gritava, me beijava carinhosamente, e começava sua carreira novamente. Eu corria atrás dele, e até meu Augusto participava de nossas brincadeiras.

Naquela tarde, fiquei sozinha com meu filho, posto que meu marido havia ido à cidade. Nuvens negras cobriam o horizonte, mas eu estava acostumada a viver na praia, onde brincava quando criança, onde minha alma se despertou para o amor, onde recebera os primeiros beijos do meu filho, que não me causavam medo nem nuvens nem ondas, não importa quão alto elas subissem. Eu tinha profunda confiança nelas; lhes guardava imensa gratidão por sustentar meu frágil berço.

Meu Rafael brincava como de hábito, fugindo e procurando a espuma. Ele se aproximou da costa, curvou-se, veio uma onda com grande violência e arrebatou meu filho. Ao vê-lo desaparecer, me lancei atrás dele sem medir o perigo e perdi a razão, para não recuperá-la, senão dois anos depois. Alguns pescadores viram nossa queda e vieram em nosso auxílio, com tanta sorte, que nos salvaram, mas eu não murmurei uma queixa. Quando meu Augusto voltou, ele encontrou seus pais completamente desesperados, porque eu parecia uma idiota, olhando para o meu filho sem chorar e sem rir.

O garoto me chamava, mas sua voz não me causava a menor emoção. Deste estado de idiotismo, evoluí para a loucura mais violenta, e meu amado Augusto, sem consentir que me retirassem de seu lado, viveu dois anos morrendo, embora sem perder a esperança de minha cura. Meu pai contribuiu poderosamente para tornar menos penoso o destino de minha atribulada família, pois, embora ele nunca tivesse dito ao meu marido que ele era o autor dos meus dias, ele demonstrou um interesse verdadeiramente paternal em minha cura, pagando a um renomado clínico somas altíssimas para que se mantivesse constantemente ao meu lado, pois a muitos dementes havia devolvido a razão.

Dois anos vivi entre alternativas dolorosas de calma idiota e furor terrível, até que em uma tarde tempestuosa em que o médico se prontificou a fazer o último teste, meu marido foi com meu filho à praia. As ondas chegavam a meus pés sem me causar a menor impressão. Quando uma onda mais forte que as demais me cobriu de espuma, e meu filho se lançou em meus braços, gritando: "Minha mãe... Minha mãe...", a comoção foi violentíssima, mas Deus teve piedade de nós; lágrimas dulcíssimas afluíram de meus olhos, e abracei meu filho com verdadeiro frenesi, enquanto o médico me dizia:

– Chore, chore, pobre mãe, chore de alegria! Um manto de espuma envolveu seu filho, e dentro deste manto você viveu dois anos, esperando que viesse para retirar-lhe de sua nevada prisão; tome-o em seus braços, não o solte.

Não era necessário que eu o carregasse, porque eu o tinha apertado contra meu peito e, até que me vi dentro de minha casa, não o separei de meus braços. Desde aquela tarde feliz, minha cura foi rápida. O melhor remédio foi ver meu filho mais bonito que os anjos, com seus cabelos dourados, seu sorriso alegre, que correndo em todas as direções, sempre se refugiava em meus braços.

Eu deixei a Terra muito jovem. Fui tão feliz que minha felicidade truncava as leis deste planeta; me desprendi de meu corpo sorrindo, olhando para os mantos de espuma que as ondas deixavam na praia.

Meu marido, cumprindo minha última vontade, deixou meu caixão exposto à beira-mar por três dias. Eu queria que as ondas acariciassem meu caixão, pois um dia elas sustentaram meu berço.

Até meus descendentes, nas longas noites de inverno, contam aos pequenos a história de seus ancestrais, antes de tudo a lenda de Maria do Milagre, que muitos acreditam fabulosa e que, no entanto, é verdade.

Meu Augusto e meu Rafael retornaram à Terra, e eu os sigo com um olhar amoroso do espaço, ainda comprazendo-me a me aproximar das margens do mar, porque me lembram meu último idílio de amor terreno.

Triste é esse mundo em comparação com outros planetas, mas viver como eu vivia, tão amada por meu marido, meu filho e por aqueles que estavam à minha volta, é um pequeno paraíso, um oásis abençoado, um porto de bonança, onde a alma vive alegremente, se ama e se vê amada.

Você admira como eu admirava os mantos de espuma que estendem suas rendas de neve na areia. Eles também têm uma história para você da qual não se lembra hoje nem me deixam lembrá-la.

Agradeço a gentileza que teve ao aceitar minha comunicação. Quando estiver à beira-mar consagre uma memória para:

Maria do Milagre

33

VINDE A MIM AQUELES QUE CHORAM

O DESENVOLVIMENTO DE FORÇAS é a vida; a atividade é para o crescimento do homem o que o sol é para a fertilização da terra.

Um de seus sábios contemporâneos disse que quem trabalha, ora; e o trabalho constante foi minha oração, se bem que muitas vezes eu mergulhava em profunda meditação diante do túmulo da menina pálida, a dos cachos negros, e elevava meus pensamentos a Deus, no topo das montanhas. Nunca me senti mais forte ou mais inspirado do que quando eu podia secar o pranto dos inúmeros mártires da miséria, ou quando me era possível evitar ações vergonhosas de algum magnata que quisesse comprar seu futuro martírio com seu ouro.

Como meu espírito cresceu na luta! Meu organismo, debilitado pelo sofrimento e até pela fome – porque minha pobreza excessiva nunca permitiu me alimentar com iguarias nutritivas – recuperou uma vida exuberante. Eu estava tão forte, tão corajoso, tão convencido de que Deus estava comigo, que empreendia tarefas superiores aos meus conhecimentos, aos meus meios de ação, e trabalhava verdadeiramente obedecendo a outra vontade mais poderosa que a minha. Eu entendi (sem a menor dúvida) que em mim havia dois seres que agiam ao mesmo tempo, e se em um momento de crise meu espírito estivesse sobrecarregado, alguém me dizia: "Segue adiante, nunca retroceda no caminho do bem, seus sacrifícios não o ferirão". E realmente, eles não me causaram dor, porque eu gostava de me sacrificar.

A solidão, o infortúnio, o abandono em que minha mãe me deixou, me tornaram um filósofo. Desde minha mais tenra juventude, considerei o padre católico romano uma árvore seca; entendia que todas as cerimônias religiosas eram insuficientes para engrandecer a alma; admirava e invejava o pai de família que dedicava sua vida ao sustento de seus filhos. Ali via algo útil, enquanto em minha existência solitária encontrava apenas um fundo de egoísmo e, como estava determinado a não ser egoísta, totalmente convencido de que o maior de todos os vícios é viver cada um por si mesmo, decidi engrandecer minha vida. Meu espírito estava cansado de participar dos sofrimentos dos outros que quando nada extraordinário acontecia na minha aldeia, se eu não saía em busca de aventuras, restava pouco; me bastava ouvir o relato de uma calamidade para ir solicitamente consolar os que sofriam.

Em uma ocasião em que um vendedor ambulante chegou à minha aldeia, ele se colocou no meio da praça e, depois de vender parte de suas bugigangas, ele disse a quem queria ouvir que não tinha permissão para entrar em Santa Eugênia, uma cidade longe de minha aldeia, porque se havia declarado a peste naquela localidade; que a maioria dos habitantes havia fugido, sendo dos primeiros, o padre, o que causou uma impressão muitíssimo desagradável a todos os seus paroquianos, uma vez que os havia deixado entregues à sua má sorte, sem ter quem lhes confessasse nos seus últimos momentos.

A narração daquele homem me havia comovido profundamente, e, ato contínuo, disse a Miguel:

– Atenda: vá até eles.

Logo compareceram Andrés e Antônio, honrados proprietários, que parte de sua pequena fortuna a empregavam, por conselho meu, em obras de caridade. Ao ver-lhes, lhes disse:

– Necessito de vocês para que me acompanhem a um lugar onde se chora, onde por faltar-lhes tudo, nem um sacerdote têm que possa escutar sua confissão. Tragam seus melhores cavalos. Amanhã podemos chegar à cidade com a peste. Vocês descansarão na fazenda que há na entrada e eu farei o meu trabalho. No dia seguinte, vocês voltarão aqui para eu ficar completamente tranquilo.

Segundo contou um vendedor ambulante há uma pobre família a quem conheço muito, cujos sete membros estão no leito de morte, e um criminoso, um assassino, é a única pessoa que a autoridade reservou para cuidar dos doentes. Isso é péssimo! Isso é desumano! Enquanto eu puder me levantar, quero dizer com minhas ações: "Vinde a mim aqueles que choram! Pois, se Deus me negou os filhos do amor, foi para me dar uma família mais extensa, composta por todos os infelizes que sucumbem ao peso da dor."

Em minha última existência, sem dúvida, tinha um poder magnético de primeira ordem, porque impunha minha vontade a todos os que estavam à minha volta, sem que ninguém se atrevesse a fazer uma leve objeção.

Andamos a cavalo, e meus companheiros de equipe apenas podiam me seguir. Eu corria com a velocidade do raio; meu corcel saltava valas e penhascos, sem se intimidar com as encostas íngremes ou os abismos profundos.

O sol se pôs atrás das montanhas, a lua em toda a sua plenitude, estendeu seu manto prateado sobre o mar que dormia calmamente, e com toda a facilidade chegamos ao final de nossa viagem.

Hoje não existe uma pedra daquele lugar contaminado, porque guerras e incêndios destruíram aquela população agrícola, rica em fontes, em frutas saborosas e em fazendas modelo.

A uma longa distância de Santa Eugênia, encontramos estendido o cordão sanitário e o burgomestre que caminhava de um lugar para outro, mostrando em seu semblante profunda preocupação.

Quando ele nos viu chegar, fechou nosso caminho, dizendo amargamente:

– Passe, passe adiante, que o diabo se alberga aqui.

– Pois onde está o diabo é onde se deve levantar a cruz. Deixe-me passar, que venho confortar os doentes.

– Quem é você, então?

356 | Amália Domingo Sóler

– Padre Germano.

– Padre Germano...! O bruxo...! O feiticeiro...! O diabólico...! Fora, fora daqui...!

– Eu serei tudo, tudo o que você quiser; mas deixe-me passar; é que aqui existem sete indivíduos abandonados pelas pessoas, e eu venho lhes dizer que não estão abandonados por Deus. Sei que a viúva do moleiro do Torrente é vítima de uma catástrofe horrível: deixe que venha em seu auxílio; e você vai para sua casa, que sua família, sem dúvida, precisa de você – e, esporeando meu cavalo, lancei-o a galope, enquanto o burgomestre (como meus colegas me disseram mais tarde) fez o sinal da cruz, dizendo com voz entrecortada:

– Tem razão, esse homem fez uma aliança com satanás.

A humanidade sempre me julgou mal: enquanto eu estava na Terra acreditou que eu vivia em conluio com o diabo, e quando eu deixei o mundo, me chamou de santo. Quão longe sempre esteve o vulgo da verdade! Na realidade, eu não era nada além de um homem sequioso de progresso que havia perdido séculos e séculos procurando na ciência o que esta nunca pôde encontrar: aquele prazer íntimo, aquela satisfação imensa, aquela alegria inextinguível que nos proporciona a prática do bem. O que importa que existam pessoas ingratas na Terra se elas, com sua ingratidão, não nos conseguem tirar aquela memória puríssima que, como luz misteriosa, nunca desaparece, iluminando o caminho que percorremos?

Bem-aventurado aquele que, ao se entregar ao descanso, pode dizer: "Hoje enxuguei uma lágrima."

O povoado de Santa Eugênia não me era desconhecido. Eu sabia onde morava a viúva do moleiro de Torrente, que vivia em uma casa semi-arruinada quase fora da aldeia. Seu marido morrera em meus braços seis anos antes e suas últimas palavras ainda ecoavam em meus ouvidos. Ele morreu dizendo: "Eu parto tranquilo, meus filhos não ficarão órfãos" e acompanhou suas palavras com um daqueles olhares que nos fazem acreditar na existência de Deus.

Há olhares de fogo, olhares luminosos que revelam as imensidades da enfermidade...

Quando cheguei à casa contaminada pela peste, um homem alto

e atarracado, de aspecto repugnante e feroz, bloqueou meu caminho, dizendo com um tom irado:

– Eu tenho ordem para não deixar ninguém entrar. A morte está aqui.

– Pois onde está a morte, os vivos devem ir. Deixe-me passar, porque venho compartilhar seu cansaço; leve-me até Cecília – e colocando os pés no chão, eu disse ao meu interlocutor: – guie-me.

Aquele infeliz olhou para mim espantado e me disse mais docemente:

– Padre, o senhor não sabe o que há aqui? A peste!

– Pois por isso venho, porque sei que há vários seres que estão agonizando; não percamos tempo.

E com passo acelerado, entrei no interior da casa onde encontrei um quadro dos mais terrificantes que vi em minha vida; em um aposento em ruínas, iluminado somente por uma tocha de chá resinoso, havia seis homens amontoados, uns juntos a outros, em cima de uma pilha de palha, cobertores e trapo todos em desordem; sua respiração muito cansativa me impressionou dolorosamente. Olhei em todos os lugares, procurando a bondosa Cecília, que era uma mãe modelo, e a encontrei em um canto, sentada no chão e completamente estática.

Tomei de sua mão direita e a entrelacei em minhas mãos, murmurando baixinho:

– Cecília!

Ela abriu os olhos, olhou para mim como quem acorda de um sono profundo, e eu repeti com uma voz mais pronunciada:

– Cecília, levante-se. Deus ouviu seu pedido.

– É verdade, pois o senhor veio.

E, ao fazer um esforço sobre-humano, a pobre mártir levantou-se e, entre os soluços, me disse que lutava contra a doença de seus filhos por vinte e seis dias, sem descansar, senão em momentos muito breves no meio do dia, porque à noite pioravam e não podia deixá-los; que naquela tarde as forças se haviam esgotado completamente; que ela havia pensado em mim e me havia chamado insistentemente, sentindo minha ausência, e esperando ansiosamente por mim, pois em todas as suas orações pedia a Deus que me enviasse.

358 | AMÁLIA DOMINGO SÓLER

Eu tinha levado comigo minha caixa de remédios, muito simples na preparação, porque eram todos vegetais, mas me ajudava mais do que todas as minhas faculdades de cura meu poder magnético, um poder tão incrível que eu tinha uma reputação de feiticeiro, porque em muitas vezes fiz curas maravilhosas (à primeira vista), mesmo que não fossem além de fatos naturais dentro de leis físicas, leis desconhecidas por multidões ignorantes.

Eu tinha a imensa vantagem de saber aproveitar o tempo e, três horas depois de chegar ao local de tormento, os seis pacientes dormiam em paz, alguns com mais descanso que outros, enquanto Cecília e o enfermeiro que eu lhes havia enviado, seguindo minhas instruções, preparavam chás e analgésicos, enquanto eu corria para a casa do burgomestre para pedir misericórdia para os infelizes que não tinham o mais indispensável.

Ao ver a primeira autoridade, percebi em seu olhar que eu lhe inspirava espanto. Ele acreditava cegamente que eu tinha feito um pacto com satanás, porque quando cheguei em sua casa, algo preocupado com o que eu tinha dito a ele, encontrou suas três filhas sofrendo terríveis convulsões, que obedeceram, é claro, uma causa simples e natural: elas haviam saído naquela tarde, passando perto da casa onde havia a peste, na ocasião em que um dos enfermos, dominado pela doença, dominado pela febre, zombou da vigilância de sua mãe e deixou o campo, embrulhado em um cobertor, emitindo gritos de partir o coração. As meninas, vendo-o, ficaram impressionadas; o terror apoderou- -se delas, que voltaram para casa tremendo convulsivamente. Eu não sabia nada sobre isso, mas em muitas ocasiões, sem poder explicar a causa, adivinhava o que ia suceder.

Sem cuidar do olhar desconfiado do burgomestre, pedi a sua esposa que me acompanhasse em minhas orações para dar alívio às suas filhas; e como a oração da mãe é o apelo mais fervoroso que o espírito pode fazer, pois nela há todo o amor que a alma pode sentir, o apelo dela e minha poderosa vontade de fazer o bem conseguiram a cessação das convulsões nas pobres meninas impressionadas.

Seu pai viu o milagre operado sem saber quem o fez, mas como ele amava suas filhas, olhou para mim quase com gratidão, dizendo com algum receio:

MEMÓRIAS DO PADRE GERMANO | 359

– Dizem que você é um emissário de satanás, mas suas obras, há que se admitir, não o manifestam.

– Você está certo; a genialidade do mal nunca se agradará do bem. Não há nada em mim senão um desejo imenso de converter a humanidade fracionária em uma única família. Quando todos se amarem, a Terra será o paraíso bíblico. Deus não criou os homens para viver pior que os animais selvagens, mas para se amarem. Eu entendi a lei d'Ele, aí está toda a minha ciência, todas as minhas más artes! Onde eu vejo uma lágrima vou pressuroso a seu encontro. Somente o amor universal poderá redimir o homem.

Por mais de um mês me demorei em Santa Eugênia. Cecília teve a grande alegria de ver seus seis filhos completamente curados. A alegria daquela mãe modelo era indescritível; seus olhares e suas demonstrações de afeto me recompensaram amplamente em todos os meus propósitos.

Quando me preparei para voltar à minha aldeia, um pensamento me ocorreu. Cecília e seus filhos eram espíritos avançados e, naquele lugar, habitado por seres supersticiosos e egoístas, eles não estavam bem alojados; a prova estava muito clara, porque quando eles precisaram de ajuda foram abandonados quase totalmente, sendo lhes negado o mais necessário para a vida.

Eles foram tidos como amaldiçoados por Deus, por terem adquirido uma doença contagiosa que, se acreditava, havia sido levada a esse local por alguns boêmios que passaram a noite em Santa Eugênia.

Minha chegada, embora tenha sido benéfica para eles, na minha ausência, poderia servi-los de um novo tormento, e quem sabe se eles poderiam ser perseguidos dizendo que foram enfeitiçados por mim, desde que eu os curara. Eu conhecia o vulgo ignorante tão profundamente que não queria deixar meus amigos expostos a suas iras idiotas, e lhes propus que se mudassem de residência, chegando à minha aldeia, onde, com seu trabalho, poderiam viver mais confortavelmente do que em Santa Eugênia.

Cecília respondeu que pretendia me propor o mesmo, já que entendia, como eu, que quando eu partisse, uma verdadeira perseguição seria desencadeada sobre eles, começando com o cura do povoado, que nunca me perdoaria por ter destacado sua impiedade.

Quando saí para me despedir do burgomestre, ofereci-lhe minha humilde casa, dizendo-lhe:

– Levarei os que estavam contaminados. Se a peste reaparecer em Santa Eugênia, envie-me sua família, que as jovens são impressionáveis e o medo é o contágio.

– Pensa que a peste retornará?

– Quem sabe! Se isso acontecer, a primeira vítima será o pastor que abandonou seu rebanho.

Deixei Santa Eugênia em companhia de Cecília e seus filhos. Um só homem veio se despedir de mim, chorando como uma criança: o pobre criminoso que servira de enfermeiro para os contaminados pela doença. Aquele homem infeliz abraçou meus joelhos me chamando de seu Deus! Na verdade, minha voz encontrou eco em sua consciência, naquela encarnação ele começou a ver a luz, e hoje está entre vocês, na missão de um apóstolo da verdadeira religião.

Em minha última existência, talvez eu não tenha tido momentos mais felizes do que aqueles que aconteceram durante meu retorno à aldeia com Cecília e seus filhos. Estes eram espíritos tão despertos, tão compreensivos, tão amantes do progresso; eles sabiam amar com tanto sentimento, que me senti alegre, considerando que estava levando seis homens para minha aldeia que poderiam ser bons chefes de família.

Quando os vi tão ágeis, tão robustos, tão cheios de vida e juventude, lembrei-me do jeito que os encontrei, tão abatidos, desfigurados, horríveis, com o rosto enegrecido, os cabelos arrepiados, os olhos sem brilho, os lábios cobertos de espuma ensanguentada, a inteligência entorpecida, a ponto de não conhecer nem sua mãe, a quem todos adoravam como santa, e santa era na verdade, porque era uma das melhores mães que conheci na Terra.

Entrei em minha aldeia mais satisfeito comigo do que todos os conquistadores do mundo, e cheio de emoção disse aos meus paroquianos:

– Fui buscar o início da vida no seio da morte. Trago a vocês uma família modelo, portanto adotem suas virtudes e vocês serão mais ricos que todos os potentados da Terra.

Um mês depois, soube pela família do burgomestre de Santa Eugênia, que vieram se refugiar em minha aldeia, fugindo da peste, que ao regressar o cura, como falado, foi o primeiro a falecer, vítima da enfermidade que tanto horror lhe causava, que o obrigou a esquecer seus deveres nos momentos mais solenes.

Resta-me apenas lhes dizer, para terminar este capítulo de minhas memórias, que os seis filhos de Cecília foram a base de várias famílias, amantes do progresso e da verdade. Todos contraíram matrimônio, e a maior parte de seus filhos receberam de mim a primeira instrução.

Vocês me inspiram compaixão, quando os vejo definhar, suspirando na solidão que criam para si mesmos por seu próprio egoísmo. Vocês dizem não ter família. Ingratos! Pois os desamparados e os doentes não são seus irmãos menores? Todo ser fraco que reivindica seu amparo é sua dívida, e existem tantos infelizes no mundo!... A família dos anacoretas é tão numerosa! Há tantos cenobitas que morrem de frio nos desertos deste planeta!...

Acreditem em mim, digam como eu dizia: *Vinde a mim aqueles que choram!*

E vocês terão uma família muito grande. Há tantas crianças sem pai!... Há tantas pessoas cegas sem guia!... Existem tantas vítimas de misérias humanas!...

Sequem suas lágrimas, pois o choro derramado em inação é como a água do mar que não fertiliza a terra de trabalho. Não chorem sozinhos, chorem com os aflitos, e seu pranto será orvalho benéfico que fará brotar flores entre as pedras.

34

UM ADEUS!

COMO REGRA, O HOMEM ama os lugares onde foi feliz e sente aversão pelos lugares em que caiu esmagado pelo enorme peso da cruz; e, embora a reflexão nos faça considerar que o que deve ocorrer sempre ocorre, seja onde for, essa preocupação domina o homem, sem eximir--se de sua influência nem os sábios nem os ignorantes.

Ingenuamente confessamos que lembramos com repulsa de alguns lugares onde sentimos dores muito agudas, acessos de profundo desespero, agonia que termina com todas as esperanças, deixando-nos submersos no profundo abismo da depressão.

Quanto sofremos quando a alma se abate, quando a dor nos cobre com seu manto de neve ou sua camada de cinza fria; quando o não ser parece o futuro da humanidade! Quase, quase não é de se estranhar que se olhe com algum medo os lugares onde sofremos, e que se recorde com indizível prazer os locais onde tenhamos descansado de nossa fadiga habitual, mesmo por alguns momentos.

Poucos dias ensolarados temos tido nesta existência. Percorremos várias cidades, e ao deixá-las, nosso coração não pulsou com mais violência do que de costume. Em todos os lugares essa sombra silenciosa, esse fantasma fatídico de nossa expiação nos seguiu, que, como sem dúvida, ontem semeamos ventos, hoje temos colhido abundante soma de tempestades.

364 | AMÁLIA DOMINGO SÓLER

Quem vive em um naufrágio contínuo tem poucos momentos de alegria, mas como ninguém sai da Terra sem sorrir, sem descansar alguns momentos, para seguir adiante com mais coragem a dolorosa jornada, nós, em conformidade com essa lei, também tivemos alguns momentos de descanso e doce contemplação à beira-mar.

Sim; ali, apenas nós, ante a imensidão, ou acompanhados por uma linda garota de cinco anos e um pequenino de três primaveras, perguntamos às ondas: "Diga-me, onde está a felicidade? ", e elas, erguendo montanhas de espuma nevada, nos pareciam responder: "Na luta incansável do trabalho; siga o nosso exemplo", e seguíamos com um olhar ansioso por seu movimento contínuo, admirando sua esplêndida e variada beleza, porque nada muda tanto em forma e cor quanto as ondas.

Elas são sempre bonitas; sempre falam ao coração sensível, contando-lhe uma história interminável; sempre traçam hieróglifos misteriosos na areia, fugindo às pressas, retornando com vontade de deixar suas pérolas líquidas na praia. O mar é a força absorvente e a força expelente, e uma e outra se complementam em sua eterna luta. Sem uma, seria em vão o trabalho da outra.

O mar nos parece o manto de Deus. Que lindo, que lindo é o mar! Com suas múltiplas cores quando recebe a chuva de ouro que o sol lhe envia em seus raios luminosos, quando a lua o cobre com seu manto de prata, ou o crepúsculo com suas nuvens púrpuras.

O mar é sempre grandioso, sempre admirável, sempre surpreende com um novo encanto, sempre oferece ao homem pensante um imenso livro onde estudar as infinitas maravilhas da Criação.

A doce voz de uma criança veio para nos tirar do nosso êxtase. De volta à vida real, olhamos para a pequena Rosita, que sempre foi nossa companheira inseparável à beira-mar.

Deus também é visto no rosto de uma criança, porque seus olhos irradiam os resplendores do céu.

Continuamos nossa caminhada e nossos olhos se detiveram em um jovem casal que brincava com as ondas, rindo alegremente quando a espuma branca salpicava pérolas nítidas em suas vestimentas.

Quão sorridente é a juventude! Por alguns momentos contempla-

MEMÓRIAS DO PADRE GERMANO | 365

mos os seres que nos cercam, e observamos que juntos escrevemos uma página da história humana.

Rosita e seu irmão brincavam na areia felizes e confiantes, e sua boa mãe os olhava com satisfação. Para ela, seus filhos são os mais bonitos do mundo. O jovem casal que brincava com as ondas, Célia e Enrique, que não contam meio século somadas suas idades, se entreolhavam amorosamente. Para eles, tudo está em seu amor, e nós, sem a alegria das crianças, sem a satisfação abençoada de sua mãe, sem a doce esperança de Célia e Enrique, olhamos para o mar e vimos em suas ondas móveis algo que nos falava sobre Deus e nos fazia pensar na eternidade. A dor é o agente do progresso que diz a muitos espíritos: "Levanta-te e anda!" Há quanto tempo sua voz ecoa em nossos ouvidos!

Antes de sairmos daquela praia tranquila, entramos na humilde casinha onde tantas vezes ouvimos o médium falante inspirado pelo espírito padre Germano. Paramos na sala onde ouvimos frases tão reconfortantes que demos graças em nossa mente às paredes que nos protegeram, às cadeiras que nos serviram para descansar. E como não dá-las se nesse quarto recebemos tão instrutivas lições, conselhos sábios e prudentes, dados com tanto amor, com tanta paciência? Um espírito amigo nunca se cansa de aconselhar e instruir. Que imenso é o amor dos espíritos!

Chegou o instante de partir, e abandonamos a casinha, a praia, as rochas, as ondas.

Tudo ficou ali...!

Quando deixarmos a Terra, indubitavelmente, nosso espírito irá àquele lugar; se deterá naquelas rochas, e sendo certo (como disse Draper) que sempre que se projeta uma sombra sobre uma parede, deixa nela uma marca permanente, estando provado que as imagens do passado se encontram gravadas nos quadros do éter, o mesmo que os sons das vozes passadas e até os perfumes das flores envelhecidas há séculos, e os aromas das frutas que pendiam das árvores quando o homem não havia ensaiado ainda o voo de seu pensamento, ali nos contemplaremos, ali nos veremos tristes e abatidos, lamentando a eternidade da vida, acreditando que era a eternidade da dor.

Ali voltaremos a ouvir a voz de padre Germano, que tanto nos impulsiona hoje ao progresso, que tanto nos conforta, nos inspira. Oh! Sim. Ao deixar este mundo iremos até a paragem onde estivemos ontem, para dar-lhe um adeus. Seríamos muito ingratos se olvidássemos o inefável consolo que naquele local encontrou nosso espírito.

Quantas vezes chegamos àquele lugar lamentando as misérias humanas, e ao deixá-lo, sorrimos felizes, murmurando com íntima satisfação:

Que belo é viver quando se confia em nosso progresso indefinido, e se ama a verdade suprema, a eterna luz! Adeus, humilde casinha! Praia tranquila! Ondas envoltas em espuma nevada! Rochas cobertas com seu manto de algas! Adeus! Adeus!

Amália Domingo Sóler
Grácia, 12 de março de 1884.

VOCÊ PRECISA CONHECER

Perispírito – O que os espíritos disseram a respeito
Geziel Andrade
Estudo • 16x22,5 cm • 216 pp.

Por meio de linguagem fácil Geziel consolidou neste livro grande parte do que os espíritos disseram a respeito do perispírito. Utilizou informações contidas nas Obras Básicas e na Revista Espírita, de Kardec, e, também, em importantes autores como Léon Denis, Delanne, Emmanuel e André Luiz/ Chico Xavier, Manoel Philomeno de Miranda/Divaldo Franco, entre outros.

Chico Xavier de encarnação a encarnação
Therezinha Radetic
Biografia • 14x21 cm • 200 pp.

Autora, que manteve vasta correspondência com Chico desde os anos 1940, reuniu depoimentos, testemunhos e informações descrevendo, sucintamente, as várias vidas do médium desde a Idade Antiga, no Velho Egito, até seu renascimento em Pedro Leopoldo (MG).

Os mistérios do Universo – Teologia segundo a ótica espírita
José Naufel
Estudo • 14x21 cm • 240 pp.

A origem dos espíritos, a individualidade cósmica e a personalidade de que se revestem em cada encarnação são temas cuja solução tem de ser buscada exclusivamente na revelação espírita. Outras questões não se esclarecem mesmo pesquisando-se a Bíblia, como a encarnação do verbo, a descida vibratória, a ressurreição e a ascensão de Jesus, o Cristo.

VOCÊ PRECISA CONHECER

Seja você mesmo – O desafio do autodomínio
José Lázaro Boberg
Poesias espíritas • 10x14 cm • 144 pp.

O advogado José Lázaro Boberg afirma de que Deus existe dentro de cada uma das Suas criaturas.

Quando o ser humano se conscientizar de sua força interna e buscar dentro de seu mais profundo eu os elementos para sua ascensão espiritual, conseguirá dar um salto em sua caminhada evolutiva.

Getúlio Vargas em dois mundos
Wanda A. Canutti • Eça de Queirós (espírito)
Romance mediúnico • 16x22,5 cm • 344 pp.

Getúlio Vargas realmente suicidou-se? Como foi sua recepção no mundo espiritual? Qual o conteúdo da nova carta à nação, escrita após sua desencarnação? Saiba as respostas para estas e outras perguntas, agora em uma nova edição, com nova capa, novo formato e novo projeto gráfico.

A vingança do judeu
Vera Kryzhanovskaia • J. W. Rochester (espírito)
Romance mediúnico • 16x22,5 cm • 424 pp.

O clássico romance de Rochester agora pela EME, com nova tradução, retrata em cativante história de amor e ódio, os terríveis fatos causados pelos preconceitos de raça, classe social e fortuna e mostra ao leitor a influência benéfica exercida pelo espiritismo sobre a sociedade.

Não encontrando os livros da EME na livraria de sua preferência,
solicite o endereço de nosso distribuidor mais próximo de você através de
Fones: (19) 3491-7000 / 3491-5449
(claro) 9 9317-2800 (vivo) 9 9983-2575
E-mail: vendas@editoraeme.com.br – Site: www.editoraeme.com.br